KB261288

문재인
행동하는 리더

문재인
행동하는 리더

초판 1쇄 펴낸 날 | 2012년 9월 29일

지은이 | 김성곤
펴낸이 | 이금석
기획 · 편집 | 박수진
디자인 | 김현진
마케팅 | 곽순식, 김선곤
물류지원 | 현란
펴낸곳 | 도서출판 무한
등록일 | 1993년 4월 2일
등록번호 | 제3-468호
주소 | 서울 마포구 서교동 469-19
전화 | 02)322-6144
팩스 | 02)325-6143
홈페이지 | www.muhan-book.co.kr
e-mail | muhanbook7@naver.com

가격 13,000원
ISBN 978-89-5601-305-3 (13340)

잘못된 책은 교환해 드립니다.

문재인
행동하는 리더

김성곤 지음

페이스메이커에서 러너로

문재인을 볼 때면 늘 하나의 의문이 머릿속을 맴돌았다. 과연 그가 진흙탕과 같은 현실정치에 참여할까. 나아가 야권의 차기주자로 대선전에 뛰어들까라는 점이었다. 아무리 생각해봐도 회의적이었다.

다소 내성적인 성품과 조용한 스타일을 감안해볼 때 페이스메이커로조차 나서기를 꺼려하는 것으로 보였다. 다만 정권교체를 위한 불쏘시개의 역할이 필요하고 주변의 끈질긴 권유가 이어진다면 페이스메이커 정도는 거부할 수 없는 운명으로 받아들이지 않겠느냐 정도가 소박한 결론이었다.

이는 2011년 7월 《문재인의 운명》이 베스트셀러로 떠오르면서 대중의 관심이 높아지고 차기 지지율에서 손학규 당시 민주당 대표를 추월할 때 내가 가졌던 인상 비평이었다. 이유는 간단했다. 문재인에게서는 권력의지를 읽을 수가 없었다. 대권쟁취를 위해서는 여러 요소가 있겠지만, 가장 중요한 것은 권력의지라고 본다. 원래 권력의지라는 것은 '있다 또는 없다'의 유무(有無)가 있을 뿐이지 '옳다 또는 그르다'의 정오(正誤)는 없다고 생각한다.

우연한 기회에 일군의 기자들과 문재인을 만난 적이 있었다. 2011년 11월 15일 경남 양산의 매곡동 자택에서였다. 문재인의 거처는 세상과 너무나 동떨어져 있다. 산 중턱에 위치한 그의 집은 절간처럼 고요했다.

기자들의 관심은 모두 같았다. 현실정치에 뛰어들 것인지 또 차기 대선에 대해서는 어떻게 생각하는지 여부였다. 너른 마당에서 수육을 안주 삼아 막걸리를 마시면서 모두가 그의 입을 주목했다.

"여기에 와보면 내가 왜 정치를 하지 않으려고 하는지 이유를 잘 알 것이다. 물도 공기도 조용하다. 도 닦기에는 정말 최고다. 지금은 도를 닦고 있는 것도 아니고 하산한 것도 아니고 어중간하다."

애매한 답변에 질문이 쏟아졌다. 문재인은 특별한 말이 없었다. 다만 "지지율이 높으니까 의무감이 생겼다"고 대답했다. 이는 뒤집어보면 지지율이 더 높아질 경우 현실정치에 나설 수 있다는 뜻으로 해석됐다. 다시 말해 페이스메이커가 아니라 주자로도 나설 수 있다는 것.

반면 지지율이 떨어지면 접을 수도 있다는 의미로 들렸다. 이명박 정권에 반대하는 민주개혁진보 진영에서 자신보다 더 뛰어난 상품성을 갖춘 후보가 나선다면 굳이 대선이라는 형극의 길에 발을 들여놓지 않겠다는 것이었다.

10.26 서울시장 보궐선거가 끝난 지 얼마 지나지 않은 시점이었다. 안철수 서울대 교수의 신드롬이 거셌다. 안철수의 지지율을 제외하고 야권 차기주자들의 지지율은 참담하기 그지없었다. 차기 지지율 조사는 해보나마나였다. 언제나 박근혜 전 새누리당 비상대책위원장이 1등이었다.

그리고 한 달여가 흘렀다. 2011년 12월 26일 문재인은 문성근, 김정길과 함께 4.11 총선 부산 출마를 전격 선언했다. 해가 바뀌고 문재인의 지지율이 급등했다. TV 예능프로그램 출연 이후, 지지율은 수직상승했다. 특히 총선이 다가올수록 문재인이 낙동강전투의 성적표를 바탕으로 대권에 뛰어들 것이라는 대망론이 여기저기서 불거졌다.

문재인은 4.11 총선에서 이른바 낙동강전투를 진두지휘했다. 야권은 당시 부산, 울산, 경남 등 PK지역에서 10석 이상을 기대했지만 결과는 기대 이하였다. 하지만 총선 이후 문재인의 언행에서 변화가 일었다. 대권쟁취를 위한 가장 중요한 요소인 권력의지가 언뜻언뜻 느껴졌다.

물론 의문은 여전했다. 문재인은 여전히 본인보다 콘텐츠나 지지율이 더 좋은 후보가 나타나면 쿨하게 양보할 자세도 가진 것처럼 여겨졌다. 한국정치에서는 있을 수 없는 일이지만 문재인의 품성이라면 가능할 것 같기도 했다. 본인이 대통령이 되는 것보다 정권교체가 더 중요한 가치라고 생각한다면.

그것은 기우였다. 문재인은 총선 이후 확실히 달라졌다. 문재인은 6월 12일 민주당 정치개혁모임 초청간담회에서 "제가 민주당 내에서 경쟁력이 가장 높다고 생각한다. 제가 대선후보가 되어야 박근혜를 이기고 정권교체를 할 수 있을 것 같다"고 말했다. 더 이상 문재인을 페이스메이커라고 의심할 수는 없었다.

명확한 권력의지를 드러낸 문재인은 달라졌다. 대선출마 선언 이후, 관훈클럽 초청 토론회에서 라이벌 안철수와 박근혜에 대한 자신감을 표현했다. 안철수와 관련, 국정경험 부족과 정당기반의 취약성을 지적했다. 박근혜를 향해서도 '공주'와 '독재권력의 핵심'이라는 거친 표현까지 써가며 비판했다. 달라진 문재인은 대권을 위해 분초 단위로 뛰고 있다.

이 책의 제목은 '문재인 행동하는 리더'이다. 문재인의 삶과 그를 둘러싼 정치적 환경, 문재인은 과연 한국의 차기 대통령이 될 수 있을지. 또한 문재인이 대통령기 되기 위해서는 무엇이 필요하고 무엇을 버려야 할까. 286컴퓨터 같은 머리를 쥐어짜며 탐구해봤다.

1장 문재인과 권력의지에서는 역대 대선국면에서 나타나는 주요 특징이 문재인과 어떠한 상관관계를 갖는지 분석했다. 또 현실정치로 커밍아웃하기까지 문재인의 주요 발언들을 살펴봤다. 아울러 문재인에 대한 여러 궁금증도 해소했다.

2장 문재인 탐구생활에서 정치인이 아닌 인간 문재인을 집중 탐구했다. 요즘 유행하는 가수 싸이의 강남스타일에 빗댄다면 문재인은 따뜻하고 반듯한 삼촌스타일이다. 문재인을 알고 있는 지인들과 주변인사들의 이구동성이다.

3장 문재인과 대선 라이벌에서는 문재인의 대권가도에서 만날 수 있는 유력 라이벌 정치인들의 장단점을 분석해왔다. 또한 이들과 문재인의 대결이 어떠할 지에 대한 전망도 담았다.

4장 문재인의 대권 방정식에서는 문재인의 대권 가능성을 탐구했다. 특히 문재인이 대권에 성공하기 위해 2% 부족한 약점들이 무엇인지 살펴보고 문재인에 대한 여론지지율, 집권시 국정운영 구상에 대한 내용도 덧붙였다.

5장 문재인의 현실정치 성적표에서는 4.11 총선 결과와 대권으로 가는 문재인의 상관관계를 조명해봤다.

노무현 대통령은 역대 대선 사상 가장 드라마틱한 과정을 거쳐 대권을 거머쥐었다. 그러나 그의 집권기간은 대선보다 더 드라마틱했다. 대통령 탄핵이라는 사상 초유의 사태가 벌어진 것은 물론 임기 말에는 노무현 비난이 국민적 스포츠로 떠오를 정도였다. 대선 이후 친노세력은 스스로를 폐족(廢族)이라 칭했을 정도다.

인간사 새옹지마라고 했던가. 노무현은 퇴임 이후 최고의 인기를 구가했다. 재임 당시와는 정반대의 상황이 벌어졌다. 경남 김해의 작은 농촌인 봉하마을에서 농사 짓고 살아가는 전직 대통령에게 국민들은 열광했다. 봉하마을은 유명 관광지가 돼버렸고 노무현은 미소 짓는 일이 잦아졌다. 그러나 행복했던 순간도 잠시였다. 노무현은 2009년 5월 23일 서거했다.

문재인은 노무현의 동지이자 친구다. 그래서 노무현을 떼어놓고는 생각할 수 없는 사람이다. 과연 정치인 문재인이 홀로서기에 성공할 수 있을까? 노무현의 그림자를 벗어날 수 있을까? 그렇다한들 막강한 국민적 인기를 얻고 있는 안철수를 누르고, 박근혜라는 강력한 라이벌을 뛰어넘을 수 있을까?

지금으로부터 4개월 후인 12월 19일 밤 모든 궁금증이 풀릴 것이다. 다만 한가지 확실한 점은 만약 문재인이 출마하지 않았다면 차기 대선에서 사상 최초의 여성 대통령이 탄생하면서 새누리당이 정권재창출에 성공할 가능성이 더 높아졌을 것이다. 그러나 문재인이 차기 대선출마를 선언한 이상 오는 12월 여야의 대혈투는 예측불허의 초박빙 접전이 될 것으로 전망된다.

4.11 총선 이후 책을 쓰느라 낮과 밤이 따로 없었다. 책을 쓰자는 제안에 괜히 용기를 냈다 싶어서 그동안 후회막급이었다. 고3 수험생처럼 지난 몇 달을 살아왔던 것 같다. 지옥에서 보낸 한 철에서 해방된 기분이다. 이제 주말에는 8살 아들 녀석과 야구나 실컷 해야겠다.

항상 용기를 복돋아준 손호근 대표께 감사드린다. 아울러 늦어진 원고에도 인내심을 가지고 꼼꼼히 교정해준 박수진 편집장께도 고마움을 전한다.

2012년 8월 여의도에서

김 성 곤

차례

문재인과 권력의지

대통령 5대 불가론

역대 대선국면이면 수많은 후보들이 대권을 쟁취하기 위해 나섰다. 5년마다 치러지는 대선에서 청와대 입성에 성공하는 사람은 단 한 명이다. 과연 누가 대통령이 되는 걸까? 그리고 왜 누구는 매번 대선문턱에서 고배를 마시는 걸까?

정치부 기자로 일하면서 재미있는 현상 하나를 발견했다. '제왕적'이라는 강력한 표현이 등장하는 대통령 중심제의 권력구조를 채택한 대한민국에서 모든 정치기사는 극단적으로 표현하면 차기 대통령이 누가 되느냐를 예측하는 게임이다. 마치 대한민국의 모든 교육관련 뉴스가 서울대와 대입수능이라는 키워드로 도배되는 것과 마찬가지다.

물론 새 대통령의 임기 첫해에는 차기 주자들이 전혀 거론되지 않는다. 대통령의 권력이 막강하기 때문이다. 새 대통령에 대한 적잖은 국민적 기대감도 이유다. 과거 문민정부 시절 김영삼 대통령이 고위공직자 재산 공개, 하나회 숙청, 금융실명제 실시 등 개혁 아젠다를 주도하며 90% 안팎의 지지율을 기록한 일이 대표적이다.

하지만 단임제라는 특성을 감안하면 대통령 임기 2년차가 되면 슬그머니 차기 이야기가 나온다. 임기 반환점을 돌면 여야를 가리지 않고 구체적 이름이 거론된다. 특히 지방선거나 총선 등 전국 단위의 선거에서 집권여당이 패배하면 차기 이야기는 봇물을 이룬다. 임기말 레임덕이 본격화하면 현직 대통령은 뉴스에서 완전히 사라진다. 여야의 차기 주자들은 현직 대통령을 제치고 정치뉴스의 전면에 등장한다.

역대 대선을 살펴보면 대권가도에서 낙마하는 사람들의 경우 일정한 패턴이 반복된다.

대통령을 꿈꾼다면 되도록 피해야 할 정치적 선택이 있다. 100% 정확한 건 아니지만 대체로 경향이 그러하다.

우선 국무총리와 경기지사 경력은 쌓지 않는 게 좋다. 또 대선, 총선 등 중대 선거를 앞둔 상황이거나 주요 정치적 고비에서 탈당은 절대 피해야 할 선택이다. 본인의 브랜드를 내건 정치세계를 구축해 나가야지, 실세나 측근 등 2인자 이미지 역시 대권으로 가는 걸림돌이다. 아울러 여야의 유력정당 후보가 아닌 제3지대를 기반으로 해서는 청와대에 입성하기 어렵다. 좀 과격하게 표현하면 5대 불가론이다.

실제 87년 대선 이후 역대 대선을 살펴보면 총리 또는 경기지사를 역임한 인물들은 대통령의 자리에 오르지 못했다. 또 2인자 이미지가 강했던 정치인들도 마찬가지였다. 그리고 '탈당'이라는 꼬리표를 떼지 못한 정치인들도 대선국면에서 늘 어려움을 겪었다. 제3후보 역시 대통령 문턱에서 좌절해야 했다.

'영원한 2인자' 김종필부터 '세종시 총리' 정운찬까지

한국적 현실에서 국무총리를 지낸 정치인이 대권을 움켜쥐는 것은 사실상 불가능하다. 실제 역대 정부에서는 총리 출신 정치인들이 대권에 도전했지만 성공한 사례는 없다.

가장 대표적인 인물은 '영원한 2인자'로 불린 김종필 전 자민련 명예총재다. 김종필은 박정희 정권 시절 국무총리를 지낸 2인자였다. 87년 6월항쟁 이후 13대 대선에서 노태우, 김영삼, 김대중에 이어 4위를 기록하기도 했다. 그는 92년과 97년 대선에서는 독자출마를 포기하고 김영삼, 김대중과 손을 잡았다. 김종필은 국민의정부 시절 막강한 영향력의 실세총리를 지냈다. 하지만 2004년 17대 총선에서 자민련의 몰락으로 비례대표 후보로도 선출되지 못하고 정계에서 은퇴했다. 이른바 3김 중 유일하게 대통령의 자리에 오르지 못했다.

문민정부 시절, 국무총리를 역임하며 높은 대중적 인기를 누렸던 이회창 전 자유선진당 대표 역시 대선에서 실패했다. 이회창은 97년과 2002년 대선에서 대세론을 누리며 당선이 유력했지만 아들의 병역비리 논란 끝에 끝내 좌절했다. 사실상 마지막이라고 여겨졌던 2007년 대선에서도 '반(反)이명박'을 기치로 독자 출마했지만 성공하지 못했다.

대선 본선이 아닌 당내 경선도 마찬가지였다. 97년 신한국당 대선후보 경선에서는 이른바 9룡이 나섰다. 국무총리를 지낸 이수성·이홍구 후보가 도전했지만 결국 실패했다.

참여정부에 와서도 상황은 마찬가지였다. 고건 전 총리는 당시 여권의 유력차기 주자 1순위로 오르내렸다. 특히 2004년 3월 12일 이후 노무현 대통령 탄핵 정국 속에서 그는 대통령 권한대행을 하며 보수진영에서도 적잖은 인기를 누렸다.

이후 박근혜 한나라당 대표, 이명박 서울시장과 이른바 빅3 후보로 불렸지만 대선을 얼마 남겨두지 않은 2007년 1월 돌연 불출마를 선언했다. 2007년 대통합민주신당(열린우리당의 후신) 대선후보 경선에서는 참여정부에서 국무총리를 지낸 이해찬, 한명숙 후보가 나섰지만 역시 정동영 후보의 벽을 넘지 못하고 당내 경선에서 주저앉았다.

총리를 지낸 정치인들의 대선 낙마기는 이명박 정부에서도 마찬가지다. 친이계의 박근혜 대항마로 영입됐던 정운찬 전 총리는 세종시 수정안 정국을 주도하며 뉴스의 중심에 떠올랐다. 세종시 수정안 정국에서 박근혜와 정면대결도 마다하지 않았지만 패하면서 이후 정치적으로 몰락의 길을 걸었다. 한때 여야가 탐을 내던 차기주자라는 점이 무색할 정도였다.

일인지하(一人之下) 만인지상(萬人之上)으로 불리는 국무총리는 국정을 두루 경험해볼 수 있다. 차기에 도전할 야심을 갖춘 정치인들에게는 꽤 매력적인 자리다. 다만 대통령의 아래라는 점 때문에 의전총리, 대

독총리로 불리며 정치적 홀로서기에는 매우 위험한 자리다.

재미있는 것은 박근혜 전 새누리당 비상대책위원장의 선택이다. 박근혜는 이명박 정부의 주요 고비 때마다 총리 기용설이 제기됐다. 2007년 대선후보 경선과 18대 총선 공천을 거치며 불거졌던 '친이 VS 친박' 갈등을 해소하는 것은 물론 차기주자로서 행정 경험이 없는 박근혜의 약점을 보완할 최상의 카드라는 전망이 여권에서 나왔다.

그러나 실현되지 못하고 매번 불발에 그쳤다. 결과적으로 박근혜는 현 정부에서 총리를 맡지 않았다. 안철수 서울대 교수 역시 한때 현 정부에서 국무총리 기용설이 제기됐다. '국무총리 안철수' 역시 소문에 그쳤다. 안철수는 박근혜에 이어 차기 지지율 2위를 기록하며 비새누리당 후보 중 가장 대권에 근접해있다.

물론 금기에 도전하는 인사들이 있다. 여야의 차기 주자군 중 총리를 지낸 인사는 없다. 국무총리 후보자 인사청문회에서 탈락한 김태호 전 경남지사가 새누리당 대선후보 경선에 나섰지만 실패했다. 당내 경선 통과는 박근혜라는 거대한 산에 막혀 애초 불가능한 상황이었다. 그의 출마는 차차기를 겨냥한 '포스트 박근혜' 이미지 선점에 불과했다.

서울시장만 바라보는 국민, 경기지사는 어렵다

대통령 불가론 중 또 하나는 경기지사다. 광역단체장이라는 자리는 대권후보가 외교·국방을 제외한 거의 대부분의 행정을 경험해볼 수 있다는 점에서 매우 매력적인 자리다. 해외 선진국을 보면 대통령은 대체로 광역단체장 출신이 적지 않다.

한국의 정치 현실에서 이상하리만치 경기지사를 역임한 유력 정치인들은 대권가도에서 번번이 밀려났다. 특히 서울시장이 유력 차기주자로 거론될 때 언론과 국민들의 주목도가 상대적으로 쏠린다는 점도 구조적으로 불리한 요인이다.

가장 대표적인 사람은 이인제 전 경기지사다. 이인제는 97년 대선 당시 이회창 신한국당 후보 선출에 반발, 탈당 이후 국민신당을 창당하고 대선에 뛰어들었다. 500만 표에 가까운 득표력을 보였지만 실패하고 말았다. 2002년 민주당 대선후보 경선에서도 대세론을 구가하며 민주당 대선후보 선출을 눈앞에 뒀다. 하지만 이른바 '노무현 바람(노풍)'에 밀려 쓴 잔을 마셨다. 2007년 대선에서는 대통합민주신당에 합류하지 않았던 민주당의 대선후보로 출마했지만 득표율은 0.68%로 저조했다.

손학규 전 경기지사 역시 마찬가지다. 손학규는 지난 2007년 대선국면에서 '저평가 우량주'라는 평가를 들었다. 그만큼 뛰어난 콘텐츠와 정치적 내공을 자랑했지만 대중적 지지율이 낮았기 때문이다. 젊은 시절 민주화운동에 헌신하고 영국 옥스퍼드대학에서 유학한 진보적 학자 출신이라는 개혁적 보수 이미지도 강점이었다. 또 경기지사 재직 시절 외자유치 성과 등 일자리 창출의 전도사로 불리며 이변을 꿈꿨다. 다만 한나라당 내부의 견고한 기득권에 막혀 꿈을 이루지 못했다. 대중적 인기는 당시 이명박 서울시장이 압도적이었다. 서울시장과 경기지사의 한계였다.

손학규는 이후 한나라당을 탈당, 대통합민주신당 대선후보 경선에 참여했지만 성공하지 못했다. 손학규는 지난 실패의 아픔을 딛고 또 한 번의 도전에 나섰다. 연말 대선을 앞두고 민주당 대선후보 경선 참여를 선언한 것. 문재인, 김두관 후보와의 힘든 싸움이 예상된다. 손학규가 민주당 경선을 통과하고 안철수와의 후보 단일화에 성공한 뒤 본선에서 박근혜와 맞붙을 수 있을까? '저녁이 있는 삶'이라는 꽤나 인상적인 카피를 내세운 손학규의 실험은 지금도 계속되고 있다.

민주당에 손학규가 있다면 새누리당에는 김문수 경기지사가 있다. 김문수의 대권행보는 5년 전의 손학규와 비교할 때 나쁘지 않다. 오세훈 전 서울시장이 2011년 8월 무상급식주민투표에서 패하며 현실정치에서 물러났기 때문이다.

그러나 그 효과는 오롯이 누리지 못하고 있다. 김문수의 대선행보는 쉽지 않았다. 정몽준, 이재오 의원과 이른바 비(非)박근혜 주자 3인방으로 불리며 오픈프라이머리(완전국민참여경선제) 도입을 요구하며 경선 불참의 배수진을 쳤다. 오픈프라이머리 도입이 좌절되면서 정몽준, 이재오는 경선 불참을 선언했지만 김문수는 혈혈단신으로 경선전에 뛰어들었다. 새누리당 대선후보 경선은 말이 경선이지 내용적으로는 박근혜 대선후보 추대나 마찬가지다. 사당화 논란과 공천비리 문제를 집중 제기하며 대역전극을 노린 김문수의 도전은 결국 실패로 끝났다. 2014년 경기지사 임기를 마치고 차차기 대선에서는 또 한 번의 도전에 나설 지는 지켜볼 일이다.

탈당 꼬리표, 주홍글씨 낙인

탈당 전력을 갖춘 정치인들의 대권도전 역시 쉽지 않다. 이인제, 손학규, 정동영 등이 대표적이다. 해당 정치인들은 탈당과 관련, 당시 정치상황상 어쩔 수 없는 일이었다는 논리를 펴지만 유권자들의 눈은 냉정하다. 이른바 정치적 계산에 따라 가볍게 처신한 철새 정치인의 이미지가 여전하다.

이인제 선진통일당 대표의 당적 변경은 화려하다. 97년 신한국당 대선후보 경선 이후 탈당한 뒤 국민신당을 창당했다. 이후 민주당으로 이동, 동교동계의 전폭적인 지원 속에 2002년 경선에 나섰지만 노무현 후보의 돌풍에 밀려 패배했다. 이후 자민련, 국민중심당을 거쳐 2007년 민주당에 복당, 대선후보로 나섰지만 지지율은 1%에도 미치지도 못했다. 대선 패배 이후에는 무소속으로 활동하다가 자유선진당에 입당했고 이후 이름을 바꾼 선진통일당 대표를 맡고 있다. 이 대표의 당적변경은 10차례로 개헌 이후 가장 당적을 많이 바꾼 국회의원으로 꼽힌다.

손학규는 현역 정치인 중 탈당이라는 꼬리표 때문에 가장 큰 손해를 보고 있다. 2007년 대선국면에서 한나라당을 탈당한 부정적 이미지가 주홍글씨가 되고 있다. 손학규는 여야의 유력 주자 중 이른바 경력이 가장 화려하다. 국회의원은 물론 장관, 경기지사까지 거쳤지만 탈당이라는 꼬리표가 그를 붙잡고 있다. 그는 이에 "이제는 제발 한나라당 출

신이라는 그 주홍글씨의 굴레에서 벗어나고 싶은 욕망이 있다"고 말할 정도다.[1]

이 밖에 정동영 민주당 상임고문도 탈당 경력이 문제가 되어 대권도전을 접었다. 정동영은 지난 2009년 전주 덕진을 국회의원 보궐선거에서 민주당 공천장을 받지 못하고 탈당, 무소속으로 출마해 당선됐다. 복당 이후 정치적 재기를 모색했지만 탈당이라는 꼬리표를 쉽게 떼내지 못했다. 정동영은 18대 국회 내내 용산참사, 한진중공업 희망버스 문제, 쌍용차 해고 사태 등 진보적 의제에 집중했다. 이른바 담대한 진보노선을 주창하며 권토중래를 기대했지만 국민의 선택을 받지 못했다. 정동영은 결국 7월 9일 서울 대한문 광장에서 기자회견을 갖고 "5년 전 대선 패배로 많은 국민에게 실망을 안겨 드렸다. 이번에는 모든 것을 내려놓고 정권교체의 길을 가겠다"며 대선 불출마를 선언했다.

아울러 차기 지지율 부동의 1위 주자인 박근혜 역시 탈당 경력이 있다. 2002년 대선국면에서 한나라당의 비주류 부총재였던 박근혜는 이회창 총재의 리더십을 제왕적이라며 비판하며 탈당, 한국미래연합을 창당했다. 한나라당 외곽에 있을 때 북한을 방문한 적이 있으며 대선 직전

---

1 "유신체제가 끝날 때까지 나의 삶은 온통 박정희 독재와 정면으로 맞서 싸운 고난의 길이었다. 20대와 30대의 모든 청춘을 오직 민주주의에 바쳤는데 어쩌다 '한나라당'이라고 하는 원죄에 갇혀 꼼짝을 못하고 있는 것일까? YS 정권 초기의 개혁 열풍 속에서 민자당 후보로 국회의원 선거에 출마하면서 나는 김영삼 대통령이 문민대통령으로서 지난 정권과 분명한 차별성을 갖고 있다고 믿었다. 시간이 흘러 차별성은 희석됐다. 특히 YS가 힘이 빠지고 구민정계 세력이 당의 중심이 되면서 개혁은 퇴색하고, 과거 군사정권 시절의 수구적, 권위주의적 행태가 되살아나면서 '개혁 위해 나섰다'는 나의 선거 구호는 빛바랜 휴지 조각이 되었다. 지난 2007년에 탈당하여 잠시 '선평연'을 조직해서 독자적인 정치세력을 만들다가 지금의 민주당에 합류했다. 한나라당 전력이 지금에 와서는 '주홍글씨'가 되어 내 발목을 잡을 때가 많았다. 그 '주홍글씨'가 자주 나를 아프게 만들었다."(2012년 5월 24일 손학규가 본인의 블로그에 올린 글)

인 11월에 복당했다.

박근혜와 손학규 둘 중 한 명이 차기 대통령이 된다면 탈당 경력을 갖춘 정치인들의 대권불가론은 수정돼야 한다.

대통령의 2인자 이미지, 대권 가능할까?

대권으로 가는 또 하나의 걸림돌은 이른바 2인자 이미지다. 정권의 2인자로 불리는 인사들이 대통령 고지에 오른다는 것은 정말 눈물겨운 일이다. 대표적인 게 김종필 전 자민련 명예총재다. 김종필은 이른바 3당 합당과 DJP연대를 통해 YS와 DJ가 차례로 대통령이 되는 데 결정적 기여를 했다. 막상 본인은 대권을 움켜쥐지 못했다.

김영삼·김대중 두 전직 대통령의 사례도 살펴보자. 흔히 상도동계와 동교동계로 불리는 가신 및 참모그룹이 있었지만 2인자가 정권재창출에 나서지는 못했다. 김영삼의 뒤를 잇는 대권후보는 김영삼과 매우 불편한 관계를 유지했던 이회창이다. 97년 신한국당 대선후보 경선 당시 이른바 9룡으로 불리던 쟁쟁한 후보들이 나섰지만 이회창의 인기를 넘어서지 못했다. 2002년 대선도 마찬가지였다. 김대중을 수십여 년 모셔온 이른바 동교동계 가신그룹과 참모들이 적지 않았다. 리틀 DJ로 불린 한화갑 옛 민주당 대표가 경선에 뛰어들었지만 민주당 대선후보는 영남 출신인 노무현의 몫이었다.

이번 대선에서는 현 정권의 2인자로 불린 이재오 전 특임장관도 이에 해당한다. 이재오는 분권형 개헌론과 대통령 임기 3년 단축 시사 등 파격적 공약을 내세웠지만 지지율이 저조해 애를 먹었다. 이재오는 새누리당의 대선후보 경선에서 오픈프라이머리 도입이 좌절되면서 경선 불참을 선언하며 결국 중도에 포기했다.

역설적으로 이명박이 2007년 대선에서 대통령의 자리에 오른 것도 2인자 이미지가 없었기 때문이다. 이명박은 고 정주영 현대그룹 명예회장이 지난 92년 대선에 뛰어들 때 합류를 거부했다. 정주영 회장은 1992년 2월 통일국민당을 창당, 14대 총선에서 31석을 얻으며 파란을 일으켰다. 이후 반값아파트 공약을 내걸고 대권에도 도전했다. 이명박은 정주영의 길을 따라가지 않았다. 그가 통일국민당에서 정치행보를 시작했다면 정주영이라는 그늘에 가려 2인자 이미지를 가졌을지도 모를 일이다. 이명박은 민자당 초선 비례대표로 정계에 입문하며 95년 서울시장 선거 출마를 고집할 정도로 자기만의 정치세계를 구축하면서 2인자 이미지를 거부했다.

제3의 후보는 없다

역대 대선에서는 늘 제3후보가 등장했다. 여야의 유력후보들을 거세게 위협하기도 했지만 늘 실험에 그쳤다.

지난 92년 14대 대선에서 정주영 통일국민당 후보가 대표적이다. 정주영은 선거 중반 지지율이 DJ를 앞서기도 했지만 대선에서는 16.3%를 기록하며 김영삼, 김대중에 이어 3위에 그쳤다.

97년 15대 대선에서도 제3후보들이 나섰지만 이변은 일어나지 않았다. 이른바 포스트 3김을 노리며 높은 대중적 인기를 구가했던 박찬종 신한국당 고문은 각종 여론조사에서 1위를 기록하기도 했지만 반짝 인기에 그쳤고 결국 대선에 불출마했다. 97년 대선에서는 신한국당을 탈당한 이인제 역시 김대중, 이회창과 함께 3강 구도를 형성한 것은 물론 한때 여론조사 1위에 올랐지만 제3후보라는 한계를 극복하지 못했다. 대선에서는 19.2%의 득표를 기록하며 500만 표의 사나이로 불리는 데 만족해야 했다. 서울시장을 지냈던 조순 꼬마민주당 후보 역시 이회창, 김대중과 3강 구도를 형성하기도 했지만 완주하지 못하고 이회창 후보 측에 합류했다.

2002년 대선에서는 한일 월드컵 4강 신화의 열기에 힘입어 대선에 나선 정몽준 후보가 대표적이다. 정풍으로 불린 정몽준의 인기는 노무현을 넘어서며 대세론을 누리던 이회창을 위협했다. 정몽준은 대선 막판 노무현과의 후보단일화에 패배하며 대통령의 꿈을 접어야 했다.

안철수 서울대 교수 역시 제3후보다. 박근혜에 이어 줄곧 지지율 2위를 달려온 안철수는 거대 여야 정당 어디에도 속해있지 않다. 만일 그가 대선국면에서 신당을 창당, 제3후보로서 완주한다면 과거 제3후보들의 실패 사례를 재현할 가능성이 높다. 반면 차기 대통령의 자리에 오른다면 거대 여야 정당에 기반하지 않고 제3후보라는 우회전략을 통해 대통령에 오르는 최초 사례가 된다.

문재인은 이른바 대통령 5대 불가론 중 어느 것에 해당할까? 우선 국무총리 출신이 아니다. 또 경기지사를 지낸 적도 없고 탈당 경력도 없다.

아울러 민주통합당 대선후보로 선출된다고 가정할 경우 제3후보도 아니다.

　문재인의 걸림돌은 이른바 2인자 이미지다. 특히 국무총리와 비교할 때 위상과 파워 면에서 전혀 밀리지 않는 대통령 비서실장이다. 문재인은 참여정부 청와대 시절 민정수석과 시민사회수석을 거치며 왕수석이라는 닉네임을 얻었고 임기말에서 대통령비서실장을 역임했다.[2] 퇴임 이후에는 이른바 2인자 이미지가 더욱 강해졌다. 노무현 전 대통령 서거 이후 장례를 주도한 모습과 이후 추모사업을 전개한 그의 모습에서 노무현 그림자를 엿볼 수 있다. 문재인에게서 노무현을 제외하고 나면 정치인 문재인으로서 무엇이 남느냐는 비판이 나오는 것도 이 때문이다. 노무현의 2인자를 뛰어넘는 콘텐츠와 비전을 채워야만 문재인도 대통령 5대 불가론에서 자유로울 수 있다. 흥미로운 점은 문재인의 대선출마선언문에는 '노무현'이라는 이름이 한 번도 사용되지 않았다는 것이다.

---

2 "경험이 중요하다고 생각한다. 공부도 경험과 함께 뒷받침되어야 제대로 경륜으로 되는 것 아니겠는가. 그런데 저는 제가 참여정부 비서실에서 수석을 하고 비서실장을 하며 겪은 국정경험이야말로 경쟁관계에 있는 다른 어느 후보도 겪지 못한 저만의 강점이라고 자부한다. 아시다시피 우리나라에서 청와대 비서실은 국정 전반을 조정하는 컨트롤타워 역할을 한다. 어떤 면에서는 대통령보다 비서실장이 국정을 훨씬 많은 점을 접하고 다룬다. 대통령께서는 그까지 올라가는 일부 중요사안에서만 관여하고 마지막 의사결정에만 관여하시는 것이다. 이를테면 외교안보국방 통일 문제를 늘 관장하는 안보관계장관회의, 안보관계조정회의 멤버로 늘 참여를 했는데 대통령의 회의참석은 극히 드물다. 그러나 저는 고정 멤버로 모든 회의에 참석했다. 비서실장으로 겪은 국정전반에 대한 경험들 그것도 어떤 일개 부처의 장이나 일개 기관의 장으로서 국정을 바라보는 것이 아니라 대통령 관점으로 국정을 바라본 경험이야말로 가장 제게 소중하고 대선 후보로서 앞으로 큰 힘을 주는 경력이라 자부한다. 청와대 비서실장이었고 수석 두 번 했다."(문재인, 6월 27일 관훈클럽토론회, 당 대표, 선출직도지사를 역임한 당내 경쟁자에 비해 경력이나 경험이 부족해 보인다는 지적을 반박하며)

권력의지가
대통령을 만든다

대통령은 하늘이 내린다는 표현이 적절하다. 시대정신을 선점해서 구도와 인물 싸움에서 승리해야 대권을 거머쥘 수 있다는 고상한 분석도 있다. 하지만 역대 대선을 뒤집어보면 대통령은 천운이 아닐까 생각된다. 87년 대선 이후 거의 모든 대통령의 사례가 그러하다. 다만 대통령이라는 천운은 권력의지가 충만한 준비된 정치인들에게만 허락되는 게 아닐까 싶다. 권력의지는 천운보다 우위에 있다.

우선 노태우 대통령이다. 87년 6월항쟁과 7~9월 노동자대투쟁 이후 열린 공간에서 치러진 87년 대선은 야권에 압도적으로 유리했다. 하지만 1971년 대선 이후 16년 만에 첫 직선 대통령을 뽑는 선거에서는 전두환 대통령의 후계자인 군부 출신 대통령이 선출되었다. 김영삼 통일민주당 후보와 김대중 평화민주당 후보라는 민주화의 두 거목은 드높은 국민적 열망에도 불구하고 후보단일화에 실패했다. 노태우 민주정의당 후보는 한마디로 야권의 분열 속에 어부지리로 대통령이 당선된 것.

그 다음해에 치러진 13대 총선에서 여소야대(與小野大) 정국이 만들어진 점을 감안하면 87년 대선에서 야권의 분열이 없었다면 노태우 대통령이 말한 보통사람의 시대는 불가능했다. 그렇다고 노태우가 운으로만 대통령의 자리에 올랐을까? 전두환이 주도한 5공화국 시절 2인자로 불렸지만 노태우는 전두환 주변 인사들로부터 끊임없는 견제에 시달렸다. 집권 이후 우유부단하다는 의미로 '물태우'로 불리기도 했지만 권력의지가 없었다면 대통령의 자리는 없었을 것이다.

김영삼 대통령도 마찬가지다. 김영삼은 87년 대선 패배 이후 다음해 치러진 13대 총선에서 민정당, 평민당에 이어 원내 제3당이라는 초라한 성적표를 거뒀다. 이대로 가면 평생의 꿈인 청와대로 가는 길이 보이지 않았다.

그가 선택한 것은 이른바 3당 합당이었다. 민정당, 공화당, 민주당이 합당하면서 거대 여당인 민주자유당이 탄생했다. 지역적으로 대구·경북, 충청, 부산 경남 세력이 연합했다. 라이벌 김대중이 이끄는 호남 정치세력을 고립화시켰다. 김영삼은 결국 대통령의 자리에 올랐고 평생의 라이벌 김대중은 92년 대선 패배 이후 정계은퇴를 선언해야 했다. 역사에 가정이 없지만 만약 3당 합당이 없었다면 김영삼 대통령이 탄생할 수 있었을까. 아울러 온갖 비난을 감수하고 호랑이를 잡으려면 호랑이굴로 들어가야 한다고 3당 합당을 결행한 것도 그의 권력의지다. 6공의 황태

자 박철언, 포항제철의 신화 박태준 등이 YS를 끊임없이 견제했지만 그
는 노태우 대통령과의 아슬아슬한 줄다리기와 담판 속에 대선후보 자리
를 꿰찼고 마침내 대통령의 자리에 올랐다. 중학생 때부터 대통령을 꿈
꿔왔다는 YS의 권력의지가 없었다면 불가능한 일이었다.

김대중 대통령은 97년 대선에서 대선 4수에 나선다. 71년, 87년,
92년에 이어 4번째 도전이었다. 상황은 좋지 않았다. 정계은퇴를 번복하
고 새정치국민회의를 창당한 뒤 대선에 뛰어들었다는 치명적 약점은 대
선기간 내내 그를 끊임없이 괴롭혔다. 말 바꾸기의 달인이라는 것. 아울
러 3김정치 청산을 외치며 등장한 이회창 한나라당 후보는 강고한 대세
론을 형성했다. 그러나 최종 승자는 김대중이었다. 그는 누구도 예상하
지 못한 DJP(김대중+김종필) 연대를 일궈냈다. 나아가 일부 TK(대구 ·
경북)세력까지 끌어안은 DJPT(김대중+김종필+박태준) 연대를 성사시
키며 90년 3당 합당 이후 만들어진 호남고립화 전략에서 벗어날 수 있
는 계기를 마련했다. 아울러 9룡이 나섰던 당시 신한국당 대선후보 경선
에서 이인제 후보가 탈당하면서 영남에서 여권 성향의 표가 분열된 것
도 천우신조였다. 김대중은 천신만고 끝에 대통령의 자리에 오를 수 있
었다. 대선 4수 끝에 수평적 정권교체를 이룬 것 자체가 DJ의 권력의지
를 보여주는 사례다.

마지막으로 노무현 대통령이다. 노무현의 대권쟁취기는 한국 역대
대선사상 가장 드라마틱하다. 계란으로 바위치기로 불린 그의 지역주의
타파 도전기는 웬만한 권력의지로는 불가능한 것이었다. 국회의원 선거,

부산시장 선거 등 작은 선거에서는 패했지만 마지막에는 대선승리라는 잭팟을 터뜨렸다.

노무현의 청와대 입성기는 우여곡절과 파란의 연속이었다. 우선 노무현은 호남 정치인들이 장악한 민주당에서 비주류로 불리는 영남 정치세력이었다. 그가 대권도전을 선언했을 때 지지율은 1~2%대에 불과했다. 당시 민주당 대선후보 경선은 이인제 대세론이 거셌지만 노무현은 역전에 성공했다. 지역주의 정치 철폐를 외치며 헌신했던 바보 노무현의 힘이 광주 경선의 기적을 시작으로 대세를 얻었다. 롤러코스터를 타던 지지율이 그해 여름 지속적으로 하락하면서 후보교체론에 시달린다. 노무현은 한일 월드컵 4강 신화의 열풍을 바탕으로 유력 대선주자의 자리에 오른 정몽준 국민통합21 후보와의 단일화에 극적으로 성공했다. 2002년 12월 18일 대선 하루 전날 정몽준이 지지철회를 선언했지만, 노무현은 이회창 한나라당 후보를 극적으로 눌렀고 대통령의 자리에 오를 수 있었다.

이명박 대통령도 마찬가지다. 임기 말 끝도 없는 레임덕에 시달리고 있지만 지난 2007년 대선 경선 당시 이명박은 희망의 아이콘이었다. 2007년 초 여당이었던 열린우리당 내부에서는 본선 상대로 이명박보다는 박근혜가 낫다는 지적이 끊임없이 제기될 만큼 강력한 상대였다. 샐러리맨의 신화로 불리는 현대건설 최고경영자(CEO) 출신이라는 점과 청계천 복원과 대중교통 체계 개편 등 가시적 성과를 바탕으로 이명박은 2007년 대선국면을 주도했다. 당내 경선과정에서 최대 라이벌인 박근혜 전 한나라당 대표와 피말리는 혈투를 벌였고 대의원 투표에서는 뒤졌지만 국민여론을 등에 업고 한나라당 대선후보로 선출되었다. 만일 박근혜가 97년 이인제와 비슷한 행보를 걸었다면 이명박 대통령이 탄생할 수 있었을까? 박근혜는 깨끗하게 경선승복을 선언했다. 97년 이회창-이인제의 분열이라는 악몽을 경험했던 보수진영은 환호를 보냈다. 이후 대선 본선에서 BBK 주가조작 의혹, 도곡동 땅 실소유주 의혹 등이 끊임없이 제기됐지만 이명박은 역대 대선 사상 최대 압승을 거뒀다. 정동영 대통합민주신당 후보의 표 차이는 무려 530만 표를 넘어섰다.

문재인에게 대권이라는 천운(天運)이 있을까? 장담할 수 없지만 노무현 전 대통령에 대한 국민적 정서가 180도 뒤집혀진 것은 역설적으로 대권도전에 나선 문재인의 가장 큰 자산이다. 그 점이 없었다면 문재인의 대권도전은 애당초 불가능한 일이었다.

아주 오래전 일로 기억되지만 불과 5년 전이었다. 참여정부 말기 "길을 가다 넘어져도 노무현 탓"이라는 우스개가 나올 만큼 노무현은 극단적인 비난에 시달렸다. 모든 게 노무현 탓이라고 할 정도로 "노무현을 비판하는 게 국민적 스포츠가 되었다"는 자조 섞인 이야기도 나왔다.

노무현 퇴임 이후 상황이 달라졌다. 청와대의 노무현과 봉하마을의 노무현을 바라보는 국민적 시선은 정반대였다. 2009년 5월 노무현 서거 이후에는 상황이 정반대가 됐다. 국민적 추모 열기는 전국적으로 빠르게 퍼지며 이른바 지못미(지켜주지 못해서 미안해) 열풍이 불었다.

노무현이 국민들의 사랑을 가장 많이 받는 대통령이라는 점은 여론조사를 통해서도 드러난다. 한국미래발전연구원(원장 김용익)이 여론조사전문기관 리서치뷰(대표 안일원)에 의뢰해 지난 5월 22일 공개한 전·현직 대통령 호감도 조사(표본오차는 95%, 신뢰수준 3.1% 포인트)에서 노무현은 1위를 차지했다.

이승만, 박정희, 전두환, 노태우, 김영삼, 김대중, 노무현, 이명박 등 역대 전·현직 8명의 대통령 호감도를 묻는 질문에 응답자의 35.3%가 노무현 전 대통령을 꼽았다. 노무현은 지난해 같은 조사 때보다 5% 포인트 상승했다. 반면 지난해 1위였던 박정희 전 대통령은 0.5% 포인트 하락한 31.4%로 뒤를 이었다. 이어 김대중 13.5%, 이명박 8.0%, 전두환 4.7%, 이승만 1.7%, 김영삼 0.5%, 노태우 0.2% 등의 순으로 나타났고 무응답은 7.3%였다.

노무현은 서울(34.4%), 인천(52.7%), 경기(36.5%), 충청(37.3%), 부산 울산 경남(36.1%) 등에서 1위를 기록하며 수도권과 PK지역에서 강세를 보였다. 반면 박정희는 대구·경북(44.7%), 강원·제주(52.4%)에서, 김대중 전 대통령은 호남(43.6%)에서 호감도가 가장 높았다.

전·현직 대통령이 대선에 재출마할 경우 지지 여부를 묻는 질문에 박정희는 노무현을 근소하게 앞섰다. 박정희 지지의향은 50.5%로 가장 높았고 노무현은 47.7%로 나타났다. 김대중은 38.2%, 이명박은 17.0%에 불과했다.

천운에 이어 대권쟁취의 가장 중요한 덕목은 무엇일까? 대통령이 되기 위해 수많은 요인들이 필요하다. 탄탄한 지역기반, 핵심지지층, 감동적인 인물스토리 등이 필수적이다. 이 밖에도 이슈 파이팅과 토론능력까지 겸비하면 금상첨화다. 본격적인 이미지 정치시대를 맞아 외모와 유머실력까지 갖춘다면 더할 나위 없이 좋다.

실제 김영삼·김대중 전 대통령의 사례를 보면 영남·호남 등 강력한 지역기반을 갖춘 것이 대권도전의 유리한 고지를 차지할 수 있게 했다. 지역기반만 갖추고 있다면 위기에서 탈출, 권토중래를 모색할 수도 있다. 김대중이 92년 대선 패배 이후 정계은퇴를 선언했다가 대권도전에 나설 수 있었던 배경 역시 호남이라는 든든한 지역적 기반이 있었기 때문이다.

핵심지지층 또한 중요한 요소다. 노무현의 경우를 보면 '노무현을 사랑하는 사람들의 모임(노사모)'라는 핵심지지층이 있다. 노사모는 참여정부 이후 다양한 분화 과정을 거치기는 했지만 대선 과정과 취임 이후 노무현이 위기에 처했을 때마다 강력한 후원그룹이 됐다. 연말 대선을 앞두고 유력 차기주자 중 가장 강력한 후원그룹을 보유한 정치인은 이른바 박빠, 유빠로 불리는 정치적 팬클럽을 갖춘 박근혜 전 새누리당 위원장과 유시민 전 통합진보당 공동대표다.

마지막 요소는 감동적인 인생스토리다. 국민 누구나가 다 알 수 있는 인생스토리가 필수요소라는 것. 민주화의 거목으로 불린 김영삼·김대중의 스토리는 온 국민이 알고 있었다. 두 사람은 60년대 이후 민주화 운동을 함께 하며 때로는 동지로 때로는 라이벌로 한국정치를 주도해왔다. 노무현은 지역주의 철폐에 온몸을 바친 '바보 노무현'으로 국민들의 뇌리에 깊게 남아있다. 이명박 역시 과거 산업화 시절 샐러리맨의 신화로 불린데다 서울시장 재직 시절의 성과를 누구나가 잘 알고 있다.

다만 이 모든 조건들은 필요충분조건이 아니다. 현실정치를 관찰해보면 가장 중요한 요소는 역시 권력의지다. 지역기반, 핵심지지층, 인물 스토리, 천운 등 모든 것들이 조화롭게 어우러져야 대통령의 자리에 오를 수 있겠지만 이 모든 것을 뛰어넘는 것이 바로 권력의지다. 권력의지는 어떠한 난관을 뚫고서도 그 뜻을 반드시 이루겠다는 것. 역대 대통령을 살펴봐도 권력의지가 없었던 사람은 단 한 명도 없었다.

문재인은 대권주자로서 필요한 조건을 두루 갖추고 있다. 우선 부산 경남이라는 든든한 지역기반이다. 선거공학적 사고라는 비판이 많지만 영남인구가 호남에 비해 압도적인 상황을 감안할 때 민주당 다른 주자들과 비교우위에 설 수 있는 요소이다.[3]

단순히 출생지만 부산 경남이 아니다. 문재인은 노무현 대통령이 2003년 청와대로 입성할 때까지 20여 년을 부산에서 인권변호사로 활약해왔다. 핵심지지층도 상당하다. 이른바 친노로 불리는 강력한 지지그룹을 갖추고 있다. 이러한 점은 경남지사를 지낸 김두관 후보와 매우 유

---

3 "지역분할구도를 전제로 해서 92년 대선부터 2007년까지 치러진 네 번의 선거에서 영남보수 기득권 세력은 두 번 승리했고 두 번 패했다. 영남보수 기득권 세력이 이긴 선거는 언제나 압승이었고 그 반대편 세력이 이긴 선거는 언제나 아슬아슬한 승리였다. 92년 대선에서 김영삼은 김대중을 200여 만 표 차로 이겼으며 2007년 대선에서 이명박은 정동영을 500여 만 표 이상 차이로 이겼다. 반면 97년 대선에서 김대중은 이회창을 39여 만 표 차이로, 2002년 대선에서 57만여 표 차이로 이긴다. 이 아슬아슬한 승리에 대해 노무현은 유시민이 정리한 자서전 《운명이다》에서 기적이라고 규정한다. 김대중, 노무현이 이긴 선거는 영남 포위구도였으며 김영삼, 이명박이 이긴 선거는 호남 포위구도였다."(서영석 저서 《WHY 유시민》 中)

사한 점이다. 문재인의 인물스토리는 저서《문재인의 운명》이 베스트셀러가 되고 SBS 예능프로그램 '힐링캠프' 출연으로 대중화되었다. 이 과정에서 특전사 출신이라는 점은 이른바 대박을 쳤다. 아울러 사법연수원 차석인데도 민주화운동 경력으로 판사가 되지 못하고 인권변호사로 활약했다는 점 또한 대중이 쉽게 이야깃거리로 삼을 수 있는 대목이다.

지역기반, 핵심지지층, 대중이 쉽게 이해할 수 있는 스토리 등 모든 것을 갖춘 문재인이다. 딱 하나 부족한 것은 권력의지였다. 대선출마를 선언하고 본격 대선행보에 뛰어든 지금 문재인의 권력의지를 의심하는 사람은 아무도 없다. 문재인의 강력한 권력의지는 오랜 세월 동안 차곡차곡 단단히 다져온 것이다. 청와대를 향한 그의 의지는 누구보다 확고하다. 그동안 문재인은 박근혜 새누리당 전 비대위원장이 대선후보로 결정된다면 본인이 나설 수 있다는 뜻을 내비쳐 온 것으로 알려졌다.

문재인은 2011년 상반기까지만 해도 현실정치 참여와 차기 대권 문제를 특별하게 언급하지 않았다. 질문은 쇄도했지만 늘 말을 아꼈다. 이 때문에 정치인보다는 단정하고 반듯한 선비의 이미지가 강했다.

정치권과 언론 역시 2010년까지만 해도 문재인을 차기주자로 대접하지 않았다. 여의도 정치권에서는 오히려 6.2 지방선거에서 불모지 경남에서 승리한 김두관을 더 주목했다. 문재인의 가능성을 눈여겨본 사람은 많지 않았다. 문재인 역시 각종 인터뷰에서 정치현안에 대한 언급을 삼갔다. 이 시기 문재인의 인터뷰 내용은 노무현재단 이사장 자격으로 추모사업 활성화 등을 거론하거나 노무현 차명계좌 관련 발언으로 물의를 빚었던 조현오 전 경찰청장을 비판하는 데 집중되었다.

2011년 야권통합 운동에 합류하며 정치적 행보를 본격화할 때마다 문재인을 향해 차기 대선에 출마할 것이냐는 보다 직접적인 질문이 쏟아졌다. 노무현재단 이사장으로 불린 문재인은 말없이 계면쩍은 웃음으로 대답을 대신하면서 구체적 언급을 피했다. 말이 무겁고 진중한 성격 그대로다.

문재인의 권력의지는 지난해 12월 4.11 총선 참여를 선언하면서 서서히 모습을 드러내기 시작했다. 4.11 총선을 전후로 권력의지를 굳이 숨기지도 않았다. 총선 이후에는 대통령을 향한 문재인의 권력의지는 가속페달을 밟았다. "암울한 시대가 저를 정치로 불러냈다"는 대선출마 선언문은 문재인의 명확한 권력의지를 보여준다. 과거의 문재인이 맞느냐는 분석이 나올 정도로 그가 던지는 메시지는 점차 단호해지고 분명해지고 있다. 라이벌인 박근혜 새누리당 대선경선 후보의 텃밭을 방문, '공주'[4] 라는 표현까지 사용할 정도다.

---

4 "박근혜 전 대표와 같은 용띠지만, 삶은 너무나 대조적이다. 그 분이 공주처럼 산데 비해 나는 가난한 삶을 살았고 변호사가 된 뒤에는 인권변호사로 지내면서 서민과 함께 했다. 그 분은 독재권력에 계신 분이었고, 나는 독재권력에 맞서 싸우다가 구속, 재적, 강제징집 등을 당했다."(문재인, 2012년 8월 2일 대구범시민단체 조찬 간담회)

문재인과 권력의지

노무현 대통령은 마지막 가는 길에 유서에서 "운명이다"고 했다. 문재인은 노무현 서거 2년 이후 저서 《문재인의 운명》에서 "나야말로 운명이다"고 했다. 나야말로 운명이라는 구절이 문재인의 정치참여 여부를 암시한 것이라는 해석이 나돌면서 정말 구구한 억측을 낳았다. 결론적으로 노무현 대통령이 세상을 떠나면서 문재인의 운명은 달라졌다. 그는 오랜 고뇌와 번민 끝에 주어진 운명을 받아들였다.

문재인은 야권의 최종 대선후보가 될 수 있을까? 정치를 하려는 의지와 욕망조차 없어 보였던 자연인 문재인이 야권의 가장 유력한 차기주자로 올라설 수 있었던 힘은 무엇일까? 문재인 파워는 역설적으로 고 노무현 전 대통령의 서거다.

문재인은 저서 《문재인의 운명》에서 노무현 대통령 서거일인 2009

년 5월 23일을 "내 생애 가장 고통스럽고 견디기 힘들었던 날"이라고 표현했다. 온 국민이 충격에 휩싸였지만 그는 침착한 목소리로 "대단히 충격적이고 슬픈 일입니다. 노무현 전 대통령께서 오늘 오전 9시 30분경 이곳 양산 부산대 병원에서 돌아가셨습니다"라며 국민들에게 노무현 대통령의 서거를 알렸다.

2009년 5월 29일 서울 경복궁에서 열린 국민장에서 백원우 전 민주당 의원은 이명박 대통령의 사과를 요구하며 소리를 질렀다. 문재인은 현장에서 이명박 대통령에게 고개를 숙이며 사과했다.[5]

두 번의 인상적인 장면들은 국민들에게 문재인의 존재를 깊이 각인시켰다. 아울러 세월이 흐른 뒤 문재인은 SBS 예능프로그램 '힐링캠프' 출연을 통해 '대중 속으로' 성큼 뛰어들었다. 아직도 회의적인 점이 없지는 않다. 대선국면에서 권력의지는 완주 여부다. 더 멀리 바라보면 이번에 실패해도 차차기를 기약한다는 칠전팔기의 정신이다. 문재인에게 과연 그런 의지가 있을까?

저서 《문재인의 운명》을 보면 그는 정치할 생각이 전혀 없었다.

---

5 "말 나온 김에 내가 문재인을 처음 알아본 그 2년 전이 언제인지도 언급하고, 문재인 이야기를 끝내자고. 노무현 영결식 때야. 당시 백원우가 이명박을 향해 말 폭탄을 던졌잖아. 많은 이들은 범인은 아는데 아무도 그 범인을 지목하지도 체포하지도 못하는 상황이라고 여기고 있었기 때문에 백원우의 행동은 그렇게 생각하던 사람들에겐 통쾌한 일이었다고. 그런데 그렇게 피해가 확실히 구분되고 감정적으로 격해진 상황에서 문재인이 이명박에게 가서 머리를 조아리고 사과를 한다고. 보통 그런 상태에선 범인에게 피해자가 사과한다는 건 있을 수도 없고, 만약 그랬다면 분노하게 된다고. 그런데 문재인이 이명박에게 사과를 하니까 비겁하거나 쓸데없다고 느껴지는 게 아니라 경우가 바르다는 생각이 퍼뜩 들었다고. 이런 건 타고나는 애티튜드의 힘이라고. 이런 건 흉내 내거나 훈련할 수 없는 거야. 문재인에겐 그런 힘이 있는 거야. 박근혜도 바로 그런 애티튜드가 있는 사람이야. 그때부터 아, 저 사람이다. 저 사람이 박근혜와 똑같은 지점에서 맞설 수 있는 사람이구나, 싶었어. 그리고 그때부터 2년 후에 문재인이 뜰 거라고 주장하기 시작한 거고."(김어준 지음 지승호 엮음, 《닥치고 정치》 中)

문재인의 이러한 성향은 참여정부 때에도 잘 드러났다. 2004년 17대 총선을 앞두고 출마 요구가 거셌지만 그는 건강을 핑계로 청와대에서 물러나며 고집을 꺾지 않았다.[6]

지금이야 문재인은 야권 차기주자로 우뚝 섰지만 그의 정치참여는 오랜 고민의 산물이었다. 주변의 정치참여 권유에 본인이 우선 완강하게 고사해왔다. 또 부인과 자녀 등 가족들의 반대는 물론 가까운 지인들도 반대하는 사람이 많았다. 문재인은 정치참여를 고민하면서 가족, 오래된 친구들, 참여정부를 함께 했던 사람들과 의논한 뒤 결정했다.

문재인은 정치참여를 오랜 기간 망설였다. 노무현의 비극적인 죽음을 불러온 적대적 정치문화는 물론 총선과 대선까지 치르기 위한 정치자금 문제도 주요 이유였다.

문재인은 이와 관련 "정치가 대단히 중요한 것은 사실인데 저는 좀 맞지 않다고 생각했다. 우리 정치현실은 국민의 일반적인 삶과 동떨어진 마치 별세계에서 자기들 간에 이뤄지는 것처럼 돼왔다. 노무현 대통령이 정치하는 것을 지켜보면서 정치가 참으로 어려운 일이고 특히 원칙을 지켜가면서 정치를 한다는 게 얼마나 어려운 일인가. 아울러 정치세계에서 난무하는 적대적이고 대결주의적인 정치문화 속에서 원칙을

---

6 "2003년 12월이 되면서 이듬해 4월로 다가온 총선얘기가 본격적으로 나오기 시작했다. 이해성 홍보수석, 문학진 정무비서관, 김현미 국내언론비서관, 김만수 춘추관장, 백원우 민정수석실 행정관 등이 그때 떠났다. 선거가 닥쳐오자 내 의사와 무관한 징발론이 당에서 나오기 시작했다. 내가 전혀 뜻이 없다고 밝히자 영화는 누리고 희생은 하지 않으려 하느냐는 험한 말로 비난하는 단계에까지 이르렀다. 특히 (노무현) 대통령은 겉으로 말씀은 안 했지만 출마하기를 바라는 분위기가 역력했다. 건강을 핑계로 사의를 표명했다. 청와대로 들어온 지 거의 1년 만의 해방이었다. 바깥공기는 참으로 자유로웠다."(문재인 저서 《문재인의 운명》 中)

지키며 정치를 한다는 게 너무나 어렵다. 노무현 대통령도 결국 그 때문에 꺾여버리신 것 아닌가. 제가 감당할 수 있을까 하는 생각이 들었다. 정치라는 게 중요하지만 현실 속 정치라는 게 결코 아름답지만은 않다. 현실 속에서 정치적 이상을 구현해낼 수 있는 능력도 갖춰야 되는 것이 늘 저를 망설이게 했던 점들이다."

문재인은 현 정부하에서 치러진 여러 번의 재보선에서 직접 후보로 나서달라는 요청을 받았다. 문재인은 전면에 나서기를 완강하게 거절했다. 다만 2009년 10월 경남 양산 국회의원 보궐선거와 2011년 4월 경남 김해을 야권후보 단일화 상사의 주역으로 활동하는 간접적 지원에 주력했다. 2011년에는 직접적인 정치참여보다는 혁신과 통합 상임 공동대표로 지내며 야권통합 기반 조성에 힘을 보탰다. 결국 4.11 총선에서 부산 사상에 출마해 당선됐고 이후 6월 17일 대선출마를 공식 선언했다.

문재인은 오랜 망설임 끝에 '보통사람 문재인'에서 '정치인 문재인'으로 거듭났다. '국민 속으로' 뛰어들기까지는 그의 수많은 고민은 2년 이상 이어져왔다. 대선출마도 4.11 총선 이후 고민 끝에 결단을 내렸다.

"이번 (경남 양산 국회의원 보궐) 선거의 중요성을 두고 제가 나서는 것이 좋지 않으냐는 과분한 말씀들이 일부에서 있었던 건 사실입니다. 우선 저는 정치할 뜻이 없을 뿐만 아니라 개인적으로 정치하지 않을 생각엔 변함이 없습니다. 행여라도 정치할 가능성을 보여주는 것 아닌가 오해의 소지가 있는 행보는 하지 않으려고 노력해왔습니다. 비단 이번 양산뿐만 아니라 앞으로도 제가 직접 제 개인이 정치를 하는 것은 선택하지 않을 생각이라는 점을 다시 한 번 말씀드리겠습니다."
2009년 10월 15일 CBS라디오 '시사자키 양병삼입니다' 인터뷰. '내년 지방선거에서 부
산시장 출마 제의가 들어온다면 고려해볼 여지가 있느냐'는 질문에

2009년 10.28 경남 양산 국회의원 재선거는 노무현 전 대통령의 비극적 최후 이후 5개월여 만에 치러진다면 점에서 민주당의 전의가 거셌다. 민주당은 박희태 한나라당 후보의 대항마로 문재인을 영입하려 했지만 문재인은 사양했다. 부산의 재야인사들이 양산시 매곡동 문재인의 집 앞에서 텐트를 치고 농성을 하며 출마를 압박했을 때에도 끝내 고사했다.[7] 결국 이해찬 한명숙 전 총리, 김두관 전 행정자치부 장관, 안희정 민주당 최고위원 등 친노핵심 인사들과 함께 정세균 민주당 대표에게 송인배 전 청와대 비서관을 단일후보로 추천하고 송인배 민주당 후보 공동선대위원장을 지냈다.

"저는 정치와는 맞지 않다고 생각한다. 그 다음에 정치를 또 잘할 자신이 없다. 그럴만한 어떤 자질이나 능력을 갖고 있지 못하다. 정치가 대단히 중요하기는 하지만 정치 외에도 각자가 기여할 수 있는 분야는 많이 있다. 다들 저를 높이 평가해주시는 것은 고마운 일이지만 솔직히 저로서는 곤혹스럽다. 그러나 정치 발전이나 민주주의를 바라는 마음들은 다 같은 것이기 때문에 마음으로 있는 힘을 다해서 성원하고 그 다

---

[7] 당시 부산지역 재야에서는 문재인이 양산 선거에 나설 경우 당선을 확신했다. 특히 보선 승리에 이어 19대 총선에서 당선되면 재선 의원으로 대권에 도전할 수 있다는 논리도 내놓았다. 노무현 서거 추모인파를 거론하며 500만 명이 울었다. 대선까지 가 불만하다는 여러 이야기가 나왔다. 이는 노무현 대통령의 비극적 최후와 관련, 이명박 대통령에 대한 반감이 컸기 때문이다. 문재인이 만약 선거에서 패할 경우 19대 총선 비례대표를 보장한다는 민주당 지도부의 약속이 있었지만 출마를 거절했다.

음에 제가 할 수 있는 또 다른 분야의 노력들을 해나가려고 한다."

2010년 4월 23일 MBC라디오 '손석희의 시선집중'과의 인터뷰. '지방선거를 앞두고
문재인 변호사의 출마 등 정치참여를 바라는 분들이 대의명분을 내세우며 요청하는데
여전히 정치와는 거리를 둔다는 입장이냐'는 질문에

2010년 6.2 지방선거를 앞두고 민주당 안팎에서는 또다시 문재인 징
발론이 나왔다. 영남지역에 교두보를 확보하기 위해 부산시장 후보로
문재인이 나서야 한다는 주장이 있었지만 문재인은 역시 고사했다.[8]

"어쨌든 각자가 자기가 서 있는 위치에서 할 수 있는 일들을 다 해나가
야 한다."

2011년 4.27 경남 김해을 국회의원 보궐선거 민주당 국민참여당 후보단일화 협상 중재
이후 CBS 라디오 '변상욱의 뉴스쇼' 인터뷰. '정치권으로 아예 다시 들어오는 게 어떤가
라는 기다림이 많다'는 질문에 (2011년 4월 8일)

문재인은 2011년 상반기까지는 현실정치 참여 및 차기 대권 출마에
대해 크게 생각이 없었던 것으로 보인다. 시기적으로 그의 생각이 변화
된 것은 2011년 6월 15일 《문재인의 운명》 저서가 발간되고 베스트셀러
가 된 이후로 추측된다. 문재인은 2011년 하반기 정국에서 본격적인 고
민을 거쳐 사실상 정치참여 및 대선출마 문제에 대한 내적결단을 내린
것으로 분석된다.

---

8 2010년 6.2 부산시장 선거에서는 문재인이 야권의 후보로 나섰다면 승리했을 것이라는 분석도 나왔다.
문재인의 경쟁력은 그가 후보로 나섰을 경우 구청장, 시의원, 구의원 후보를 구하기가 쉽다는 점이었다.
실제 문재인이 부산시장 후보로 나설 경우 변호사, 교수, 시민단체 인사들이 바람몰이를 통한 당선을
기대하며 여차하면 출마를 저울질했다. 부산지역 재야에서는 2009년 말까지 출마를 종용했지만 문재인은
거절했다. 이후 2010년 봄 무렵부터 야권의 부산시장 후보로는 김정길 전 장관이 거론됐다.

안희정 충남지사는 2011년 7월 27일 CBS라디오에 출연, 문재인 대선출마와 관련 "국민들한테 어떤 임무를 부여받는 일은 정치인 스스로의 도전의지도 중요하지만 본인도 꺾을 수 없는 어떤 흐름이 있는 것 같다"며 "그분께서 그런 어떤 흐름들과 요구들을 어떻게 하실지 계속 정치를 안 하시겠다는 생각을 가지고 계신지 참 궁금하다"고 말했다.

"지금 통합운동을 하면서 개인적 선택의 문제를 이야기하는 것은 시기가 맞지 않죠. 통합이 잘 이뤄지고 그 다음에 또 그 힘으로 총선도 잘 치르고 난 후에 생각해볼 문제이다. 다만 과연 제가 그런 기대를 감당할 만한지 저로서도 참 자신 없는 부분이다."
2011년 8월 22일 CBS라디오 '김현정의 뉴스쇼' 인터뷰. '대선주자로 나서달라고 희생을 요구하면 받아드릴 마음의 각오가 돼있느냐'는 질문에.

문재인은 2011년 8월 대권출마 질문에 과거와 달리 정치참여에 뜻이 없다며 단칼에 자르지 않았다. 시기적으로 부적절하다며 총선 이후에 밝히겠다는 입장을 밝힌 것. 주목할만한 점은 야권의 차기구도에서 안철수 서울대 교수가 아직 등장하지 않았던 시점이다. 문재인은 손학규 (당시 민주당 대표)를 막 추월하고 야권 지지율 1위에 올랐다. 대중 정치인 문재인의 본격 데뷔를 서서히 준비하고 있었던 것이다.

문재인은 2011년 10.26 재보선을 기점으로 사실상 현실정치에 발을 담궜다. 특히 서울시장 보궐선거에서는 무소속 시민후보 박원순 공동선대위원장을 맡아 마이크를 잡고 지원유세에 나섰다. 부산 동구청장 재선거에 나선 이해성 후보의 후원회장도 지냈다. 두 선거는 국민적 관심이 집중된 선거였다.

> "한사코 피해 왔고, 끝까지 피하고 싶었던 길이다. 부산, 울산, 경남 시민
> 에게 변화를 호소하려면 저부터 풍덩 뛰어들어야 한다고 생각했다. 노
> 무현 대통령도 끝내 넘지 못한 어려운 길임을 잘 안다. 만약 현실의 벽
> 앞에서 제가 꺾인다 해도 변화의 바람을 일으키는 불씨가 될 수만 있다
> 면 저에겐 큰 보람일 것이다. 바꾸고 싶다. 이기고 싶다."
> 2011년 12월 26일 부산시의회, 문재인·문성근·김정길 부산 출마 선언문

현실정치와 거리를 둬왔던 문재인이 재보선 지원 이후, 두 달여 만에
현실정치 참여를 전격 선언했다.[9] 결국 문재인이 정치참여와 관련, 심경
의 변화를 일으킨 것은 2011년 하반기로 추정된다. 그해 6월 저서《문
재인의 운명》이 출간되면서 대중적 신드롬을 일으켰고 결국 구랍 26일
에는 총선 출마를 선언했다. 이후에는 대선출마 여부에 대해 직접적인
언급을 삼갔지만 거칠 게 없었다.

문재인의 대중적 영향력도 확대됐다. 유력 정치인들을 현장에서 직
접 만나는 정치부 기자들은 문재인을 대통령감 1위로 선정했다. 미디어
오늘의 2012년 대선 여론조사에서였다.

---

9 "민주정부 10년 동안 온갖 고초 속에서 가까스로 일구어 놓았던 성과가 순식간에 그 이전으로 후퇴하는
모습을 보면서 속 깊이 반성했습니다. 참여정부 이후 정권 재창출에 실패한 책임에서 자유로울 수 없기
때문이었습니다. 하지만 반성만으로 이러한 상황을 바꿀 수는 없습니다. 시민을 혐오하고 무시하는 정부의
철학과 가치를 여전히 공유하는 집단이 또다시 정권을 잡는다면 더 이상 시민의 정치는 설 자리가 없고,
권력의 일방통행만이 있을 것입니다. 이런 엄중한 상황을 바라보면서 결국은 현실 정치 속으로 들어가야
한다는 결심에 이르게 되었습니다."(정책비전서《사람이 먼저다》中)

"제가 야권통합운동을 했는데 다행히 통합운동이 잘 성사가 돼서 민주
통합당이 만들어졌다. 일단 통합을 주창했던 사람으로서 저도 노력하
고 책임을 다해야 되겠다는 생각을 하게 됐다."
CBS라디오 '시사자키 정관용입니다' 인터뷰. '2012년 1월 5일 정치 참여를 언제 결심했
느냐'는 질문에.

"국회의원 한 번 하려고 정치를 한 것이 아니다. 부산시민 여러분께서
민주통합당 후보를 다수 약진시켜 주신다면 그 힘으로 부산을 대표하
는 정치인을 대통령 후보로 밀어 올릴 수 있다."
2012년 4월 5일 전재수(부산 북·강서갑), 문성근(북·강서을) 민주통합당 후보 지원유세.

4.11 총선 국면에서 연말 대선출마를 간접적으로 시사했던 문재인의
발언은 5월에 들어서며 더욱 과감해진다.

"다른 사람을 돕는 것은 참여정부 때 했던 것으로 끝내고 싶다. 개인적
으로는 마음의 준비를 끝냈다. 일부는 준비해 시작하고 있다."
2012년 5월 13일 광주 무등산 노무현 전 대통령 추모 산행.

"공식 선언은 그 때(3주기 추모행사를 마친 이후)에 하겠지만 마음으로
는 입장이 정해진 상태이다. 12월 대선 때는 2002년 노무현 대통령이
부산에서 얻은 것보다 더 득표할 수 있을 것이라는 자신감을 얻었다."
2012년 5월 19일 서울시청 앞 광장에서 열린 노무현 3주기 추모 콘서트에서 탁현민 교
수가 '대선출마 여부'를 묻는 질문에.

"끝이 아닙니다. 끝은 새로운 시작입니다. 이제 저는 정치인 문재인으로
다시 시작합니다. 국민들의 사랑이 가장 큰 무기라고 믿는 정치인 같지
않은 정치인으로 다시 시작합니다."
2012년 5월 24일 노무현재단 이사장 퇴임사.

　6월에 접어들면서 문재인의 워딩은 대선출마를 기정사실화한다. 17일 공식출마 선언 직전에 여러 차례에 걸쳐 강력한 권력의지를 드러냈다.

> "제가 우리당 내에서는 경쟁력이 가장 높다. 제가 후보가 돼야 새누리당 박근혜 후보를 이기고 정권교체를 할 수 있을 것 같다. 기존 민주당 후보만으로 충분히 박근혜를 이기고 정권을 되찾겠다는 판단을 했으면 제가 정치참여를 안 했을 것이다."
> 2012년 6월 12일 민주당 정치개혁모임 초청간담회.

> "정권교체라는 국민의 요구에 답하기 위해, 정치교체라는 시대의 요구에 답하기 위해 대통령선거에 출마한다. 반드시 대통령이 되어 돌아오겠다. 사상의 문재인이 대한민국의 문재인이 되겠다."
> 6월 16일 부산 사상구민께 드리는 편지.

> "민주통합당을 지탱하는 세 분 기둥이 있다. 김대중, 노무현, 김근태이다. 김대중은 민주세력 집권의 길을 열었다. 노무현은 새로운 정치와 시민참여의 다리를 놓았다. 김근태는 경제민주화로 민주당이 가야할 길을 제시했다. 세 분은 정권교체를 꼭 이루라는 간곡한 유언을 남겼다. 감히 말하면 그분들의 마지막 말씀이 저를 정치로 끌어냈고 대통령 출마를 결심하게 했다. 국민으로부터 받고 있는 기대와 지지, 이것을 정권교체에 보태지 않고서는 견딜 수 없다는 심정이 됐다. 출마선언을 전후해서 세 분의 묘역을 참배하며 정권교체를 위해 저를 던지겠다고 다짐했다."
> 2012년 7월 10일 민주평화국민연대(민평련) 대선주자 초청간담회.

"당 밖에 있는 경쟁주자를 능가하는 비전, 역사를 거꾸로 돌리려는 후
보를 제압하는 시대인식, 그걸 놓고 선의의 경쟁을 하면 좋겠다."
2012년 7월 31일 '예비경선 결과발표 후 국민 여러분과 당원동지들께 드리는 편지'

문재인의 권력의지는 이제 명확히 드러났다. 아무도 그의 권력의지[10]
를 의심하지 않는다. 이제 남은 것은 대선 예선전과 본 게임이다. 문재인
의 최대 정치적 자산은 노무현 추모 정서다. 바꿔 말하면 대통령 재임 시
절과는 달리 퇴임과 서거를 거치며 변화된 국민적 정서다. 그러나 대선
은 미래를 선택하는 게임이다. 문재인은 노무현을 뛰어넘어야 한다. 노
무현 그림자 이미지로는 어렵다. 그렇다고 섣부른 차별화 이미지가 만
병통치약도 아니다. 그 과정에서 유사한 지역기반과 지지층을 갖춘 김
두관 전 경남지사와의 추격을 막아내야 한다. 박근혜와의 본선 맞대결
이 이뤄지지 전에는 안철수와의 단일화 전선에서 승리해야 한다.

---

10 문재인의 권력의지는 일반적인 생각과는 다소 다르다. 문재인은 저서 《사람이 먼저다》에서 권력의지를
권력욕이 아닌 시대와 세상을 바꾸는 의지라고 설명한다. "권력에 대한 의지'가 무엇인가에 따라서 해석이
달라질 수 있습니다. 만약 권력의지가 개인의 야망을 실현하려는 의지라면 없는 게 맞다고 생각합니다.
그런 식의 권력의지가 한국의 현대사를 얼마나 많이 뒤틀어 놓았는지, 우리는 잘 알고 있습니다. 권력욕에
사로잡힌 이들은 군사쿠데타를 일으켰습니다. 권력을 연장하기 위해서 반대파를 탄압하고 심지어는
죽이기까지 해놓고도 아무런 반성도 하지 않습니다. 그런 것이 권력의지라면 제게는 없는 것이 맞고, 없어야
한다고 생각합니다. 제가 권력의지를 가지고 있다면, 그것은 시대를 바꾸고 세상을 바꾸기 위해서 권력이
필요하다고 생각하기 때문입니다. 그런 의미의 권력의지라면 누구와도 비교할 수 없을 정도로 충만해
있습니다. 시대를 거꾸로 되돌려놓고, 국민들을 무자비하게 탄압해서라도 권력에 대한 개인적인 야망을
채웠던 시대를 미화하는 사람들에게 권력을 맡긴다면 국민들은 지난 5년을 능가하는 고난을, 앞으로 5년
동안 또다시 겪을 것입니다."

문재인 대담 [11]

Q 대통령이 되기 위해 강력한 지역기반, 핵심지지층, 감동적인 인물스토리 등이 필요하다. 김영삼, 김대중 전 대통령은 영호남이라는 강력한 지역기반을 갖추고 있었다. 노무현 전 대통령은 노사모라는 핵심지지층이 존재했다. 이명박 대통령은 샐러리맨의 신화에서 청계천 복원 성공이라는 대중적으로 알려진 스토리를 갖추고 있다. 가장 중요한 것은 권력의지라는 이야기도 있다. 문재인 상임고문의 권력의지가 얼마나 강한지 알고 싶다.

A '권력의지'라는 용어의 개념 정의를 어떻게 내려야 할까요? 권력욕? 권력에 대한 욕심? 권력에 대한 야심을 갖고 현실의 어려움을 극복해 가는 그런 뜻의 '권력의지'라면 없는 게 맞습니다. 그러나 그러한 권력의지가 지금 이 시대의 정신에 부합한다고는 생각하지 않습니다. 현실정치의 장 속에서 그런 권력의지를 갈고 닦은 것이 꼭 장점이 되겠느냐, 이런 의문이 생깁니다.

---

11 문재인의 평소 신념과 정치철학을 바탕으로 문재인 캠프 공보팀에서 답변을 작성했다.

권력의지가 좋으냐 아니냐의 논쟁을 떠나서, 현실정치의 여러 문제를 극복하고, 새로운 정치를 실현하겠다는 강한 의지는 정치인의 중요한 덕목이라고 생각합니다.

어떻게 해서라도 권력을 손에 쥐겠다, 이런 의지가 아니고 '어쨌든 이번에 정권교체는 꼭 돼야 한다, 그걸 위해 문재인의 온 힘을 보태겠다는 각오, 이런 의미의 의지는 문재인이 누구 못지않게 강하다고 생각합니다. 이런 뜻에선 '권력의지'보다는 '소명의식'이란 말이 더 적당한 용어라는 생각도 듭니다.

Q 과거 참여정부 시절 17대 총선 당시 당 안팎의 출마 요구에도 현실정치 참여를 끝내 거절했다. 현 정부 들어와서 정치참여에 대한 권유가 많았지만 고사한 것으로 알고 있다. MB정부의 역주행을 많이 거론했지만 '비정치적 인간' 문재인이 현실정치가 격렬하게 대립하는 대선전에 뛰어든 이유가 궁금하다.

A 참여정부 시절 참으로 우여곡절이 많았습니다. 참여정부 마지막 비서실장을 물러났을 때 심신이 많이 지쳐 있었죠. 정권 재창출 실패의 책임이 가슴을 짓눌렀습니다. 자유, 평화, 안식을 찾고 싶었을 것입니다. 그래서 시골로 갔고…. 아마 대통령님의 서거라는 그런 일이 없었다면 그렇게 살았을 겁니다. 정치 참여를 망설였던 까닭은 '나보다 더 잘할 사람이 있을 거다'라는 생각 때문이었겠죠. 또 하나는 정치를 한다면 원칙을 지켜나가는 정치를 하고 싶은데, 그것이 얼마나 힘든 일인지 노 전 대통령이 너무나 절절하게 보여주지 않았습니까. 그래서 도저히 엄두가 나지 않았던 것이겠지요. 대선전에 왜 뛰어들었는가. 거창하게 얘기하면, 역사의 퇴행을 그대로 두고 볼 수 없다는 '소명의식'을 느낀 거고, '내가 해야 이길 수 있다'는 자신감

이 생긴 것이겠죠.

덧붙이자면, 지금 '격차사회'라고 할 정도로 경제성장의 혜택이 소수 계층에만 편중되면서 서민의 삶이 갈수록 팍팍해지고 있습니다. '경제민주화'가 절실한 상황입니다. 참여정부와 민주통합당은 과거 이런 문제를 해결하려고 노력했지만 결국은 한계를 노정시켰다는 평가를 받았습니다. 오랜 자기성찰을 통해 "그런 경험이 있기 때문에 더 잘할 수 있다"는 결론에 도달한 거죠.

Q 이명박 대통령의 역주행이 이유라면 야권의 다른 훌륭한 주자들도 적지 않다. 왜 꼭 문재인이어야만 하는지를 설명해달라.

A 노무현 대통령은 양극화와 비정규직 문제, 재벌의 경제독점과 검찰의 정치화 등에 대해 반드시 개혁을 이루겠다는 강한 의지를 지니고 있었습니다. 지역주의를 극복하고 소통과 통합의 정치를 펴려고 노력했습니다. 그러나 그 분의 의지와 노력과는 별개로 실패한 부분이 있습니다. 문재인은 가까이서 그 분의 '성공과 좌절'을 지켜봤습니다. '민주정부 10년'의 가치와 비전을 새롭게 구현하기 위해 매우 값진 체험을 했다고 생각합니다.

물론, 국민의 정부와 참여정부의 기조를 되풀이해서는 안 되겠죠. 훨씬 발전된 비전으로 일해야 합니다. 시대정신과 역사의식은 이어 받는다 해도 이를 구현하는 실제 정책은 차원이 다른 모양이어야 합니다. 누구보다 문재인이 이런 과제를 잘 해낼 수 있다고 생각합니다.

Q 연말 대선에서 실패한다 해도 차차기에 도전할 생각인지 알고 싶다.

A 대선출마를 결심한 이상 '반드시 승리한다'는 일념으로 온 힘을 다 쏟을 것입니다. 다른 상황에 대한 생각은 그 때 가서 하면 되겠죠.

Q 노무현 대통령께서 살아 계셨다면 문재인의 현실정치 참여와 대선출마에 대해 어떤 말씀을 하셨을 것 같은지 생각해 본 적이 있는지 궁금하다.

A 글쎄, "이렇다 저렇다" 딱 부러지게 의견을 내놓으시지 않았을 것 같아요. 17대 총선 때도 주위에서 문재인에게 출마를 강권하는 분위기였어요. 그 분은 내심 문재인의 출마를 바라는 눈치였지만 드러내놓고 얘기는 안 하셨죠.

Q 아울러 홈페이지에 올린 '문재인 궁금타파' 15번 문항 '지금 보고 싶은 사람은?' 이라는 질문에 노무현 대통령이라고 대답했다. 또 '노 대통령을 다시 볼 수 있다면 돌아가신 후보의 추모 인파와 열기에 대해 여쭤보고 싶다'고 답했는데 질문의 의미를 상세히 알고 싶다.

A 생전에 그 분이 받았던 혹독한 평가와 비난에 비춰 보면, 500만 명의 추모인파는 대단한 일이었습니다. 가정해 보는 것이 무망한 일이지만, '그 분이 그런 장면을 예상치도 못했을 텐데', 그걸 본 느낌이 묘했을 것 같다는 느낌에서 그랬을 것입니다.

Q 문재인은 2011년 6월 저서 《문재인의 운명》이 출간 이후 베스트셀러가 되면서 정치권은 물론 언론의 상당한 주목을 받았다. 특히 언론과의 접촉 때마다 대선출마에 대한 질문을 받았지만 구체적인 언급을 피해온 것으로 알고 있다. 다만 4.11 총선 국

면에서는 '국회의원 한 번 하려고 부산 사상에 출마한 것이 아니다'고 밝혔다. 대선출
마를 사실상 결심한 계기와 시기가 언제인지 알고 싶다.

A 총선을 마치고 결심했습니다. 문재인은 속과 겉이 일치하는 사람이어
서 속으론 출마를 결심하고 겉으론 다른 말을 할 위인이 아닙니다. 실제로
가까운 참모들에게도 총선을 마치고 출마 결심을 밝혔습니다. 이미 정치
에 뛰어든 이상, 어차피 더 이상 피할 수 없는 운명 같은 것이 있다면 기꺼
이 감당키로 한 것 같군요, 그렇다면 더 늦출 수 없다는 판단이 컸던 것으
로 압니다. 한 번 결심하면 좌고우면하지 않는 문재인 특유의 수순이라고
봐야 할 것입니다.

Q "그를 만나지 않았다면 적당히 안락하게, 그리고 적당히 도우면서 살았을지도 모
른다. 그의 치열함이 나를 늘 각성시켰다. 그의 서거조차 그러했다. 나를 다시 그의 길
로 끌어냈다. 대통령은 유서에서 '운명이다'라고 했다. 속으로 생각했다. 나야말로 운
명이다. 당신은 이제 운명에서 해방됐지만 나는 당신이 남긴 숙제에서 꼼짝하지 못하
게 됐다."
저서 《문재인의 운명》의 마지막 부분이 적잖은 화제를 불러일으켰다. 특히 "나야말
로 운명이다"라는 구절을 놓고 주변에서는 해석이 분분했다. 사실상 정치참여와 대
선출마 요구를 수용한 것이라는 의견에서부터 답답한 마음을 표출한 것으로 정치적
무게를 두기 힘들다는 해석이 나왔다. 정확한 입장이 무엇이었는지 알고 싶다.

A 그 글을 썼을 당시엔 좀 멋있게 표현하고 싶은 마음에서 그렇게 썼는
데, 이후 뭔가 정치적인 깊은 뜻이 함축되어 있는 게 아닌가, 이런 해석이
나와서 상당히 멋쩍었다고 합니다. 원래 본인은 제목으로 '동행'을 생각했
는데 이희호 여사님이 《동행》이란 자서전을 먼저 내셨어요. 그래서 '운명'
이란 표현을 쓴 것이지 당시 대선출마를 결심하고 거기에 맞춘 것은 아닙

니다. 그 때만 해도 '현실정치는 우리 보통사람들하고는 너무 다른 세계처럼 보여서 정말로 발을 딛기가 싫었다'는 생각을 갖고 있었습니다.

그러나 그 때에도 정권교체의 대의에 다들 힘을 보태야 하고, 문재인도 거기서 자유로울 수 없다, 이런 생각은 갖고 있었지요. 그래서 야권통합을 돕거나 부산 경남 쪽에서 통합 후보가 나오면 총선에서 거들겠다는 생각을 했었습니다. 노무현재단을 맡은 것도 노무현 전 대통령의 가치를 계승 발전시키는 일, 진보적 민주주의 풍토나 토대를 넓혀나가는 일을 하면서 정권교체에 힘을 보태자는 뜻에서 한 일입니다.

그가 운명론자는 아닌데, 새삼 운명이라는 생각을 주변에서 모두 합니다. 돌아보면, 그의 삶의 길목에서 노 대통령을 만났고 그분을 만난 것이 그의 삶에서 결정적인 변곡점이 되어서 이후 그의 삶을 이끌어왔어요. 변호사를 천직으로 생각했는데 청와대도 가게 됐고, 결국 여기까지 왔으니.

Q 4.11 총선 기간 중 본인의 지역구인 부산 사상은 물론 문성근, 최인호, 전재수, 김경수, 송인배 후보 등 이른바 낙동강벨트로 불리는 지역에 출마한 후보들에 대한 지원유세에 나섰다. 총선 막판 문재인의 수도권 지원 유세 가능성이 제기되면서 박근혜 새누리당 비상대책위원장과의 맞대결 가능성이 예상됐다. 결과적으로 맞대결은 성사되지 못했는데 수도권 지원유세 계획은 없었는지 알고 싶다.

A 처음부터 없었습니다. 이유는 하나입니다. 대선출마에 대한 고려가 없었기 때문입니다. 처음부터 그런 고려를 했더라면 부담이 가장 적은 방식, 지역구 출마 대신 전국구를 택하고, 전국을 누비는 방식을 택했을 겁니다. 그러나 그 때만 해도 '혁신과 통합'으로 새로 출범한 당의 선거 승리에 작은 도움이라도 되자는 뜻에서 출마한 것이기 때문에 다른 고려가 있을 수

없었습니다. 특히 수도권은 피를 말리는 아슬아슬한 상황이라도 됐지만 부산 경남은 총알받이나 다름없는 상황에서 다른 지역에까지 지원유세를 간다는 것은 부산 경남 후보들에게 미안한 일이라는 판단도 있었습니다.

Q 민주통합당의 19대 총선 공천과정과 6.9 전당대회 과정에서 '친노'라는 표현이 끊임없이 논란이 됐다. 김대중, 노무현 두 전직 대통령의 서거 이후 민주통합당 내에서 친DJ 또는 친노무현을 외치지 않은 인사가 없지만, 유독 '친노'라는 표현은 논란이 많았다. 민주당내 일부 인사들은 친노세력과 관련, 노무현 대통령의 이름을 팔아서 권력을 탐하는 부정적 집단이라는 혹평도 없지 않다. 이에 대한 견해는?

A '친노'에 대한 혹평은 옳지 않고 수긍할 수 없습니다. 옳지 않은 프레임입니다. 공천 받은 인사들이 대개 불모지나 다름없는 부산 경남에 집중돼 있고, 다른 지역에선 오히려 역차별을 받기도 했었습니다. 실체가 없는 정치적 공격입니다. 해당적인 편 가르기 논리는 좋지 않습니다. 다만 그런 프레임이 등장하거나 먹힐 수 있는 상황이 만들어진 데 대해선 자성해야 할 부분이 있겠죠.

특히 야권통합의 과정에서 기존의 민주당 시민사회 세력들과 노동계 세력들이 함께 통합하지 않았습니까? 통합의 정신을 살리기 위해서도 그런 프레임은 바람직하지 않습니다.

Q '친노'라는 표현의 기원은 어떤 면에서 우리 사회 주류세력의 반감이 내포된 표현이다. 거칠게 이야기한다면 고졸 출신의 아마추어 대통령과 그의 참모들을 부정적 패거리로 싸잡아 비난하는 용어로 사용됐다. 그러나 이제는 노무현 대통령의 정치철학을 계승하는 모든 인사들을 일컫는 표현이 됐다. 아직도 '친노'라는 표현에 거부감이 드나?

A 반대세력은 노무현 대통령의 당선 자체를 인정하려 들지 않았습니다. 대통령으로 취임한 뒤 한 달도 안 가서 탄핵 소리가 나왔잖아요. 그러다 결국 1년여 만에 탄핵소추가 실행이 되었고, 이명박 정부 들어 와서는 참여정부 정책이라면 무조건 반대해 왔죠. 참여정부가 좋은 평가를 받는 꼴은 못 보겠다는 겁니다. 그런 점에서 '친노'라는 용어가 참여정부를 공격하기 위한 비아냥조의 네이밍입니다.

Q 대체할 수 없는 표현을 찾을 수 없어서 '친노'라는 표현을 사용한다. 문재인의 차기 대통령 당선은 친노가 또다시 집권의 중추세력이 된다는 것이다. 참여정부 시절 친노와 차기 정부에서의 친노는 어떻게 달라지는가?

A '참여정부에서 노무현 전 대통령과 함께 했거나 노무현 전 대통령의 가치를 공유하는 사람들'을 친노라고 부른다면, 이 분들이 하나의 정파로 묶여 한 길로 갈 수 있을까요? 그 분들 각자가 나름대로의 정치철학이 있는데. 하나의 묶음으로 보기 어려운 게 현실입니다. 즉 실체가 없다는 것입니다. 현실정치 또는 직업정치의 관점에서 보면, 참여정부에 몸담았던 분들도 이미 갈라지고 그러다 또 만나고 이렇게 각자의 길을 가고 있습니다. 참여당, 민주당, 무소속 그리고 정치와는 거리를 두고 있는 분들도 있습니다.

　노 대통령 서거 이후 그 분의 정치적 가치나 철학의 일부분이라도 동의하는 분들이 얼마나 많습니까. 굳이 친노라는 표현을 붙인다면 그분들이 친노입니다. 적통경쟁은 의미가 없고, 고인도 그걸 원치 않을 겁니다. 노무현적 가치가 깊고 넓어서, 적통이란 의미가 없습니다.

　김대중 노무현 두 분 민주정부 10년 가치의 적통자를 따질 수는 있겠지만 김대중 대통령의 적통자가 누구냐, 노무현 대통령의 적통자가 누구냐 하는 것은 부질없는 일입니다.

정치를 직업으로 하는 사람은 정파가 나눠져 있는 만큼 자기 정파 입장에서 경쟁하는 것은 당연합니다. 다만 국민들이 요구하는 대의가 있을 때는 힘을 합쳐야겠죠. 정권교체라는 대의를 실현해야 하는 지금은 단합해야 할 때입니다.

Q 이른바 이박연대 파문으로 상처를 입었다. 총선 국면에서만 해도 임종석 사무총장과 이정희 통합진보당 공동대표의 거취 결정 시 상당한 역할을 한 것으로 알려졌다. 김용민 후보의 막말파문에도 적극 대처를 주문한 것으로 전해졌다. 총선 이후 문재인의 정치력이 보이지 않는다는 지적이 적지 않는데 정당정치 경험 부족이라는 분석도 있다.

A 정당정치 경험과는 무관한 일입니다. 총선 전 역할은 가장 신뢰감 있는 문재인을 필요로 하니, 해결사로 나서서 문재인의 신뢰도를 바탕으로 어려운 일을 풀게 된 것입니다. 따라서 그건 정당정치 경험과는 관계가 없습니다.

이박연대 건 역시 좀 다른 문제입니다. 친노-비노 구도를 깨고, 호남-비호남 구도를 깨기 위한 당내에서의 다양한 연대행위 가운데 하나에 대해 이해한다는 입장을 밝힌 것뿐입니다. 만약 다른 분들 가운데 누가 친노-비노 구도를 깨고, 호남-비호남 구도를 깨기 위해 연대를 했다 해도 이해하는 입장을 견지했을 것입니다.

Q 4.11 총선 직전 민주통합당과 통합진보당은 전국적인 규모의 야권연대에 합의하면서 한미 FTA 폐기와 제주 해군기지건설 반대에 합의했다. 참여정부 시절 한미 FTA와 제주 해군기지 건설의 정당성을 주장했는데 이제 와서 반대한다면 말 바꾸기 논란

이 거세다. 이 문제는 연말 대선에서도 핵심 이슈가 될 수 있다.

A 한미 FTA를 근원적으로 반대하는 게 아닙니다. 이명박 정권의 한미 FTA에는 여러 독소조항이 있으니, 문제가 되는 독소조항에 대해서는 재협상을 통해서 그것을 삭제하거나 수정해야 한다는 것입니다. 국익 수호의 문제이지 말 바꾸기가 아닙니다. 참여정부 시절엔 '미국과 협상할 때는 '안 하면 그만'이라는 배짱을 갖고 국익, 즉 장사꾼의 논리로 협상했었습니다.

해군기지 역시, 해군기지의 필요성에는 인정하지만, 주민들의 여론수렴과 충분한 설득작업 없이 밀어붙이기로 일관하는 것은 문제가 있다는 것입니다. 참여정부 시절에는 아무리 중요한 국책사업이라 해도 반대하는 분들의 입장을 충분히 듣고, 할 수 있는 설득노력을 다했던 것과 비교되기 때문입니다.

FTA라든지 강정마을 해군기지라든지 많은 국민이 문제점이 많다고 문제를 제기하면 그 제기된 문제에 대하여 귀를 기울이고 충분히 검토하고 소통하면서 문제를 풀어가야 된다는 것입니다.

Q 참여정부 시절 양극화 심화, 비정규직 양산, 부동산 폭등 문제 등에 대한 대처가 미흡했다. 집권한다면 참여정부의 실정에 대해 어떤 대안을 제시할 것인지 알고 싶다.

A 참여정부가 비정규직이나 양극화 문제 등 민생 문제에 제대로 대응하지 못했던 건 상당히 뼈아픈 부분입니다. 그러나 그걸 실정이라고까지 평가하는 것은 우리가 동의하기 어렵습니다. 경제지표로 따지면 이명박 정부 출범 이후 국가부채 등 각종 경제지표가 더 악화됐지만, 실정이라고 말하는 사람은 많지 않습니다. 평가의 잣대는 동일해야 합니다.

어쨌든 1987년 6월항쟁으로 우리가 정치적 민주주의를 확보했듯이 이제는 1987년 체제를 넘어서 경제민주화를 이룩해야 합니다. 지금 한국 사회는 성장의 위기, 고용의 위기, 분배의 위기 등 총체적 위기에 직면해 있습니다. 박정희식 성장모델과 권위주의로는 위기를 극복할 수 없습니다. 이미 외환위기 이후 평생고용 체제가 무너지면서 박정희 모델의 한계가 드러났고, 글로벌 금융위기 이후 새로운 사회경제질서에 대한 국민적 요구가 '경제민주화'로 집약되고 있습니다.

4대 성장전략과 강한 복지국가, 그리고 일자리 혁명을 통해 성장-고용-분배의 선순환 구조를 복원하겠다는 것이 국가비전의 핵심입니다. 그 가운데 '포용적 성장'은 승자독식구조에서 비롯된 저성장과 양극화의 위기를 극복하기 위한 대안입니다. 특히, 저성장과 양극화 위기 극복의 핵심은 '좋은 일자리 창출'에 있다는 점에 주목하여 차기 정부의 최우선 국정목표를 일자리 창출에 두고자 합니다.

Q 통합진보당이 비례대표 부정경선, 중앙위 폭력사태, 신구 당권파 갈등, 애국가 논쟁 등으로 국민적 신뢰를 상당 부분 잃었다. 특히 이 과정에서 불거진 구당권파의 종북 문제가 여야 정치권의 주요 현안으로 떠오르면서 민주당 일각에서는 진보당과의 야권연대를 원점에서 전면 재검토해야 한다는 주장이 끊이지 않고 있다. 진보당과의 야권연대에 대한 재검토가 가능한지 알고 싶다.

A 통합진보당 문제는 당내 민주주의 문제입니다. 남의 당 일에 대해 왈가왈부하는 것은 적절치 않아 보입니다. 상황을 가정해서 말하는 것은 바람직하지 않은 것 같습니다. 야권연대는 결국 민심에 따라 결정될 것입니다.

Q 문재인의 집권을 위해 호남과의 구원을 푸는 것이 필수적이라는 지적이 있다. 참여정부 시절 노무현 대통령과 호남과의 사이는 좋지 못했다. 물론 노무현 대통령의 당선은 광주경선에서의 돌풍이 기원이었다. 다만 집권 이후에는 대북송금 특검 수용, 민주당 분당과 열린우리당 창당, 대연정 제안 등 갈등이 적지 않았다. 문재인 역시 '부산정권'이라는 발언으로 호남민심과는 곤욕을 치른 적이 있는데 이에 대한 의견은?

A 오해도 있었고, 서운함도 있을 수 있습니다. 그러나 민주정부 10년을 만든 주역인 호남의 헌신은 존중받아야 합니다. 자존심을 세워 드리고 소외감을 느끼지 않게 해드려야 한다고 생각합니다. 더 노력해 단결을 이끌어내라는 질책의 의미도 있을 것이고 민주정부 10년에 이어 세 번째 민주정부를 만들어내도록 힘을 모으라는 의미도 있을 것입니다. 분열을 극복하는 모습을 문재인이 앞장 서 보인다면 풀릴 문제라고 생각합니다.

Q 진보당 파문으로 주사파, 종북주의 문제가 남북관계에서 새로운 화두로 떠올랐다. 이명박 정부하에서 남북관계가 장기간 교착상태에 빠졌다. 이 때문에 6.15 및 10.4 선언을 바탕으로 남북관계를 재정립해야 한다는 의견에서부터 북핵, 인권, 3대 세습 등의 문제에는 어느 정도 선을 그어야 한다는 등 다양한 주장이 나오고 있다. 차기 정부에서 남북관계는 어떻게 가져가야 한다고 보는지.

A 남북간 전면적 경제 협력을 통해 남북관계 개선을 이끌고 경제성장의 새로운 동력을 찾아야겠죠. 북한을 돕는다거나 개혁 개방으로 이끈다는 차원이 아니라 북한은 북한대로 경제협력을 통해 경제발전을 하고, 우리는 우리대로 경제성장의 새 동력으로 삼아 서로 이익이 되는 체제로 가야 한다고 생각합니다. 개성공단이 좋은 예입니다. 이같은 경제협력을 확대해 나가면 평화가 자연스럽게 구축되면서 서로에게 이익이 될 것입니다.

Q 권력과 언론의 관계설정은 매우 어렵다. 너무 가깝게 지내면 권언유착의 문제가 발생하고 권력과 언론이 사사건건 대립하면 국민들이 불안해 한다. 참여정부 시절에는 이른바 대통령탄핵, 신행정수도 이전, 전시 작전통제권 전환, 평택 미군기지 이전, 언론선진화방안 등 주요 현안을 놓고 일부 언론과의 대립이 끊이지 않았다. 권력과 언론의 바람직한 관계설정은?

A 민주정부 10년 동안은 언론자유가 크게 신장되었다고 생각합니다. 그때 우리 생각은 정권이 개입하거나 간섭하지 않고 자유를 보장하면 언론자유가 확보되고, 그렇게 오래 지속되면 문화로 자리 잡아 갈 것이라고 생각했는데, 지금 와서 보니 그런 것만은 아닌 것 같습니다. 정권이 교체되더라도 그에 따라 좌우되지 않는 제도적 장치를 마련하는 데는 부족했던 것 같습니다. 이런 시행착오를 교훈으로 삼아 필요한 제도를 갖춰나갈 필요가 있다고 생각합니다. 이번 국회에서 할 수 있는 것은 최대한 추진하고, 정권을 교체한 이후에 가능한 것은 정책 공약으로 만들어 추진해 나가야 할 것입니다.

Q 김인회 교수와 함께 쓴 《검찰을 다시 생각한다》에서 검찰개혁을 다룬 바 있다. 그만큼 검찰개혁에 대한 관심이 높다는 점을 알 수 있다. 특히 노무현 대통령이 현 정부에서 검찰수사를 받다가 삶을 마쳤는데 검찰개혁에 대한 올바른 방안은?

A 검찰은 그동안 무소불위의 권력을 휘둘러 왔습니다. 대한민국은 '검찰공화국'이나 진배없지만 검찰은 단 한 번도 개혁되지 않은 채 정권의 하수인으로 정치적 편향을 보이고 있습니다. 민주주의와 인권을 위해 더 이상 검찰 개혁을 미룰 수 없는 상황입니다. 이런 점에 대해선 이미 국민적 공감대가 형성되어 있다고 생각합니다.

따라서 '검찰 개혁'은 차기 민주진보 개혁정부가 해야 할 가장 중요한 과제의 하나입니다. 정치적 중립성과 함께 민주적 통제를 통해 독점된 검찰의 권력을 분산시키고 정치적 중립성을 지키도록 견제해야 합니다. 고위공직자비리조사처의 신설, 검경수사권 조정, 법무부의 탈검찰화, 검찰의 과거사 정리 등을 검찰 개혁 방안으로 우선 제시할 수 있겠죠.

Q 문재인이 차기 대통령에 오르면 집권 이후, 피의 정치보복이 이뤄질 것이라는 사회 일각의 우려가 있다. 이에 대한 의견은?

A 우리나라의 국가 리더십은 너무 대결적입니다. 여기서 벗어나려면 통합과 화합의 리더십이 필요한데, 이명박 정부는 그런 점이 없어서 안타깝습니다. 대선에서 여유있게 이겼는데도 포용은커녕 왜 그리 모질게 적대하고 괴롭혔는지 모르겠습니다. 하지만 똑같이 한다면 '미워하면서 닮는 꼴'이 되지 않겠습니까? 노무현 대통령도 상생하고 통합하는 것을 원할 것입니다.

Q 민주당의 PK후보론은 정치공학적으로 호남단결, 영남균열, 수도권 선전을 통해 대선에서 승리할 수 있다는 전략이다. 다만 PK후보론은 사실 노무현 전 대통령 당선 때 사용된 전략이기 때문에 전혀 새롭지 않고 이번에는 통하지 않는다는 지적이 있다. 이에 대한 의견은?

A 영남후보론에 동의하지 않습니다. 영남이냐 수도권이냐가 중요한 게 아니라, 민생고를 어떻게 해결해 주나, 국민의 신뢰를 어떻게 회복하나를 놓고 경쟁하는 걸 국민들은 원할 겁니다.

 문재인의 지지율은 지난 1월 '힐링캠프' 출연 이후 급등했고, 4.11 총선 직전 기대감이 최고로 높아진 2월말 최대치를 기록했다. 총선 이후에는 지지율이 크게 오르지 못하고 정체상태를 유지하고 있는데 이에 대한 생각은?

 지지율에 크게 연연하지 않습니다. 다만 출마선언을 한 만큼 반등추세를 보이고 있고, 당의 후보가 되면 다른 후보들을 압도할 것입니다. 그리고 박근혜 위원장을 이길 수 있을 것입니다. 앞만 보고 뚜벅뚜벅 가는 것이 정도이지 정치공학적 접근이나 이벤트로 지지율을 끌어올릴 수 있다고 보지는 않습니다.

 안철수, 박근혜 등 여야의 유력 차기주자에 대한 장단점 등 인물평을 부탁한다. 민주당 대선후보 경선을 통과한다면 안철수 서울대 교수와의 야권후보 단일화가 예정돼 있다. 이어 본선에 나서게 된다면 박근혜 전 새누리당 비상대책위원장이 맞상대다.

 안철수 원장은 협력적 관계로 갈 수 있다고 판단하고 있습니다. 안철수 원장은 폭넓은 지지를 받고 있고, 지지층도 기성 정당이 갖지 못했던 정치 무관심층, 젊은 층, 무당파, 기존의 진보 대 보수 구도를 뛰어넘을 수 있는 세력까지 아주 폭이 넓습니다. 그런 세력까지 힘을 합친다면 승리에 도움이 될 것입니다.

박근혜 의원은 내공 있고, 실력 있는 정치인이라고 생각합니다. 다만 아버지 시대, 유신시절에 대해 평가하는 것을 들어보면 민주주의에 대한 소신과 철학이 박약해 보입니다. 그 동안의 언행을 보면 민주주의에 대한 소신이 근본적으로 결여됐거나 부족하지 않나 싶습니다.

문재인 탐구생활

문재인 프로필

1953	경남 거제 출생 (음력 1952년생)
1965	부산 남항초등학교 입학
1968	경남 중학교 졸업
1971	경남 고등학교 졸업
1972	경희대학교 법대 입학
1975	학생운동으로 투옥, 서대문 구치소 수감
1978	육군 병장(특전사령부 제1공수 특전여단) 만기제대
1980	경희대학교 법대 졸업, 제22회 사법고시 합격
1981	김정숙 씨와 결혼(슬하에 1남 1녀)
1982	노무현 변호사와 합동법률사무소 시작
	부산지방변호사회 인권위원장, 부산 YMCA 이사
	민주사회를 위한 부산 경남 변호사 모임 대표
	부산 NCC 인권위원, 불교 인권위원, 천주교 인권위원회 인권위원
	(사)노동자를 위한 연대 대표, 부산시 교육청 행정심판위원
	부산지방노동위원회 공익위원, 해양대학교 해사법학과 강사
1985	부산민주시민협의회 상임위원
1987	부산 국민운동본부 상임집행위원
1995	법무법인 부산 설립
2002	노무현 대통령후보 부산 선거대책본부장
2005	청와대 민정수석
2004	청와대 시민사회수석
2007	청와대 비서실장, 제2차 남북정상회담 추진위원회 위원장
2009	故 노무현 前 대통령 국민장의위원회 상임집행위원장
2010	사람 사는 세상 노무현재단 이사장
2011	혁신과통합 상임공동대표
2012	(현) 민주통합당 상임고문 민주통합당 국회의원(부산 사상)

문재인 궁금타파

4.11 총선 기간 동안 문재인의 페이스북에 '문재인 궁금타파[1]'라는 제목으로 85문 85답이 공개됐다. 문재인의 좌우명, 혈액형, 취미, 종교, 출신학교, 성격 등 기본적인 정보는 물론 한 달 용돈, 주량과 술버릇 등 사소하고 흥미로운 내용들이 모두 공개돼 있다.

역시 가장 주목되는 부분은 고 노무현 전 대통령과의 추억이다. 문재인은 "지금 보고 싶은 사람은"이라는 질문에 "아무래도 노무현 대통령님이라고 답하지 않을 수 없네요"라고 대답했다. 또 85문 85답에는 문재인이 노무현 전 대통령을 어떻게 불렀는지에 대한 정답도 나와 있다.

---

1 문재인의 정치적 팬클럽인 젠틀재인(http://cafe.daum.net/gentlemoon)에서 문재인에 대해 알고 싶은 85문 85답을 작성했다. 문재인이 정치적으로 주목받기 전에 만들어진 자료다. 문답은 2009년 9월부터 2010년 4월까지 팬클럽 회원들이 문재인과 직접 만나거나 전화 또는 서면으로 조사했다. 전제를 허락해준 젠틀재인 회원들께 감사드린다.

문재인은 "노 전 대통령이 대통령이 되기 전까지는 줄곧 선배님 또는 노 변호사님이라고 불렀다"고 대답했다.

아울러 대통령이 갖춰야할 가장 중요한 덕목으로는 통찰력과 균형 감각을 꼽았다. 또 존경하는 정치인으로는 세종대왕과 미국의 프랭클린 루즈벨트 대통령이라고 밝혔다.

85문 85답
문재인에게 묻는다}

1. 이름(한문)은 누가 지어 주셨나? 문(文) 재(在) 인(寅) / 돌아가신 아버님

2. 혈액형 B형

3. 신체 사이즈 키 172cm / 몸무게 67kg / 허리 32-33

4. 종교 천주교

5. 취미 알려져있는 취미는 바둑, 등산, 스킨스쿠버였습니다. 바둑은 아주 좋아했고 꽤 잘 두는 편이었는데 청와대 들어간 이후로는 지금까지 바둑돌을 손에 잡아본 일이 없어서 취미 자격이 없어졌을지 모르겠네요. 스킨스쿠버도 청와대 들어간 이후로 중단했는데 이제는 계속하기 어려울 것 같습니다. 등산도 금년 들어서는 한 번도 못했지만 그래도 형편이 되면 다시 다녀야지 하는 마음이 있으니 아직은 취미라고 해도 되겠지요. 하나 더 보탠다면 근래 오랫동안 못했지만 여행도 아주 좋아합니다.

6. 좋아하는 음식은 회라고 하셨는데 싫어하는 음식은? 회뿐만 아니라 해산물은 거의 다 좋아합니다. 민물매운탕이나 붕어탕 같은 민물생선도 좋아합니다. 먹는 비위가 좋아 징그러운 것도 잘 먹으므로 가리거나 싫어하는 음식은 없고 서양요리 같은 외국음식보다 한식이 좋습니다.

7. 성격 내성적, 신중하고 잘 참는 편, 재미는 별로 없는 성격

8. 장점　　대체로 처음 만나는 사람들에게 호감을 주는 편이라는 말을 꽤 들었습니다. 사실이라면 제게 큰 복인 셈이죠.

9. 단점　　성격이 진지한 편에 유머 같은 게 별로 없어서 남들이 재미없어 할 것같습니다. 완벽주의 같은 게 있어서 제 자신을 혹사시키는 편입니다.

10. 출신학교　　부산 남항초등학교, 경남 중고등학교, 경희대학교 법과대학

11. 한 달 용돈　　액수는 잘 모르겠고 매달 책 몇 권씩 사는 것과 사람들 만날 때 밥값이나 술값을 내는 일이 있는 것이 전부입니다. 개인적인 기호나 취미를 위해 쓰는 돈은 거의 없습니다.

12. 평균 수면시간　　7시간

13. 학창시절 좋아했던/싫어했던 과목　　역사, 국어, 사회과목 쪽을 좋아했고 성적도 좋았습니다. 수학, 과학, 외국어 쪽이 재미없었습니다.

14. 학교 다닐 때 가장 높았던/낮았던 등수　　대체로 상위권이었습니다.

15. 지금 보고 싶은 사람　　아무래도 노무현 대통령님이라고 답하지 않을 수 없네요. 사실 요즘 얼마동안 노 대통령님에 대한 생각 속에 갇혀 지내다시피 했습니다. 노 대통령님과 관련한 책들이 이어서 출판되었는데 그 원고를 모두 읽고 감수했었거든요. 제가 서문이나 추천사를 쓴 것도 있고 책 준비 과정에서 인터뷰 대상이 되기도 했고요. 노 대통령님을 뵐 수 있다면 돌아가신 후보의 추모 인파와 추모 열기를 어떻게 생각하시는지 여쭈어보고 싶네요.

16. 요즘 시대 멋진 여성상　　스스로 여성이란 한계에 갇혀 살지 않는 여성

17. 이상적인 남성상　　존경하는 사람으로 이상형을 말한다면 다산 정약용 같은 분입니다. 정신적으로 자유로운 삶을 추구하지만 그렇다고 선승처럼 삶을 초월한 자유까지는 바라지 않고 삶에 뿌리박은 자유가 저의 이상입니다. 다산은 성리학이 교조였던 시대에 그에 얽매이지 않고 자유로운 정신으로 지식을 추구한 우리나라 역사상 최고의 지성이었습니다. 또 역경에 굴하지 않은 강인한 정신과 한결같음도 우리 역사에서는 비교될 만한 사람이 없습니다.

18. 사람을 평가하는 기준　　변함없이 꾸준한 사람을 높이 평가하고 좋아합니다. 일생을 통해 변함없이 꾸준할 수 있다면 그런 분이 바로 위인이 아닐까 생각합니다.

19. 가장 자신있는 요리　　라면 말고는 없네요. 옛날에는 등산 가면 된장찌개 등 찌개를 잘 끓였는데 그것도 하도 오래 전의 일이라….

20. 가장 즐거웠던 때　　아무래도 사법시험에 합격했을 때와 노무현 대통령이 당선됐을 때가 아닌가 싶네요. 사법시험 합격은 80년 5.18 계엄확대 때 계엄포고령 위반으로 구속되어 청량리 경찰서 유치장에 수감되어 있을 때 발표가 났습니다. 그 때만 해도 사법고시에 합격하면 바로 영감님이라고 불리던 문화가 남아있을 때였는데, 내가 유치장에 갇혀 있으니 경찰은 축하차 온 학생처장, 법대 동문회장 같은 분들이 유치장으로 들어와서 함께 소주파티를 할 수 있게 해 주었습니다. 급기야는 유치장 안에서 외부 인사들과 노래까지 불렀으니 여러모로 착잡하고 비분강개한 기분 속의 기쁨이었습니다. 어쨌든 그 덕분에 며칠 후 석방되었고 제 삶에서 극적인 전환점이 되었습니다.

노무현 대통령이 당선된 날은 다른 지역도 비슷했겠지만, 특히 부산에서는 밤늦게까지 시내 곳곳에서 축하행사와 행진 같은 세레머니가 이어졌습니다. 도로도 곳곳에서 해방구처럼 되었는데 경찰도 모른 척 해주었습니다. 그때 저는 부산 선대본부장이어서 밤늦도록 돌아다니면서 상황들을 살펴보기도 하고 사람들과 기쁨을 나누기도 했습니다. 참으로 한 점 그늘 없이 마음껏 기쁜 날이었습니다.

21. 가장 후회되는 때　　늘 자잘한 후회들을 하면서 살지만 가장 후회되는 때라고 집어내기는 어렵네요. 자랄 때 아주 가난해서 부모님이 그야말로 교육열 하나로 저를 억지로 대학에 보냈는데 저는 그 기대에 어긋나게 데모하다가 제적되고 구속되고 하였습니다. 결국 제 아버님은 제가 석방 후 군대까지 갔다 왔는데도 복학되지 않고 있던 낭인 시절에 제가 잘 되는 모습을 보지 못한 채 돌아가셨습니다. 그런 것이 가장 큰 회한으로 남아있는데 후회라는 것과는 좀 다른 것 같습니다.

22. 가장 고마운 사람　　역시 어머니겠지요. 다음이 아내이겠는데. 그래도 아내에게는 내가 준 것도 있을 테지만 어머니는 내가 받기만 했으니까요.

23. 꼴불견이라고 생각하는 것　　권력이나 이익을 탐해서 지조나 양심을 판 사람이 한술 더 떠서 영합하거나 더 악질노릇을 하는 것.

24. 자신이 멋있을 때　　1997년 인도 라다크와 네팔에서 한 달 넘게 트레킹을 한 적이 있는데 그 때 오랫동안 수염을 깎지 않았더니 구렛나루 수염이 인도 수행자 뺨칠 만큼 자랐습니다. 그냥 인도에 남아서 나무 밑에 가부좌 틀고 앉으면 되겠다고 농

담들을 했었는데 일상으로 돌아오기 위해 면도하려니 아쉬웠던 생각이 납니다.

 겨울철 눈등반 코스로 한라산의 어리목 – 윗세오름 – 영실코스가 참 좋습니다. 물론 영실로 올라가서 어리목으로 내려와도 됩니다. 설경이 환상적인데다 산행시간도 4시간 정도로 적당합니다. 서울과 부산에서 첫 비행기로 가서 산행하고 목욕하고 신제주항에 가서 갈치회 한 접시 먹고 마지막 비행기로 돌아오는 것이 가능합니다.

 등산코스에 대한 질문과 마찬가지로 너무 많은데요. 며칠 여유있게 자동차 여행을 할 수 있다면 강원도 정선, 영월 일대와 전남 해남, 강진일대 더 여유있다면 보길도까지 다녀볼 만합니다.

강원도의 경우 대관령 자연휴양림에서 묵으면서 가까운 일대를 돌아다니는 것도 좋지요. 문경새재도 좋은데 걷는 코스를 추천하자면 3관문에서 시작해서 1관문으로 내려오는 것이 편합니다. 차를 가져갈 경우 3관문 앞 주차장에서 차를 두고 1관문까지 걸어 내려와서 택시 타고 3관문으로 가면 되지요. 반대코스로 할 경우 3관문에서 교통편이 막막합니다.

절에서 하루 묵어보는 것도 좋지요. 정말 좋은 곳이 있는데 각각 쉽지 않은 애로가 있습니다. 하나는 문경의 봉암사입니다. 청담스님과 성철스님 등 몇 분이 해방 후 조계종의 종풍회복을 위해 함께 논의하고 노력했던 봉암사 결의가 유명하지요. 오랫동안 수행도량으로 운영되면서 신도들에게 4월 초파일에만 개방되고 있어서 경내와 주변의 생태보존이 기막히고 절이 앉은 희양산도 참 좋습니다. 다만 평소 외부인을 들이지 않아서 들어가 보거나 묵으려면 주지스님의 허가가 필요합니다.

또 하나는 설악산 봉정암인데 달력에 단풍사진으로 많이 나오는 곳입니다. 실제로 단풍철이 제일 좋지만 다른 계절도 좋습니다. 이곳의 애로는 백담사 쪽으로 해서 등산을 꽤 힘들게 해야 한다는 점입니다. 물론 등산코스로도 기막힙니다. 계곡 코스로 올라가서 오세암코스로 내려가도 되지요. 봉정암은 누구나 묵을 수 있고 공양도 제공해 줍니다. 아침 공양 후, 길을 떠날 때 점심김밥까지 나눠준답니다. 해외는 많이 가보지 않아 추천자격이 없는데 네팔의 트레킹이 좋았습니다.

 2~3권

 소주 1병

 특별한 술버릇은 없습니다. 입으로 느끼는 술맛과 술과 함께 나누는 대화를 좋아하는 편입니다. 버릇이랄 수는 없지만 1차로 끝내는 주의입니다.

30. 예전에 피던 담배　2004년 민정수석 관두고 네팔로 트레킹 가서 끊었는데 그때까지 피던 담배는 디스였습니다.

31. 치킨양념이 좋아 후라이드가 좋아?　후라이드

32. 좋아하는 스포츠　스포츠는 대체로 좋아합니다. 야구도 물론 좋아하고 롯데팀도 좋아하지만 열혈팬은 아닙니다.

33. 고스톱 칠 줄 아나?　물론

34. 거울을 볼 때 드는 생각/보고 난 후의 마음　면도나 머리 빗는 일을 노는 날에는 잘 하지 않고 출근하는 날에는 어쩔 수 없이 후다닥 해치우는 편이라 느긋하게 거울을 보는 일이 잘 없습니다. 그냥 생각을 말하자면 공자님 말씀에 사람이 마흔을 넘으면 자기 얼굴에 책임이 있다는 말이 있고 링컨 대통령도 비슷한 말을 한 것이 있는데 공감합니다. 얼굴에 살아온 인생이 나타나는 것 같습니다.

35. 본인이 잘 생긴 것을 알고 있나? 나의 외모에 점수를 준다면?　어릴 때나 성장기 때 잘생겼다는 말을 별로 듣지 못했기 때문에 외모에 대한 자신감을 갖고 있지 못합니다. 나이 들어 변호사가 된 후부터 그런 말을 조금씩 듣기 시작했는데 미남이라는 것보다는 인상이 좋다는 뜻으로 받아들이고 있습니다. 점수는 잘 모르겠고요. 미남보다는 신뢰감을 주는 얼굴이 진짜 잘생긴 얼굴이 아닐까 생각하고 그랬으면 좋겠다는 생각을 가지고 있습니다.

36. 사랑이란?　사랑이란 그냥 샘솟는 것이 아니라 지켜가는 것 아닐까요.

37. 결혼할 때 제일 큰 고민　처음 결혼하기로 했을 때는 가난한 백수여서 결혼 후의 생활방도가 걱정이었는데, 그러는 사이 사법시험에 합격한 덕분에 결혼 때는 없는 돈으로 어디서 셋방을 구할지만 걱정이었을 뿐 다른 고민은 없었습니다.

38. 결혼 상대자의 나이 차는 몇 살 정도가 좋다고 보는지　서로 사랑하고 존중할 수만 있다면 나이 차는 아무 상관이 없지 않을까요.

39. 나를 좋아하는 사람과 내가 좋아하는 사람 중에 택하라면?　결국에는 나를 좋아하는 사람을 택할 듯. 고맙잖아요.

40. 맞벌이에 대한 생각　생계상 필요한 경우는 물론이고 그렇지 않은 경우에도

여성의 사회생활은 필요한 일이라고 생각합니다. 물론 사회생활을 돈벌이로 한정할 필요는 없겠습니다.

41. 여자와 남자의 차이점을 한마디로 말한다면?　　그냥 여자와 남자이지요. 요즘 보면 성적인 차이 외에는 차이가 없는 것 같던데요.

42. 사랑과 우정은 어떻게 구분하나?　　그냥 아는 거지요.

43. 인생의 터닝포인트　　개인사로만 보자면 대학 때 데모하다 제적되고 구속된 것. 사법시험에 합격한 것. 그리고 청와대에 들어간 것이 지금까지 인생사의 큰 변곡점이었네요.

44. 허무할 때　　삶이 허무한 것이라는 생각을 늘 담고 삽니다.

45. 스트레스 해소법　　낮에는 땀 흘리면서 마당일을 열심히 합니다. 밭일을 하거나 마당에서 풀을 뽑는 등의 단순노동이 좋습니다. 밤에는 그냥 TV 멍하게 보면서 혼자 독한 술을 한잔씩 합니다. 그러다가 취기가 오르거나 졸리면 자버리는 거죠.

46. 가장 창피했던 적　　대학입시를 재수했는데 첫해 대학에 떨어졌을 때 부모님 뵙기가 어찌나 창피하고 면목 없던지 집에 들어갈 수가 없었습니다.

47. 가장 아팠던 기억　　어릴 때 팽이라든지 연이나 연을 날리는 자세같이 필요한 놀이기구를 만들어 줄 사람도 없고 사 쓸 수도 없어서 내가 직접 만들곤 했는데, 초등학교 3학년 무렵 연 자세를 만드느라 부엌칼로 나무를 다듬다가 칼로 손가락을 내리쳐서 손가락 끝이 잘려나갈 정도로 깊이 베인 적이 있습니다. 요즘 같아선 병원에 가서 여러 바늘 꿰매야 할 상처였는데도 야단 안 맞으려고 어른들에게 말하지 않고 혼자서 상처를 싸매고 버렸는데 아프기고 하고 피가 엄청나서 무섭기도 했던 기억이 생생하네요.

48. 즐겨보는 TV프로그램(뉴스 제외)　　다큐멘터리 특히 디스커버리 채널의 Man VS. Wild 등의 자연을 배경으로 하는 다큐.

49. 나의 패션　　넥타이 매는 것을 싫어합니다.

50. 돈 1억을 주웠다면?　　고민하겠죠. 특히 현금이고 아무도 모를 거라고 판단되면 더 오래 고민할 것 같아요. 고민의 끝이 무엇일지는…. 글쎄요.

51. 좌우명　　어려울수록 원칙으로 돌아가라.

52. 징크스　　징크스 없습니다. 반대로 제주도에 가면 왠지 재수가 좋을 것 같은 그런 류의 느낌은 있는데 그런 것은 뭐라고 하는지 모르겠네요.

53. 좋아하는 노래　　부르는 것은 젬병이고 잘 못하니까 싫어하기도 하는데 듣는 것은 장르를 가리지 않고 다 좋아합니다. 굳이 선호를 따진다면 갈수록 조용한 쪽이 좋고 클래식이 좋아집니다.

54. 어린 시절의 꿈　　어린 시절 장래희망은 우리 역사를 전공하는 국사학자가 되고 싶은 것이었는데 대학선택 때 법 상대를 바라는 부모님의 바람에 지고 말았습니다. 또 하나의 꿈은 함경남도 흥남 피란 내려오기 전에 부모님이 사셨던 곳에 꼭 한 번 부모님을 모시고 가보고 싶은 것이었는데, 아직 꿈을 이루지 못하고 있습니다. 어머니는 아직 살아계신데 생전에 고향땅을 밟아볼 수 있을지요.

55. 대학시절 학생운동을 시작하게 된 계기　　4.19, 5.16 쿠데타, 한일회담, 3선개헌, 위수령, 10월 유신 등으로 굴곡진 시대를 살았기 때문에 비판의식은 일찍부터 가지고 있었습니다. 그러던 차에 민청학력과 인혁당 사건 같은 무지막지한 시대상황을 겪으면서 깨지더라도 행동해야 한다는 절박한 심정을 갖게 된 것이지요. 그래도 계기가 없었다면 고민만 하다가 말았을 수도 있는데 마침 뜻이 맞고 함께할 친구가 한 명 있었던 것이 서로 간에 의지와 격려가 되면서 함께 공범의 길을 걸어갈 수 있게 해주었습니다.

56. 군대시절에 대한 기억　　대학재학 중 데모로 구속되었다가 집행유예로 석방되니 신체검사를 받지도 않았는데 곧바로 입영영장이 나왔습니다. 일종의 강제징집이지요. 나중에 세월이 많이 흐른 후에 민주화보상관계로 사료를 보니 그 때 검사가 집행유예가 부당하다며 항소를 해서 항소심 재판이 열렸는데 저는 그 사실도 모른 채 입영했습니다. 그런데 항소심 판결은 제가 참석해서 재판을 받은 것으로 되어 있더군요. 물론 검사항소를 기각하는 판결이어서 저에게 불이익은 없었습니다. 요즘 같으면 상상도 할 수 없는 일이지만 그런 시대가 있었습니다. 입대해서 배치된 곳이 특전사 공수부대였는데 여단장 전두환, 대대장 장세동이었으니 재미있지요? 군대 이야기를 하자면 한이 없으니 이번에는 이 정도만 하지요.

57. 특정인에 대한 본인의 판단과 주변의 평판이 너무 다르다면?　　본인의 판단이 먼저 있은 후에 그와 다른 주변의 평단을 듣게 된다면 본인의 판단을 점검해 보아야겠지요. 그러나 주변의 평판을 알면서 다른 판단을 한 경우라면 저는 주변의 평판에

개의치 않고 제 판단에 따릅니다.

58. 배우고 싶은 것　　중국어. 실제로 노 대통령 서거 전에 인터넷 강의를 좀 들었는데 그 일로 중단했습니다. 언젠가 여유가 생기면 다시 해봐야지요.

59. 직업을 바꾼다면?　　역사학자

60. 성형수술에 대해 어떻게 생각하는지　　필요하면 해도 되고 필요하면 하는 것이 좋다고 생각합니다. 물론 지나친 것은 문제입니다. 늘 보아오던 탤런트가 어느 날 성형을 하고 나오는 것을 보면 내 눈에는 더 못해진 것 같은 때가 많습니다.

61. 인간관계에서 가장 중요한 것　　역시 성실이겠죠. 자신이 인정받고 대접받은 방법이기도 하지요. 심지어 부부관계에서도 사랑을 오래 지속시키는 것, 사랑의 열정이 식더라도 좋은 부부관계를 유지하게 하는 것은 성실이라고 생각합니다.

62. 나의 라이벌　　인생 최대의 라이벌은 아내가 아닌지 모르겠네요. 이유는 결혼한 사람들은 대개 공감하지 않을까 싶은데 말하자면 나의 또 다른 욕망, 나의 또 다른 선택 가능성을 표상하는 존재가 아내라고 할 수 있지요.

63. 생일날 어떻게 보내나?　　가족들의 생일은 축하하지만 나의 생일에 대해서는 별 관념이 없습니다. 잊어버리고 지나간 적도 있습니다.

64. 자녀교육 방침　　'본인 의사존중'이었는데, 이 치열한 세상에 맞는 교육방침이었는지 자신 없답니다.

65. 존경하는 정치인　　역사상의 인물을 망라하자면 세종대왕의 리더십이 최고일 것 같습니다. 현대 정치지도자만을 대상으로 하자면 프랭클린 루즈벨트 미국 대통령의 진보적이면서도 통합적인 리더십이 존경스럽죠.

66. 대통령이 갖춰야 할 가장 중요한 덕목　　통찰력과 균형감각

67. 노 대통령님과 만난 후 지금까지의 호칭 변화　　대통령이 되시기 전까지는 줄곧 선배님 또는 노 변호사님이라고 불렀습니다.

68. 노 대통령님과의 추억 한 가지　　변호사 사무실을 동업할 때 봉하 시골집에 놀러가서 함께 봉화산을 오르기도 하고, 화포천 둑길을 걷기도 하고, 형님이 농사 짓던 논과 단감밭을 둘러보기고 하고, 집 앞을 흐르던 수로에서 붕어낚시를 한 적도 있는데 그럴 때마다 참 부러웠습니다. 우선 멀지 않은 곳에 언제나 찾을 수 있는 고향이

있다는 것이 부러웠고 또 고향을 사랑하고 자랑스러워 하는 그 분의 마음도 부러웠습니다. 우리집은 이북에서 피난 온 실향민이었거든요.

69. 약속시간을 몇 분까지 기다릴 수 있나?　　잘 모르겠네요. 저 자신은 약속시간에 느긋하지 못한 편이지만 기다리는 일은 습관이 많이 되어 있어서요. 아주 좋아하는 사람이라면 마냥 기다릴 수 있을지도 모르지요.

70. 흰머리 염색할 생각 없나?　　염색은 지금까지 해본 적이 없고 앞으로도 생각이 없습니다. 그렇다고 염색을 부정적으로 생각하는 것은 아니고 정치인이나 CEO 같은 분들은 필요할 거라 생각합니다. 개인적으로 지금까지 염색하지 않고 살 수 있었던 게 다행이다 싶습니다.

71. 나잇살 하나 없는 멋진 몸매 유지 비결　　군살 없는 몸매가 아니고 사실은 아랫배가 있답니다. 요즘은 등산도 오랫동안 하지 못했고 운동이 아닌 노동이 그나마 건강에 도움이 되고 있네요.

72. 과연 사람은 변할 수 있을까?　　변한다는 기준이 문제겠지만, 나는 변할 수 있다고 생각합니다. 삶이 바뀌면 그에 따라 가치지향이 달라지고 행동방식까지 달라질 수 있습니다. 그 변화가 크고 극적일 경우 비록 내면의 본성은 그대로라고 하더라도 외부에서 평가하는 대상으로서의 사람은 변화했다고 할 수 있지 않을까요? 말하자면 그 변화가 있기 이전과 변화가 오랫동안 축적돼서 굳어진 이후를 비교해 보면 '과연 같은 사람인가', '그 사람이 그렇게 변했나' 하게 되는 경우가 있을 수 있다는 거죠.

73. 지금 가장 부러운 사람　　특별히 지금 부러운 사람은 없고 평소 늘 부러운 사람은 예술적 재능이 뛰어난 사람입니다. 사람들에게 행복을 주는 재능인데 내게는 도통 없어서요.

74. 가장 잊을 수 없는 친구　　젊었을 때 일찍 죽어 잊혀지지 않는 친구가 있습니다.

75. 사후세계가 존재할까?　　모르겠지만 있으면 좋겠다고 생각합니다. 억울한 삶은 사후에라도 보상받아야 할 것 같고, 잘못에 대해서는 인과법칙에 따라 심판이 있어야 공평할 것 같습니다.

76. 청소년들에게 권하고 싶은 책　　《백범일지》, 《전환시대의 논리》, 《난장이가 쏘아올린 작은 공》, 《나의 문화유산답사기》, 《로마인 이야기》

77. 20~30세대 여성에게 말하고픈, 이런 남자를 고르라　　나에게 착하고 잘해주는

남자가 최고 아닌가요.

78. 세상에서 가장 아름다운 것　　갓난아기를 어르는 어머니

79. 내가 보기에 나는 괜찮은 사람　　글쎄요. 선량한 편이긴 하겠지요.

80. 지금 잃고 싶지 않은 소중한 것이 있다면?　　신뢰

81. 내가 지금 생각하는 행복이란?　　얽매이지 않은 자유로움

82. 지금 행복한가?　　나는 아직 얽매이는 것이 많습니다. 그래도 대체로 행복하다고 해야겠죠.

83. 정해진 운명이 있다고 믿나?　　예

84. 내일 지구가 끝난다면?　　좋아하는 사람들과 작별인사를 나누어야죠. 혼자 죽는다면 몰라도 다 함께 당하는 공동의 운명이라면 담담하게 임할 수 있지 않을까요.

85. 이상적인 세상은 어떤 모습일까?　　서로가 서로를 배려하는 세상

문재인
리더십 탐구

문재인은 어떤 사람일까? 대선주자의 리더십을 살펴보면 대통령에 당선됐을 경우 국정을 어떻게 운영해나갈지 알 수 있다. 대선에서 수많은 공약(公約)이 공약(空約)이 되고 마는 현실을 감안해 볼 때 오랫동안 문재인을 지켜봐왔던 지인들과 선후배들이 대선주자 문재인의 참모습을 잘 증명해 줄 수 있을 것이다. 문재인의 공식 홈페이지 '문재인을 말한다. 내가 만난 문재인' 코너에는 문재인의 참모습을 말해주는 지인들의 이야기가 가득하다.《나의 문화유산 답사기》로 저자로 유명한 유홍준 교수의 평가를 들어보자. 유 교수는 문재인을 대인(大人)이라고 극찬한다.

"참여정부 5년간 그가 있었기에 많은 혁신을 흔들림 없이 이룩할 수 있었다. 조선왕조 세종 때 황희, 선조 때 유성룡, 영조 때 유척기, 정조 때

채제공, 철종 때 박규수 같은 역할을 해냈다. 노무현 대통령이 서거했을 때도 그가 빈자리를 지키고 있었기에 우리는 기댈 언덕이나마 있었다. 그의 운명이 바뀌어 다시 정치 현장에 몸을 던지니 흔들리던 정국에 버팀목이 나타난 것 같은 믿음이 일어난다. 든든하다.”

반면 문재인은 수줍음이 많은 사람이다. 문재인의 스타일을 보여주는 에피소드 하나다. 조동환 변호사의 고백이다. 노사모 창립멤버로 활동해온 한 조 변호사 커플은 10년 열애 끝에 노무현 대통령이 잠들어있는 김해 봉하마을에서 결혼식을 올렸다. 이 커플은 당시 문재인 노무현재단 이사장에게 주례를 부탁했다. 노사모 10년 커플의 주례부탁이니 들어줄 만했다. 하지만 며칠 후 문재인은 전화로 주례를 거절했다.

“제가 지금까지 주례를 한 번도 해 본적이 없어요. 사무실 직원들, 청와대 시절 직원들의 주례 부탁도 다 거절했어요.” 그리고 한마디 덧붙였다. “솔직히 대중들 앞에 서는 게 두렵기도 해요.”

그런 문재인이 변했다. 정치참여 요구를 수없이 고사해온 그가 대통령이 되겠다고 나선 것이다. 특히 대선이 다가올수록 새누리당에서 거친 공세가 예상된다. 문재인이 민주당 대선후보로 결정된다면 과거사 문제로 박근혜 전 비대위원장이 민주당으로부터 융단폭격을 당하는 것 이상의 공세가 확실시된다. 이는 참여정부가 막을 내린 지 4년여가 흘렀지만 4.11 총선에서 친노심판론까지 등장한 것으로 봐도 잘 알 수 있다.

'죽느냐 사느냐' 정치의 영역에서는 윈윈이라는 게 없다. 남의 실수가 곧 나의 행복이다. 이 때문에 라이벌 정치인의 실수나 상대방의 허점은 작은 정치공세의 표적이 된다.

4.11 총선 이후 이준석 당시 새누리당 비상대책위원이 삼국지를 패러디해서 문재인의 목을 베는 만화를 본인의 SNS에 링크했다가 파문이 일었다. 만화의 내용은 좀 심각했다. 만화 삼국지의 인물 중 조조에게 잡혀있던 관우가 적장의 목을 땅바닥에 내던지는 장면이 있는데 관우의 얼굴에는 4.11 총선 당시 문재인의 맞상대였던 손수조 새누리당 후보가 목을 베인 적장의 얼굴에는 문재인이 합성됐다.

파문이 확산되자 이준석 비대위원은 실수를 인정하고 사과했다. 민주당은 전방위적 공세에 나서 이준석 비대위원의 사퇴와 박근혜 비상대책위원장의 공식 사과를 요구했다. 문재인은 이준석 비대위원의 사과를 트위터에서 쿨하게 수용했다. 어른으로 젊은이의 실수를 따뜻하게 감싸 안았다.

"이준석 군은 제게 성의 있게 사과했고, 저는 사과를 받아들였습니다. 실수였을 것으로 생각합니다. 젊은 시절 누구나 실수와 실패를 겪으며 성장합니다. 좋은 경험이 됐을 것입니다. 이준석 군이 그만 비난받길 바랍니다."

이준석 비대위원은 고마움을 나타냈다. "실수이고 전혀 의도하지 않은 사건이었지만 오히려 문재인의 너그러운 용서로 내 스스로가 배울 수 있는 기회가 됐다."

대인배 문재인의 모습은 민주당 대선경선 과정에서도 잘 나타난다. 새누리당은 이른바 오픈 프라이머리(국민참여경선제) 도입 등 경선룰 논란으로 극심한 진통을 겪었다. 김문수, 정몽준, 이재오 등 이른바 비박 3인방으로 불린 주자들은 박근혜 전 비대위원장을 향해 경선룰 논의를 촉구했다. 결국 새누리당은 현행 경선룰로 대선경선을 치를 것을 결정했고 정몽준, 이재오 후보는 사당화 논란을 지적하며 경선에 불참했다.

민주당 역시 경선룰 논란을 겪었다. 핵심은 결선투표제였다. 김두관은 "민주당은 후보가 많아서 한 후보가 50%를 넘을 수 없기 때문에 대표성 문제 등을 보면 결선투표제를 도입하는 것도 좋다고 생각한다"고 요구했다. 이후 논란이 확산되면서 문재인을 제외한 비문재인 진영의 후보들은 대체로 결선투표제 도입을 강하게 요구했다. 김두관은 특히 결선투표제 도입 요구가 수용되지 않을 경우 손학규, 정세균 후보와 협의를 거쳐 경선불참을 고려할 수도 있다고 압박했다.

결선투표제 논란이 확산될 경우, 민주당 역시 경선룰로 극심한 진통을 겪을 수밖에 없었다. 문재인은 대승적으로 이를 수용했다. 이해찬 민주당 대표와 문재인, 손학규, 정세균 상임고문, 김두관 전 경남지사측 대리인 간 회동이 결렬됐다는 이야기를 듣고 난 뒤 고민 끝에 결심한 것이다. 문재인이 경선에서 1위를 하더라도 만약 2~5위 주자들이 합종연횡에 나선다면 결선투표에서는 결과가 뒤집어질 수도 있다. 다시 말해 1차 투표에서 문재인이 과반을 차지하지 못하고 1위를 차지할 경우 김두관,

손학규가 2위만 차지해도 2차 결선투표에서는 세규합을 통해 역전승을 노릴 수 있다는 것이다. 문재인으로서는 스스로 핸디캡을 자처한 것이다.[2] 문재인의 이러한 모습은 새누리당의 경선룰 논란과 극명하게 대비됐다. 박근혜는 오픈 프라이머리를 도입하더라도 대선후보로 선출된다는 것이 기정사실이었지만 현행 경선룰을 고수했다.

작은 이익에 집착하지 않는다

문재인의 경남고 후배인 배경조 씨는 과거 문재인의 아량(?) 때문에 큰 피해를 봤다. 김 씨는 문재인 및 지인 일행과 스킨 스쿠버를 즐기기 위해 거제도로 여행을 떠났다. 거제도 어느 한적한 대로를 지날 때 맞은편에서 달려오던 차가 중앙선을 넘어 들이받는 사고가 발생한 것이었다. 김 씨의 애마였던 앨란트라는 차의 프레임이 틀어져버릴 정도로 심각한 상태였다.

"저 노무시키, 뭘 잘 못 먹었나. 중앙선을 저거 집 안방 문지방 넘나듯이 넘나. 아니 무슨 운전을 그따우로 해."

가해 차량에서 내린 운전자는 사색이 됐다. 혼비백산 제정신이 아니었다. 김 씨는 새로 살 차의 비용을 가해자 측에서 받으려고 했다.

---

2 결선투표에서 결과가 뒤집어진 가장 극적인 사례는 1970년 9월 열린 신민당 전당대회였다. 1971년 대선을 앞두고 야당인 신민당에서는 40대 기수론이 거세게 불었다. 대선후보 선출은 김영삼, 김대중, 이철승 후보의 3파전 구도로 치러졌다. 1차 투표 결과는 김영삼 421표, 김대중 382표, 무효 82표로 김영삼은 과반수를 얻지 못했다. 무효표는 이철승의 표였다. 2차 투표에서 김대중이 이철수의 지지표를 흡수하며 458표로 과반을 차지했다. 반면 김영삼 410표에 그치며 패배했다. 김영삼은 이후 승복연설에서 "40대의 승리는 우리 신민당의 승리요, 나의 승리다. 김대중 후보의 당선을 진심으로 축하한다. 김대중 후보의 당선을 위해 제주도에서 무주구천동까지 전국 방방곡곡, 구석까지 누비겠다"고 말해 감동을 자아냈다.

하지만 문제는 가해차량 운전자가 왕초보였던 것. 게다가 가해차량 운전자는 대우조선에 갓 입사했고 신혼이었다. 그는 중고차를 처음 사서 낚시를 가다가 운전 미숙으로 사고를 일으켰다. 한마디로 사회생활을 시작한 신혼의 생초보운전자가 사고를 냈던 것이다.

"최근에 결혼했다면 무슨 돈이 있겠나. 억울하지만 그래도 형편이 나은 자네가 인생 후보한테 부조한 셈 치고 고마 넘어가지."

문재인은 김 씨를 달랬다. 김 씨는 문재인의 말에 한참 어린 친구를 그악스럽게 몰아낼 자신이 없어졌다. 자비를 들여 차를 수리한 김 씨는 한마디 했다.

"재주는 곰이 넘고 돈은 왕서방이 번다는 말 그 짝이네. 그나저나 문 선배, 내 차는 어쩌라고."

공사 구분 분명한 문재인

공사 구분을 명확히 하는 것은 정치인 제1의 조건이다. 역대 대통령을 봐도 그렇다. 집권 초에는 공명정대한 원칙과 기강을 내세운다. 임기가 지날수록 초심은 흐려진다. 특히 내가 신세 진 사람의 부탁이라면 들어줘도 뭐 크게 문제될까 생각할 수밖에 없는 게 인지상정이다. 대선 때 함께 고생하고 도와준 사람들의 부탁을 외면하기 쉽지 않다. 또 수십여 년을 알고 지내왔던 지인들도 마찬가지다. 가족과 친척은 더욱 힘든 문제다. 문재인 만큼은 예외다. 그에게는 공과 사가 엄격하다.

문재인이 친구였던 이창수 씨의 추억이다. 문재인의 부산생활 시절 아랫집 이웃으로 정을 나눴던 이 씨는 문재인의 죽마고우 모임에 우연치 않게 끼게 되면서 마음을 나누는 친구가 됐다. 부부동반으로 지리산 종주를 비롯해 전국 여러 산에 올랐고 스킨스쿠버도 함께 했다. 시간이 흘러 노무현 대통령이 당선되고 문재인도 노무현을 돕기 위해 서울로 가게 됐다. 친구들은 송별회를 마련했다.

"가서 원칙대로 일하겠다."

문재인은 친구들이 마련한 송별회 모임에서 특유의 어조로 말했다.

이 씨의 회고다.

"우리 친구들은 문 변호사가 서울로 간 뒤로 참여정부 5년 동안 단 한 번도 전화하지 않았다. 물론 그에게서도 전화가 걸려오지 않았다. 그래서 좋았다. 우정이 이 정도는 돼야 그 이름에 값하는 것 아니겠는가."

박종환 전 치안정감은 경희대 법대 72학번으로 문재인의 대학동기다. 대학 졸업 후 경찰에 입문, 30년간 재직하며 2009년 2월 치안정감으로 퇴직했다. 78년 군복무 중 휴가를 나와 문재인을 만나기 위해 고시공부 중이던 전남 대흥사로 찾아갔던 죽마고우다. 그의 기억이다.

"참여정부 출범 이후, 한 번은 경찰 인사권자가 문재인 변호사에게 오랫동안 친구로 지낸 나의 인사에 대해 어떻게 해야 하느냐고 물어본 일이 있었다고 들었다. 그 때 문재인의 대답은 '오랜 친구인 것은 사실이다. 하지만 내 친구라고 하여 봐줄 것은 전혀 없다'였다고 한다. 한 때 서운하기도 했지만 바로 그런 이유로 그가 내 친구임을, 누구보다도 존경하는 친구임을 자랑스러워 한다."

청약통장 해약 일화 역시 문재인의 참모습을 보여주는 일화다. 문재인의 '힐링캠프' 예능나들이 때 부인 김정숙 여사에 의해 세상에 알려졌다. 문재인의 변호사 시절 아내가 아파트 마련을 위해 주택청약저축을 들었는데 그 사실을 알게 된 문재인이 해약하라며 버럭 화를 냈다는 것. 이유는 주택청약저축이 무주택자들을 위한 것이기 때문에 유주택자인 자신들은 해당사항이 없다는 것이 이유였다.

현 정부 들어 고위공직자 인사청문회 때마다 터져 나온 부동산 투기 의혹을 감안하면 정말 사실일까라는 의문이 들 정도다. 문재인이 그만큼 어리숙한 원칙주의자의 일면을 보여주는 모습이다.

문재인은 노무현 대통령 퇴임 이후, 본업인 변호사 복귀 역시 바로 하지 않았다. 문재인은 저서에서 그 이유를 밝혔다.

"변호사 복귀는 여러 달 후에 했다. 법원이나 검찰 고위직에 있다가 전관예우 받는 것과는 차원이 다르지만 그래도 청와대 민정수석과 비서실장을 한 사람이 곧바로 변호사 개업하는 것 바람직하지 않다고 생각했다."

퇴임만이 아니다. 문재인은 청와대 민정수석, 시민사회수석으로 일하다가 물러났을 때 변호사로 바로 복귀하지 않았다. 특히 두 번째로 청와대를 나왔을 때는 참여정부 기간 동안 변호사 복귀를 포기하고 그냥 쉬기로 했었다. 현 정부 일부 고위공직자들이 퇴임 이후, 대형 로펌 등에서 서민이 상상할 수도 없는 거액을 짧은 시간에 만든 것과 대비되는 모습이다.

대선출마 선언문은 정치인의 모든 것을 담는다. 왜 대선에 출마했는지와 어떠한 대한민국을 만들 것인지에 대한 상세한 설명을 녹인다. 참모 및 보좌진들과 수많은 회의와 토론을 거쳐 핵심만 담는다. 이후에는 언론과 기자들에게 보도자료로 배포한 뒤 공식 출마기자회견을 가지면 대중에게 알려진다.

문재인의 대선출마 선언은 달랐다. 철저한 쌍방향성을 지향했다. 문재인은 6월 6일 트위터에 '함께 쓰는 출마선언문'이라는 제목의 글을 올렸다.

"곧 대통령 출마선언을 하려 합니다. 선언문에 여러분의 의견을 더하고 싶습니다. 꼭 담았으면 하는 내용을 멘션으로 보내주십시오. 정책, 비전, 시대정신 무엇이든 좋습니다. 함께 생각합시다. 함께 시작합시다."

대선출마 선언문에 어떤 내용을 담을 지를 고민하면서 직접 유권자와의 소통에 공을 들인 것. 일방적으로 대한민국의 비전을 제시할 테니 나를 따르라가 아니라 국민, 지지자와 유권자가 제시하는 내용을 수용하겠다는 것. 항상 귀를 열어놓겠다는 다짐이다.

문재인은 주요 일정에서도 출마선언문을 함께 쓰겠다는 의지를 내비쳤다. 6월 8일 모교 경희대를 방문, 후배들과 만난 자리에서 "6월 중순께 정식으로 대권출마를 선언할 예정이다. 출마 선언문 만드는 일에 많은 분들이 의견을 보내주고 계신데, 좋은 부분은 출마 선언문에 반영하고 정책에도 반영할 테니 많이 참여해 달라"고 직접 당부했다.

6월 15일 밤 12시 마감까지 수천여 명의 사람들이 트위터와 페이스북을 통해 의견을 보냈다. 특이한 점은 함께 쓰는 출마선언문에 동참하기 위해 트위터 계정을 열었다는 의견까지 나왔다. 가장 재미난 의견은 "술자리에서 대통령, 정부 욕해도 맘 편한 세상 만들어주세요"라는 것이었다. 참여정부와는 달리 현 정부에서 언로가 꽉 막힌 현실을 꼬집는 내용이었다.

문재인은 출마선언문뿐만 아니라 트위터를 통해 지지자들과의 직접적인 소통에도 적극적이었다. 사소한 것이지만 4.11 총선 이후 서울로 이사했다는 소식을 가장 먼저 알린 것도 트위터에서였다.

문재인은 6월 1일 트위터에 "오늘 서울로 이사합니다. 참여정부 마치고 내려가며, 다시 서울에서 살 일은 없을 줄 알았는데… 이번 서울생활은 조금 더 희망적인 일들이 많았으면 좋겠습니다"라며 대권에 대한 의지를 불태웠다.

아울러 그 전날 문재인의원실에서 올린 의원회관 325호 비밀 메시지는 문재인 지지자들의 가슴을 뭉클하게 했다. 문재인이 입주하게 될 의원회관 325호의 공사를 맡았던 것으로 추정되는 어느 노동자가 "문재인 의원님, 노무현 대통령의 유지를 받들어 정권 창출하시기 바랍니다!!! −근로자"라는 글을 싱크대 옆면에 적어놓은 것.

문재인은 지지자들과 소통하면서도 트위터를 잘 이용했다. 보통 대선주자의 행보가 언론이나 기자들을 통해 유권자와 지지자들에게 알려지는 간접적 방식이 아니라 직접 소통을 선호했다.

6월 17일 서울 서대문독립공원에서 대선출마를 선언한 이후, 다음 날 첫 행보로 문재인은 편의점 알바생들과의 국밥간담회를 잡았다. 문재인 의원실이 올린 초대 공지에는 "문재인이 편의점 알바체험 후에 알바하는 젊은이들과 국밥간담회를 갖습니다. 문재인과 머리 맞대고 이야기하고 싶은 분은 쪽지로 연락주십시오. 일시는 6월 18일(월요일) 오전 08:20~09:10, 장소는 서울 구로구 선착순입니다. 선거법 관계로 국밥값 5000원은 들고 오셔야 합니다"라고 적었다.

대선행보 과정 중 논란이 됐던 조선일보와의 인터뷰와 강한남자 PI 논란 역시 트위터를 통해 가장 먼저 해명했다. 문재인은 7월 19일 조선일보 인터뷰 논란과 관련, 트위터에 "조선일보 인터뷰를 주변에서 말렸고, 저도 꺼려왔던 것은 조선일보가 언론의 정도에서 벗어나 공정성을 잃고, 특정 세력의 대통령 만들기와 편들기를 해왔다고 생각하기 때문입니다. 조선일보가 공정한 역할을 한다면, 저도 공평하게 대하겠습니다"며 파문 차단에 나섰다. 또 PI논란과 관련, 20일 트위터에 "'대한민국 남자' PI를 사용도 안했는데 걱정들이 들려왔습니다. 그래서 페북과 트윗으로 의견을 물었습니다. 역시 반대의견이 많았습니다. 받아들입니다. 의견을 여쭤보길 잘했습니다. 감사합니다. 걱정을 끼쳐서 죄송합니다. 저의 슬로건은 '사람이 먼저다' 입니다"라고 밝혔다.

따뜻한 문재인, 초심을 잃지 않다

사법고시 합격자 연간 1000명 시대를 훌쩍 넘어섰다. 변호사도 먹고 살기 힘들다는 이야기까지 있다. 과거와는 달리 사시도 자격증 시험에 불과하다는 자조 섞인 한탄마저 나온다. 과거에는 국가기관에서 3급으로 받아줘도 불만이었지만 최근에는 심리적 마지노선인 5급 마저 무너졌다. 사시 합격자를 6급 공무원으로 대우하기 때문이다. 기업에서도 변호사 자격증 소지자를 과장이 아닌 대리로 채용할 정도다.

반면 과거 사시 합격은 부와 명예를 동시에 움켜쥘 수 있는 면허증이었다. 사법시험에 합격하면 동네에서 잔치가 벌어졌다. 지역의 유지들이 모두 몰려와 20대 후반이나 30대 초반의 젊은이들에게 "영감님, 영감님" 하며 고개를 조아렸다.

문재인의 사시 합격은 드라마 그 자체였다. 사법고시 2차 시험이 있었던 1980년 서울의 봄 문재인은 경희대에서 반독재 민주화시위를 주도했다가 계엄포고령 위반으로 구속됐다. 그해 4월 2차 시험이 있었지만 학내 시위로 공부를 거의 하지 못했기 때문에 큰 기대를 하지 않았고 경험 쌓기 정도로 생각했다. 하지만 경찰서 유치장에서 사시합격 소식을 들었다. 경희대 학생처장, 법대 동창회장이 유치장으로 면회를 왔다. 문재인은 그들과 경찰서 유치장 안에서 소주에 안주까기 곁들여 축하주까지 마셨다. 경찰 사상 전 무후무한 일이라고 한다. 그만큼 사시 합격자의 위상을 보여주는 사건이다.

문재인도 사시합격자라는 점을 감안하면 한때 '영감님'으로 불렸다. 다만 문재인은 변호사로 활동할 시절 스스로의 권위를 낮췄다. 과거 문재인 법률사무소에서 근무했던 최성민 씨의 회고담이다.

"30년 전 변호사업계는 대한민국에서 가장 보수적이고 권위적이며 엘리트의식이 강한 곳으로 정평이 났다. 변호사업계를 포함한 법조계 권세는 대단했다. 나이 든 경찰 간부가 새파란 판사와 검사에게 '영감님' 하면서 허리를 굽실거렸다. 변호사들은 자신을 사실상 판사나 검사로 여겼다. 나이 지긋한 변호사들은 평소 자신의 사무원들과 식사를 하지 않는 것을 당연시했다. 사무원들은 머리가 허옇고 허리가 굽어도 변호사에게 '영감님'으로 호칭했다. 설령 변호사 나이가 젊어도 그 호칭은 변하지 않았다. 어느 날 문 변호사님이 청해서 사무원 전원이 노래방에 가게 되었는데 사모님도 함께였다. 당시 관행으로는 파격적이라서 고참 사무장조차 무척 놀라는 눈치였다. 얼마 후에는 문 변호사님이 사무원 모두를 집에 초대해서 우리는 사모님이 직접 준비한 음식을 먹는 호강을 누렸다."

문재인은 영감님 호칭이 거북하다며 말을 꺼냈다.

"젊은 나에게 '영감님' 호칭은 거북하다. 무엇보다 너무 권위적인 것 같아 어색하다. 앞으로 호칭은 '변호사'로 바꿔달라. 사건 의뢰인에게도 꼭 '변호사'로 부르도록 이야기해달라 부탁한다."

깜짝 놀란 최 씨는 수십 년이 지난 지금도 문재인의 겸손했던 성품을 기억하고 있다.

"그렇게 권위적인 세계에서 직원과 변호사의 장벽이 높던 시절에 자신을 파격적으로 낮추어 사무원과 파트너가 되고자 했던, 겸손한 문 변호사님의 성품을 잊지 못한다."

문재인은 따뜻하고 겸손하다. 2002년 노무현 대통령 당시, 일화를 통해 문재인의 성품을 엿볼 수 있다. 노무현 부산선대위 기획단원으로 활동했던 회사원 김봉섭 씨의 회고를 들어보자.

"우여곡절 끝에 노무현 후보가 대통령에 당선되고 노무현 당선자가 참석한 가운데 부산 선대위 해단식과 마지막 기념촬영을 했다. 이때 자리 쟁탈전이 벌어졌었다. 처음에는 노무현 당선자가 손을 끌어 문재인 변호사를 옆에 세워서 사진촬영을 하려 했는데 무슨 일인지 잠시 사진촬영이 중단되는 상황이 벌어졌다. 사진촬영을 위한 대열이 흐트러지자 뒷자리에 있던 경제관료 출신의 모 인사가 노무현 당선자와 문 변호사 사이를 헤집고 들어왔다. 당선자 왼편으로는 부산지역의 민주당 출신 정치인이 파고들었다. 잠시 자리 쟁탈전이 이 있고나서 기념촬영을 할 때에는 문재인 변호사는 한쪽 구석으로 밀려나서 사람 좋은 웃음을 짓고 있었다. 그 자리의 누구도 노무현 당선자 옆에서 사진을 찍지 않았다고 문 변호사의 공이 적다고 생각하지 않았을 것이다."

돈과 거리 먼 문재인

부정부패는 정치인 최대의 적이다. 떡을 만지다보니 떡고물이 묻었다는 격언까지 있을 정도이니 정치와 돈은 필수불가결한 관계다. 문재인과 돈은 어떨까. 문재인은 과거 변호사로 부를 누릴 수 있었지만 자신을 엄격하게 관리했다. 이는 80~90년대 부산 경남 지역에서 발생한 시국노동 사건의 소송을 도맡아 처리했기 때문이다.

부산 동의대사건 구속자 가족모임 대표를 지냈던 이정이 부산 민주공원 이사의 증언이다.

"내가 문재인 변호사를 만난 건 그 사건 구속자 가족으로서였다. 문 변호사와의 만남을 계기로 나는 구속자 가족 대표를 맡아 앞뒤를 돌보지 않고 뛰어다니게 되었다. 문 변호사는 가정 형편이 어려운 학생 가족에게는 1심뿐만 아니라 2심까지 무료 변론을 했다. 변론비도 저렴했다. 어떤 학생 부모가 그 사건을 모 변호사에게 들고 갔더니 선임비로 1000만 원을 내놓으라고 해서 입을 딱 벌리고 돌아왔다. 문 변호사도 직원 봉급을 줘야 하고 사무실 경비도 만만찮았을 텐데 동의대 재판이 덩치가 워낙 크다 보니 다른 사건을 맡지를 못했다. 그런데 문 변호사는 그런 내색을 한 번도 하지 않아 늘 고마우면서도 미안했다."

설동일 부산 혁신과 통합 상임대표도 비슷한 기억을 갖고 있다.

"문재인 변호사님은 80~90년대 부산 경남지역 노동관련 소송을 혼자 도맡아 했으니 돈을 많이 벌었겠지라고 사람들은 오해할 수도 있을 테다. 실상은 전혀 그렇지 않았다. 해고 관련 소송의 경우 당사자의 사정이 어렵다 보니 외상이 많았고 수임료도 거의 필요 경비 정도에 불과했다. 산업재해 관련 소송과는 달리 승소율도 그다지 높지 않았다. 오직 노동운동에 대한 애정과 책임으로 이 모든 소송을 맡은 것이었다."

문재인의 이런 성정은 가장으로서는 빵점이다. 그러나 수십여 년이 흘러 청와대 생활을 하면서도 그는 나쁜(?) 버릇을 고치지 못했다.

매년 장차관과 국회의원 등 고위공직자 재산공개 내용이 언론에 보도되면 국민들은 눈이 휘둥그레진다. 서민들의 삶은 날이 갈수록 팍팍해진다. 고위공직자들의 재테크 실력은 불황과는 관련이 없다. 부동산이든 주식이든 재산이 오르는 게 대부분이다. 문재인은 재테크에는 별로 능력이 없어 보인다. 그의 저서《문재인의 운명》에서 노무현 대통령 퇴임 이후 부산이 아닌 시골 근처에서 살 곳을 찾은 이유를 설명했다.

"경제적 사정도 있었다. 원래 저축해 놓은 게 많지도 않았지만 청와대 있는 동안 다 까먹었다. 변호사도 당분간 그만두고 싶었지만 생활 때문에 그럴 순 없었다. 변호사 사무실 출퇴근이 가능한 곳을 찾아야 했다. 그래서 고른 곳이 지금 살고 있는 양산 매곡이다."

세상에 알려지지
않은 이야기

문재인의 모든 것은 저서 《문재인의 운명》을 통해 대중에게 잘 알려
졌다. 또 SBS 예능프로그램인 '힐링캠프'에 출연, 책으로 그를 만나지 못
한 대중들에게 문재인이라는 이름 석자를 각인시켰다. 문재인을 잘 아
는 사람들도 깜짝 놀랐다고 할 정도로 자기 자랑에 익숙하지 못한 문재
인의 성정을 그대로 드러내주는 내용들이다. 실제 책에 실린 내용의 상
당부분도 공개를 꺼려했던 문재인을 주변에서 설득했다고 한다.

부잣집 아들같았던 문재인의 어린 시절은 가난했다. 학창시절은 질
풍노도의 시기였다. 수재들만 간다는 경남중, 경남고에 입학했지만 교
과서보다는 도서관의 책들과 사랑에 빠졌다. 친구에게 시험답안을 알려
주다가, 술담배로 정학을 당하기도 했다. 경희대 재학시절에는 유신반
대 시위로 고초를 겪었고, 강제징집을 통해 특전사 공수부대에 배치되

기도 했다. 사법시험 합격 소식은 경찰서 유치장에서 들었고, 즉석에서 술파티가 벌어지기도 했다. 이후 노무현과의 운명적인 만남이 이어졌고 부산에서 오랜 기간 노동, 인권변호사로 활약했다. 참여정부 출범 이후 에는 민정수석, 시민사회수석, 비서실장, 남북정상회담 추진위원장 등을 거쳤다. 노무현 대통령은 노무현의 친구 문재인이 아니라, 문재인의 친 구 노무현이라고 했을 정도다.

문재인은 야권의 유력 대선주자로 일거수일투족이 언론과 대중의 관 심에 노출됐다. 아직까지 문재인의 알려지지 않은 뒷이야기도 적지 않 다. 가장 재미있는 점은 문재인이 과거 김영삼 전 대통령의 정치입문 제 의를 받아들였다면 노무현과 함께 국회의원 동료로 활약했을 지도 모를 일이다.

맘만 먹었다면 노무현과 동료 국회의원 될 수 있었다

2012년 문재인은 대권 도전에 나섰다. 그동안 정치참여 여부를 놓고 말들이 많았지만 문재인의 경우 13대 국회의원이 될 수도 있었다. 시계 를 24년 전인 1988년 13대 총선 당시로 돌려보자.

87년 대선 패배 이후 김영삼 전 대통령은 고심이 깊었다. 부산에서 유 능한 인재들을 발굴, 총선에서 승리해야 차기 대권을 도모할 수 있었기 때문이다. 이때 영입 대상에 오른 인물이 김광일, 노무현, 문재인 등이었 다. 더군다나 13대 총선에서는 부산지역의 인구 증가와 소선구제 도입 으로 선거구가 늘면서 인재는 더욱 필요했다. YS는 선거 승리를 담보할 수 있는 훌륭한 인재를 추천하라고 지시했다. 보좌진들은 부산에서 명성이 자자했던 재야 인권변호사 3인방을 추천했고 YS는 탐을 냈다. 이들을 공천하면 총선에서 쉽게 이길 수 있다는 전망이 나왔기 때문이다.

당시 상도동 공보비서였던 박종웅 전 한나라당 의원은 문재인 변호사를 만났다. 김영삼 전 대통령의 정치입문 제의를 전하기 위해서다. 박 전 의원은 문재인과 경남고 동기다.

"친구니까 편하게 이야기할게. 이번에 총선에 출마해라. 총재님의 뜻이다."

"내 성격 모르나. 난 정치 안 할란다."

문재인은 정치입문 제의를 단칼에 거절했다. 문재인의 거절에 문정수 의원이 나섰다. 문재인을 만나 YS의 뜻을 전했지만 문재인의 대답은 마찬가지였다.

"전 정치 안 하겠심더."

1노 3김 구도로 치러진 13대 총선이 치러졌다는 점을 감안하면 YS의 영입제의는 말 그대로 국회의원 당선을 보증하는 수표나 마찬가지였다. 특히 그 당시 부산에서는 서석재나 문정수 의원이 말하는 것은 곧 YS의 뜻이었다.

4년이 지나서도 문재인의 뜻은 확고했다. 92년 14대 총선은 야권의 입장에서 중요한 선거였다. 이른바 3당 합당의 여파로 거대 민주자유당이 출범하면서 승리 전망이 불투명했기 때문이다. 특히 YS의 영향력이 절대적이었던 부산의 상황은 암울 그 자체였다. 3당 합당을 거부한 꼬마

민주당의 이기택 총재와 평화민주당의 김대중 총재는 야권통합을 결의, 통합민주당이 탄생했다.

통합민주당은 부산지역 공천에서 인물난을 겪었다. 경쟁력있는 외부 인재 수혈에 심혈을 기울였다. 문재인은 당연히 대상자로 이름을 올렸다. 배갑상 현 민주당 부산시당 대변인은 문재인의 경남고 1년 후배였다. 배 대변인은 문재인의 변호사 사무실을 찾아서 출마를 권유했다. 배 대변인은 당시 민주당 부산 북구을 지구당 위원장이었다.

"3당 합당도 해버렸고 선수가 없어예. 공천을 해야 하는데 같이 나가서 싸웁시더. 형님도 이제 고집 그만 부리고 출마하이소."

"니(배갑상)가 와서 출마하라고 할 줄 알았다. 난 정치 안 할란다. 내가 4년 전에 배지 다는 게 보장돼 있을 때도 안했는데 지금 와서 그러면 되나. 니가 그럴 줄 알고 부산시 선거관리위원이 됐다."

문재인은 후배의 권유에 웃으며 거절 이유를 밝혔다. 선관위원이었던 만큼 총선 출마 자체가 원천적으로 불가능했던 것. 배 대변인 역시 더 이상 설득할 수 없는 상황이었다.

사석에서도 절대 볼 수 없다던 노래하는 문재인

문재인의 노래도 화제다. 문재인 주변 참모들과 지인들의 이야기를 종합해 보면 사석에서도 노래를 하는 일은 거의 없다고 한다.

문재인은 2012년 6월 8일 모교 경희대를 찾았다. 문재인은 경희대 법대 72학번이다. 민주당 민생공약실천특위 '좋은 일자리 본부' 본부장 자격으로 모교를 찾아 청년 대학생들의 취업난, 등록금 문제, 근로학생들의 근로환경 문제 등에 대한 생생한 현장의 목소리를 들었다. 열띤 토론이 이어졌다.

대학생들의 지속적인 참여와 진지한 분위기 속에서 토론은 예정된 90분을 넘겨 2시간 20분 동안 이어졌다.

"노래 한 곡 하시죠?"

사회를 보던 안진걸 참여연대 간사는 딱딱하고 무거운 질문이 이어지자 중간 중간 노래 한 곡 불러달라고 요청했다. 문재인은 조용히 미소를 지을 뿐 노래를 할 마음이 없었다.

"잊으신 것 아니죠? 노래하셔야 합니다."

안진걸 간사는 대학생들의 질문과 문재인의 답변이 계속 이어지는 중간 중간 쐐기를 박았다. 문재인의 얼굴에서는 곤혹스러움이 묻어났다.

예정시간을 훌쩍 넘기고 행사가 마무리될 때 여기저기서 노래를 불러달라는 요청이 쇄도했다. 사회자가 문재인의 노래를 청하자 모교 후배인 경희대생들도 우레와 같은 박수를 치며 재촉했다.

난감한 표정의 문재인은 이날 행사에 동행했던 박홍근, 장하나 의원에게 마이크를 건넸다. 그 사이 모교 후배들의 박수는 끊임없이 이어졌다. 결국 문재인은 마이크를 잡았다. 이날 행사에 함께 참석했던 박홍근, 은수미, 장하나 의원은 물론 300여 명의 후배들과 '아침이슬'을 나지막히 불렀다.

노래가 끝나고 또 한 번 웃음꽃이 피었다.

"왠 아침이슬인가요? 버스커버스커의 노래를 불렀어야 하지 않습니까?"

사회자가 젊은 세대와 소통하기 위해 왔다면 예전 노래보다는 최신곡이 낫지 않겠느냐는 애정 어린 타박을 건넨 것. 문재인이 5월 30일 여수엑스포를 다녀온 뒤 본인의 트위터에 버스커버스커의 노래 '여수 밤바다' 동영상을 올려놓았던 점에 착안한 것이다.

흥미로운 점은 아침이슬이 최신곡은 아니었지만, 이날 선곡은 나름 의미가 깊었다. 아침이슬은 노무현 전 대통령과 이명박 대통령과 떼래야 뗄 수 없는 노래다. 노무현은 아침이슬을 불렀고, 이명박 대통령은 들었다.[3]

춤추는 문재인

문재인을 돕고 있는 양정철 전 청와대 홍보기획비서관의 말이다. 양 비서관에 따르면 문재인이 가장 자신 없어 하는 것이 춤과 노래라고 했다. 노래도 노래지만 춤은 더 그렇다. 문재인과 댄스는 도무지 어울리지 않는다. 특히 공개 석상에서 춤을 춘다는 것은 상상하기 어려운 일이다. 다만 정치인으로 변신 이후에는 달라졌다.

문재인은 4.11 총선 국면에서 춤꾼이라도 된 듯이 매번 춤을 췄다. 문

---

3 노무현 대통령은 임기 마지막 해인 2007년 6월 10일 6.10항쟁 20주년 기념식에 참석, 아침이슬을 불렀다. 또한 노무현 대통령 서거 이후 2009년 5월 29일 경복궁에서 열린 국민장을 마치고 서울시청 앞 광장에서 열렸던 노제에서도 불렸던 노래다. 이명박 대통령은 임기 첫해인 2008년 5월 미국산 쇠고기 수입에 반대하는 촛불집회가 한창일 때 청와대 뒷산에 올라 시위의의 아침이슬을 들으며 국민과의 소통 부족을 반성했다.

재인의 춤은 4.11 총선 당시 화제를 모았다. 부산 사상에 출마한 문재인은 항상 선거운동의 마무리를 대중과 함께하는 댄스로 마무리지었다. 선거유세라기보다는 또 하나의 즐거운 축제였다. 선거 캠프 관계자들과 청충들은 물론 지나가는 시민들과 유권자들도 자연스레 어울렸다. 영화 '써니' OST인 혼성그룹 보니엠의 노래 '써니'에 맞춰 디스코풍의 복고댄스를 췄다.

총선 이후에도 문재인의 춤은 이어졌다. 고 노무현 전 대통령의 3주기 추모제에서도 '써니'라는 곡으로 춤을 춘 것은 물론 민주당 대선후보 경선 선거인단 참여 독려를 위해 명동 한복판에도 등장했다. 8월 13일 정오, 서울 명동예술극장 앞에서 플래시몹을 펼친 것. 문재인의 명동스타일로 명명된 이날 행사에서 문재인은 어색하지만 열심히 흔들어댔다. 4.11 총선 당시 열심히 갈고 닦았지만 문재인의 스텝은 꼬였다. 다만 이리 찌르고 저리 찌르면서도 표정만은 밝았다. 춤추는 대선후보의 등장에 지나가는 시민들은 환호했다. 플래시몹이 끝난 뒤에는 시민들의 사진촬영과 싸인 요청이 쇄도했다.

부인 김정숙 여사가 보는 문재인

문재인과 부인 김정숙 여사의 러브스토리는 유명하다. 김 여사가 경희대 재학 시절, 법대 축제에 갔다가 친구 오빠의 주선으로 처음 만났다가 39년간 사랑을 이어왔다. 대학시절 촌스런 첫인상과는 달리 유신반대 집회에 최루탄을 맞고 쓰러진 청년 문재인을 돌보며 사랑의 감정이

싹텄다. 특히 그 옛날 배고팠던 군대 시절 통닭이나 떡 등 음식이 아닌 안개꽃을 들고 면회를 가서 배고픈 군대동료들을 난처하게 만들었던 일화는 저서《문재인의 운명》을 통해 잘 알려져 있다. 두 사람의 연애사는 면회의 역사였다. 문재인을 보기 위해 김정숙 여사가 감옥으로, 군대로, 사법시험을 준비했던 대흥사로 면회를 다녔기 때문이다.

김 여사는 지난 6월 17일 대선출마 선언 이후 경희대에서 열린 토크 콘서트에서는 내조의 여왕다운 면모를 과시했다. "남편이 출마 선언을 한 이상 투지가 생긴다"며 화끈한 지원을 약속했다.

실제 김 여사는 남편 문재인을 대신해서 독자적인 일정을 수행하고 지지를 후원하기도 한다. 무뚝뚝한 경상도 남자 문재인의 단점을 보완하기라도 하듯 각종 행사장에서 유머와 애교로 남편의 득표력을 높이고 있다.

김 여사는 8월 12일 케이블채널 스토리온 '이승연과 100인의 여자들'에 출연, 입담을 과시하며 젊은 여성과 주부층을 공략했다. "60이 다 된 나이에 쉴까 했는데, 재인 씨가 큰일을 저질렀다"며 아직도 재인 씨라는 호칭을 사용하는 것을 만천하에 공개했다.

연애 시절을 묻는 질문에는 "사실 체면이 있어서 세월을 살다 보니 좋아졌어요, 이렇게 이야기하려고 어젯밤에 그렇게 준비했는데 가만히 생각해보니까 처음부터 제가 너무 많이 좋아했던 거 같아요. 콩깍지가 씌였어요"라고 솔직한 답변을 내놓았다. 덕분에 방송 출연 이후에는 '남편바보 국민콩깍지'라는 별명도 얻었다.

거침없는 폭로도 나왔다. 합창단 단원이었던 김 여사는 결혼 후 부부 싸움 일화를 소개하며 "퇴근해서 집에 가니 남편이 아무것도 안 하고 내가 밥해주길 기다리고 있었다. 밥을 해먹고 설거지를 하다가 잠깐만 와보라고 해서 갔더니 재떨이를 갖다달라 하더라. 그래서 폭발했다"고 고백하기도 했다.

무뚝뚝하지만 다정다감한 남편 문재인에 대한 일화도 공개했다. 참여정부 이후, 경남 양산으로 내려가 네온싸인 불빛도 없이 캄캄한 시골 생활에 힘들어 할 때 "서울에서 5년 동안 대접받고 살았으니 이 시골에서 10년 동안 산속에서 마음을 닦아야 보통사람의 마음처럼 살 수 있다"고 문재인이 조언하자 "괴로워 미치겠는데 미워 미치잖아요. 그때까지 견뎌보자 했던 마음이 또 화가 났다"고 밝혔다.

다만 "남편이 살면서 지금까지 외박한 적이 없다"며 "양산 갔을 때는 남편이 꼭꼭 밤 12시에 서울에서 일이 끝나도 밤열차를 타고 온다. 혼자 내가 무서워할까봐 걱정했기 때문이었다"고 밝혔다.

김 여사는 방송 말미에 남편에 대한 영상편지도 띄웠다.

"힘들어 하는 재인씨가 이거 듣고 힘냈으면 좋겠다. 우리가 함께한 세월 중에 어쩌면 지금이 당신에게 가장 용기가 필요한 순간일지도 모릅니다. 저도 당신의 빛나는 용기를 함께하겠습니다. 당신이 언제나 옳다는 것을 믿었던 나의 지난 40년의 세월만큼 지금 하고자 하는 일 또한 진정 옳은 일임을 꼭 보여주길 바랍니다. 화이팅! 사랑합니다."

3장

문재인과 대선 라이벌

대선으로
가는 길

민주통합당 경선주자인 문재인의 대권도전은 노무현과 매우 유사하다. 노무현은 민주당 경선에서 대세론의 이인제를 눌렀다. 반(反)이회창 단일화 전선에서는 정몽준과의 단일화에서 승리했고 본선에서는 이회창을 눌렀다.

문재인이 대권을 쟁취하기 위해서는 3개의 관문을 넘어야 한다. 당 경선에서 승리해야 하고, 안철수와의 야권단일화도 변수다. 이마저 승리하면 박근혜와의 건곤일척을 건 승부가 남아있다.

1차적으로는 민주통합당 대선후보 경선이다. 10%대 지지율로 야권 주자 중 1위를 달리고 있다는 점을 감안하면 문재인의 선출이 유력해 보인다. 차기 주자들 간의 대리전으로 불린 6.9전당대회에서도 승리를 거뒀다. 민주당 경선에서도 이른바 문재인, 손학규, 김두관 등 빅3 구도가 이어지고 있지만, 여론 지지율과 지지 세력의 문제로 볼 때 문재인이 우위다.

물론 변수가 없는 것은 아니다. 김두관 전 경남지사의 대선 레이스 참여는 적잖은 변수다. 김두관은 친노에다 경남이라는 지역적 기반을 감안하면 문재인의 가장 강력한 경쟁자가 될 수 있다. 아울러 수도권과 중도층으로의 외연확대가 민주당 후보 중 가장 유리해 보이는 손학규 전 대표와의 경쟁도 주목할 만하다. 손학규는 2011년 4.27 경기도 성남 분당을 국회의원 보궐선거에서 승리를 거두며 수도권 경쟁력을 과시한 바 있다. 분당은 새누리당에서 천당 아래 분당이라고 부르며, 텃밭인 영남은 물론 서울의 강남 3구보다 더 사정이 좋다고 평가한 지역이다.

문재인이 민주당 경선을 통과하면 남는 것은 야권 후보단일화다. 2차 관문인 셈이다. 이른바 반(反)박근혜, 반(反)새누리당의 집권에 반대하는 모든 야권후보들과 연대하는 것이다. 그 정점은 안철수 서울대 교수다. 안철수는 대선행보과 관련, 돌다리도 두들겨보고 건너는 극도의 정중동 행보를 거쳐 왔다. 안 교수는 여야 기성 정치권에 대한 실망감을 가진 중도층을 확보하고 있다는 강점 때문에 야권후보 단일화 국면에서 적잖은 변수가 될 전망이다.

아울러 총선국면에서 야권연대 파트너였던 통합진보당의 차기주자들과의 단일화도 상정해 볼 수 있다. 다만 4.11 총선 비례대표 선출 과정에서 불거진 부정경선 파문과 5월 12일 중앙위원회 폭력사태의 여파로 진보당이 만신창이가 되면서 진보당 차기주자들도 적잖은 상처를 입었다. 다만 영남과 호남을 기반으로 여야 거대 정당이 독식하는 한국정치의 구조 속에서 진보정당의 의미를 감안할 때 유시민, 심상정, 노회찬 등 대중성을 갖춘 차기 주자들과의 연대는 필수적이다. 이정희 전 공동대표는 한때 진보의 아이콘으로 불렸으나, 비례대표 부정경선 파문에서의 이미지 추락으로 대선후보군에서 완전히 탈락했다.

연말 대선이 1~2% 안팎의 초박빙 승부로 흐른다면 진보정당지지 성향의 유권자들도 무시할 수 없다. 강기갑 통합진보당 대표는 지난 7월 15일 2기 지도부 출범식에서 "여야 정당들이 대선후보를 선출하기 위한 준비를 서두르고 있는데 우리는 많이 늦었다." "9월까지 대선후보 선출절차를 완료할 것"이라고 말했다. 진보당 대선후보가 선출된다면 4.11 총선에서 연대의 경험을 살려 후보단일화가 필수적이다.

그러나 8월말 기준으로 진보당이 처한 상황은 참담하다. 신구 당권파가 분당과 창당을 놓고 진흙탕과도 같은 내홍을 겪으면서 진보정당 대선후보 선출 이후 아름다운 단일화가 가능할 지는 의문이다.

마지막 단계는 박근혜 전 새누리당 비상대책위원장과의 맞대결이다. 이를 위해 우선 민주당 당내 경선에서 승리해야 하고 안철수와의 아름다운 단일화도 전제가 돼야 한다. 문재인이 1, 2단계를 성공적으로 통과해 야권 단일후보로 차기 대선에 나선다면 남은 고지는 박근혜와의 운명을 건 승부가 펼쳐진다. 새누리당 경선은 비박 3인방 중 정몽준, 이재오 후보가 불참하고 김문수 경기지사만이 참여하면서 맥 빠진 경선이 됐다. 새누리당 경선은 박근혜 후보 추대대회나 마찬가지였다. 박근혜 후보는 8월 20일 전당대회에서 과거 이회창 대세론(68% 득표율)을 능가하는 압도적 지지를 얻었다.

아울러 대선 본선에서 문재인 VS 박근혜 구도는 뒤집어보면 노무현 VS 박정희 전직 대통령의 대결구도나 마찬가지다.

현 지지율로만 본다면 문재인의 승리 가능성은 없다. 문재인은 연말 대선 다자구도 지지율에서 단 한 번도 박근혜를 추월한 적이 없다. 그러나 지난 4.11 총선 당시 보수 VS 진보의 득표율을 감안할 때 대선이 여야 후보간 일대일 구도로 치러지면 상황은 달라진다. 불과 수십만 표 차이의 초박빙으로 흐를 가능성이 커진다. 실제 양자대결 구도에서 문재인이 박근혜와의 가능성을 보여준 사례는 몇 차례 있다.[1] 아쉬운 점은 안철수 지지율이 하락할 때만 그럴 가능성을 보였다는 점이다.

문재인의 대권쟁취는 가능할까? 문재인 대망론은 해묵은 과제와 맞닿아있다. 그가 연말 대선에서 대통령에 오르느냐는 점은 과거 2002년 대선 당시 노무현 대통령이 기적적으로 대권을 쟁취한 모델이 다시 한 번 되풀이되는 것이다. 노무현 서거 이후, 친노세력이 야권의 주류로 부상하기는 했지만 문재인 대통령은 아직 2% 부족하다는 의구심이다. 이른바 안철수 신드롬으로 대표되는 기성 정치권에 실망한 중도층의 표심

---

[1] 여론조사전문기관 리얼미터(대표 이택수)의 2월 첫째주 주간 여론조사 결과에 따르면, 문재인은 박근혜와의 양자대결에서 오차범위 내에서 앞섰다. 문재인 44.9%, 박근혜 44.4%로 나타난 것. 문재인이 양자대결에서 박근혜를 앞선 것은 이때가 처음이었다. 이후 기대에 미치지 못하는 총선 성적표와 안철수의 부상으로 문재인은 박근혜와의 양자대결에서 15% 포인트 안팎의 격차로 열세를 면치 못했다. 이후 8월 16~17일 같은 기관의 여론조사에서 박근혜 47.6%, 문재인 43.1%로 두 사람의 지지율 격차는 4.5% 포인트에 불과했다.

을 확보하기가 쉽지 않다는 것. 국민적 인식에 친노세력은 여전히 이념 과잉 집단이라는 부정적 이미지가 남아있다.

문재인의 대선필승에는 무엇이 필요할까? 야권단일 후보로 선출된다면 문재인 승리의 기원은 역동성이다. 문재인은 민주당 경선에서 문재인 VS 김두관이라는 친노 쌍두마차의 경쟁은 물론 문재인 VS 손학규라는 친노 VS 비노의 흥미로운 경쟁구도를 통해 보다 강력해진다. 특히 민주당이 합의한 결선투표에 안철수와의 단일화까지의 다단계 경선 일정을 감안하면 국민들의 시선을 민주당에 잡아둘 수 있다.

새누리당의 5.15 전당대회는 아무런 주목을 받지 못했다. 반면 지난 1월 초대 전당대회 이후 총선 패배로 열린 6.9 전대는 흥미진진했다. 이해찬 VS 김한길 맞대결은 문재인 VS 김두관 대리전으로 여겨지면서 흥행에서 성공했다. 새누리당 대선후보 선출 역시 런던올림픽의 열기와 뻔한 결과에 관심을 끌지 못했다. 민주당의 상황도 안철수 부상과 런던올림픽 열기로 마찬가지이기는 했지만, 새누리당보다 대중적 관심을 끄는 데에는 확실히 성공했다.

연말 대선을 4개월 가량 남겨둔 8월말 현재 상황은 2002년 대선과 유사하다. 여야 유력후보들의 일대일 구도로 치러질 가능성이 높아졌다. 2002년 당시 정몽준 후보가 제3후보로 나섰지만 노무현 민주당 후보와의 단일화를 거쳐 대선 막판 본선은 노무현 VS 이회창의 일대일 구도로 치러졌다. 이번 대선에서는 박근혜와 야권주자와의 일대일 구도로 치러질 가능성이 커졌다. 물론 이는 민주당 대선후보와 안철수와의 후보단일화를 전제로 한 것이다.

2002년 대선 당시 대세론을 누린 이회창 한나라당 후보는 4년 11개월을 앞섰다. 이회창이야말로 준비된 대통령이었다. 그러나 마지막 한 달을 버티지 못하고 막판 역전패를 허용했다. 이회창의 발목을 잡았던 아들의 병역비리 의혹은 이미 97년 대선에서도 제기됐던 전혀 새로운 이슈도 아니었다. 또 이인제 독자출마와 같은 여권의 분열도 없었다. 2002년 대선 이후에는 '왜 이회창이 졌을까' '어떻게 노무현이 이길 수 있었을까'라며 온갖 분석과 해석이 넘쳐났다. 정답은 없었다. 노무현 당선이 '기적의 드라마다'라는 말들이 홍수를 이뤘다.

그만큼 대선 결과는 충격적이었다. 어쩌면 참여정부 시절 노무현 대통령 탄핵이라는 헌정 사상 초유의 일도 '대통령 노무현'이라는 국민의 선택을 인정할 수 없는 세력들이 있었기 때문이다. 여하튼 이회창은 97년에 이어 2002년에도 대세론을 누리다가 허망하게 무너졌다. 42.195km를 달리는 마라톤에 비유하면 처음부터 끝까지 줄곧 1위를 달리가다 골인 지점 100m를 앞두고 쓰러진 것과 진배없다.

박근혜는 현 정부 들어 차기 지지율 1위 자리를 놓친 적이 거의 없다. 지난해 안철수가 혜성같이 등장, 박근혜 대세론을 한 때 위협한 적이 있지만 일시적인 효과에 그쳤다. 새누리당은 이회창 대세론의 아픔을 두 번이나 겪은 정당이다. 이 때문에 박근혜가 이회창과 마찬가지로 4년 11개월을 이기다가 마지막 한 달을 버티지 못하고 허망하게 패배해서는 결코 안 된다는 경고성 메시지가 끊임없이 나온다. 5.16 평가와 고 장준하 선생 사망에 대한 의문 등 과거사 문제가 박근혜의 발목을 잡을 수도 있다는 우려다.

문재인이 본선에 나설 경우 대권쟁취을 위한 여러 요소가 있겠지만 아래 4가지가 가장 중요하다. 문재인 대망론 달성을 위해 4대 필승론으로 불러도 무방해 보인다.

1. 수도권 젊은 층의 투표율을 끌어올려라.

4.11 총선에서 투표율 전쟁이 벌어졌다. 투표율이 높아지면 민주당이, 낮으면 새누리당이 유리하다는 평가 때문이다. 이는 현 정부 들어 치러진 각종 재보궐선거도 마찬가지였다. 2011년 4.27 분당을 국회의원 보궐선거와 그해 가을 서울시장 보궐선거 역시 투표 종료 막판 젊은 층의 투표행렬이 결정타였다. 대선, 총선, 지방선거와는 달리 재보궐선거 투표 종료 시각이 오후 8시라는 점도 젊은 층의 투표 참여에 유리한 점이었다.

대선에서 특히 더 중요한 것은 수도권 투표율이다.[2] 과거 영남과 호남 지역의 투표성향이 수도권으로 불었다. 그러나 수도권에 경제력을 갖춘

---

2 "올 대선은 그 어느 선거보다 이번 선거가 객관적 여건은 나쁘지가 않아요. 총선 결과에서 보면 영남이 훨씬 지역구가 많으니까 의석수는 한 20석 차이가 납니다. 총 득표 숫자는 30만 표밖에 차이가 안 났어요. 보수진영이 980만 표, 민주진영이 한 950만 표. 그런데 투표율이 54%밖에 안 되었지 않습니까? 대선은 투표율이 한 70%까지는 올라가거든요. 일대일 구도로 붙으면, 민주진보진영이 이길 가능성이 더 크지요. 저쪽은 박근혜 대표가 지금 가장 유력한데 확장성은 없거든요. 유권자가 이번 대선에 4020만 명 정도 되거든요. 투표율이 최소한 65% 내지 70% 정도 되면 유효표가 2600~2800만 표가 되지 않습니까? 최소한도 1300만 표 이상을 얻어야 대선에서 당선되는 건데 박근혜 후보가 거기까지 갈 가능성은 거의 없다. 총선 때 나온 표를 보면 나올 표가 거의 다 나왔거든요. 추가적으로 나올 표가 제가 보기에는 한 200만 표 남짓 될 것입니다."(이해찬, 7월 19일 CBS라디오 '시사자키 정관용입니다')

자녀들이 거주하면서 수도권의 투표성향이 지방에 영향을 미치기도 한다. 설날이나 추석 등 명절에 고향으로 내려가는 귀성이 아니라 부모님이 서울로 올라오는 역귀성과 마찬가지의 이치다.

역대 대선의 가장 큰 변수는 지역이다. 영남, 호남, 충청으로 대표되는 지역주의는 선거에서 큰 영향을 미쳤다. 그러나 구지역주의로 불러도 좋을 이런 구도는 많이 완화됐다. 새누리당의 이정현 후보가 민주당의 아성 광주에서 40%의 득표율을, 민주당의 김부겸 후보 새누리당의 텃밭 대구에서 40%의 지지율을 올린 것에서도 잘 드러난다. 반면 2007년 대선 이후 서울시장 출신의 이명박 후보가 나서면서 수도권 지역주의라는 표현이 나올 정도였다. 이명박은 서울과 인천, 경기에서 과반 득표율을 기록하며 530만 표 압승의 발판을 마련했다. 맞상대였던 정동영 후보의 득표율은 20%대 초반에 불과했다. 과거 대선에서 수도권 득표율을 비교하면 중요성은 더욱 커진다. 97년 대선에서 김대중 42.0% 이회창 38.3%, 2002년 대선에서 노무현 50.9% VS 이회창 44.6%라는 점과 비교하면 더욱 극명해진다. 전체 유권자의 절반이 몰려있는 수도권에서 승리하지 못하면 대권은 어렵다. 지난 4.11 총선에서 새누리당이 패배하자 이같은 우려가 나왔다.[3]

젊은 층의 투표율도 중대 변수다. 총선에서 투표하지 않은 젊은 층이 대선에서 적극적으로 투표할 경우 박근혜 대세론은 크게 위협적이지 않다는 것이다. 젊은 층은 정치무관심층으로 분류된다. 50~60대 장년층과는 비교가 무색할 정도다. 이는 투표에 참여해도 고액등록금, 청년실업 등 본인들의 현실이 바뀌지 않을 것이라는 무력감 때문이다.

이번 대선은 달라질 가능성이 높아졌다. 연말 대선에서 투표권을 행사할 20대는 현 정부 출범 첫해인 2008년 초여름 광화문을 촛불로 물들였던 이른바 촛불시위 세대다. 또 2011년 하한정국 당시 반값등록금이 전사회적 의제가 됐을 때 이를 주도했다. 특히 박원순 서울시장이 서울시립대의 반값등록금을 주도하면서 투표에 참여하면 세상이 바뀔 수도 있다는 점을 경험한 바 있다. 나의 참여가 세상을 바꿀 수 있다는 인식이 20대 전반으로 확대되면 젊은 층의 투표 참여는 대선의 최대 변수가 된다.[4]

문재인은 PK주자라는 이미지가 강해서 수도권에서의 득표력이 아직 확실하지 않다. 아울러 젊은 층 지지율 역시 안철수가 압도적 지지를 얻으면서 여전히 부족한 상황이다.

---

3 "4.11 총선에서 일어난 표심을 보고 연말 대선을 가늠할 수 있지 않겠습니까. 4.11 총선에서 드러난 표심은 전체적으로 보면 저희 당이 한 2% 정도 부족하지 않습니까. 그런데 투표율은 54% 내외였단 말입니다. 만약 (대선) 본선에 가서 67%에서 70%까지 투표율이 나오면 이번에 총선에서 나오지 않았던 15~16%가 투표를 더 하게 됩니다. 야당에 유리한 표가 나온다면 산술적으로 계산해서는 본선에서 저희 당이 불안하죠. 이번에 수도권은 112석인데 우리가 43석밖에 못 얻지 않았습니까. 수도권에 투표를 거의 안 한 층은 젊은 층들이지 않습니까. 20대에서 40대가 투표를 거의 안 했는데, 그 분들이 다시 하게 된다면 아무래도 새누리당에 오는 표보다는 야권에 가는 표가 더 많다고 생각할 수 있지 않겠습니까. 꼭 산술적으로 계산할 수는 없지만, 대개 투표 성향을 볼 때 전국적인 성향으로 봐야죠. 왜냐하면 이번 4.11 선거에서는 거의 새누리당에 나올 표는 다 나왔다고 봐야 하지 않겠습니까. 경상도에서는 63석이나 했죠. 강원도에 9석 했죠. 충청권에 12석 했죠. 수도권만은 112석 중에 43석밖에 못하지 않았습니까."(이재오 새누리당 의원 5월 22일 KBS1라디오)

4 제18대 국회의원선거와 비교시 대부분의 연령대에서 투표율이 증가하였으며, 특히 19세(33.2%→47.2%), 20대 전반(32.9%→45.4%), 20대 후반(24.2%→37.9%) 등 젊은 층의 투표율이 대폭 상승했다. 20~30대 등 저연령층의 경우 투표율이 높은 대통령선거와 타 선거간의 투표율 격차가 크게 나타나는 반면, 60세 이상의 고연령층의 경우 선거별 투표율이 70% 내외로 차이가 크지 않은 것으로 나타났다.(중앙선관위, 19대 총선 투표율 분석결과)

문재인은 지난 4.11 총선을 제외하고는 선출직 선거에는 한 번도 나서본 적이 없는 '햇병아리' 정치인이다. 대선의 필수덕목인 권력의지마저 강해 보이지 않았다. 본격적인 정치입문 1년도 채 되지 않아 어떻게 야권의 유력 대선주자로 떠올랐을까?

문재인의 최대 강점은 노무현 전 대통령의 처음과 마지막을 함께 해온 의리의 사나이라는 점이다. 아울러 반듯하고 신사적인 이미지 또한 그의 강점이다. 역대 대통령 임기말 끊임없이 되풀이되는 권력형 비리를 감안할 때 청렴성도 강점이다. 현 정부 들어 참여정부 주요 인사들이 적잖은 고초를 겪었지만 문재인은 예외였다. 한마디로 털어도 먼지 나지 않는 깨끗한 정치인이라는 이미지는 대중에게 강한 매력으로 다가온다.

투표율보다 더 중요한 것은 지지자들을 투표장으로 이끌어내는 것이다. 문재인은 4.11 총선 낙동강전투에서 2% 부족한 성적표를 올렸다. 대선 승리를 위해 과거 노무현을 지지했던 지지층을 적극적으로 투표장으로 이끌어내야 한다.

노무현은 지난 2002년 대선에서 1201만 4277표를 얻었다. 50%에 육박하는 48.91%의 득표율이었다. 역대 대선에 나선 후보 중 1200만 표 이상을 받은 후보는 노무현이 유일하다. 역대 대선 사상 530여 만 표의 최대 격차로 승리한 이명박 현 대통령이 지난 2007년 대선에서 얻은 표는 1149만 2389표에 불과했다.

문재인이 노무현 지지층을 흡수하기 위해서는 투트랙 전략이 필요하다. 당내 경선과 본선 전략을 완전히 다르게 짜야 한다. 당내 경선에서는 여전히 노무현에 대한 강한 연민과 지지의사를 가진 유권자층을 명확하게 공략해야 한다. 아울러 본선에서는 단지 노무현의 후계자가 아니라 포스트 노무현 이후 한국정치에 대한 전망과 비전을 내놓아야 한다.

3. 프레임 전쟁에서 이겨라.

미국의 언어학자 조지 레이코프는 미국 민주당의 대선패배를 분석한 저서 《코끼리는 생각하지 마》에서 프레임의 중요성을 간단하게 정리했다. 코끼리는 미국 공화당의 상징이다. 반면 당나귀는 미국 민주당의 상징이다. '미국 진보세력은 왜 선거에서 패배하는가'라는 부제가 붙은 이 책은 프레임 자체가 공화당에 유리할 수밖에 없다는 결론을 내렸다. 두꺼운 책을 요약하면 핵심은 다음 내용이다.

"어떤 사람에게 '코끼리를 생각하지 말라'고 말하면 그 사람은 코끼리를 떠올릴 것이다. 상대편의 프레임을 단순히 부정하는 것은 단지 그 프레임을 강화할 뿐이다."

문재인은 대중의 인식과 사고를 규정한 생각의 틀, 다시 말해 프레임 전쟁에서 이겨야 한다. 프레임 전쟁은 다른 말로 표현하면 내가 이슈를 주도해야 한다는 것이다. 남이 주도하는 이슈에 매몰되면 만년 조연에 지나지 않는다.

노무현은 2002년 대선에서 이른바 행정수도 이전 공약으로 대선 캐

스팅보트였던 충청표를 쓸어담았다. 이슈를 주도했기 때문이다. 물론 선거공학적으로만 보면 악수 중의 악수다. 수도권표가 충청표보다 훨씬 많기 때문이다. 서울인구는 1000만 명이 넘고 경기도 인구는 그보다 많다. 서울인구에 대전인구를 합한 것이 경기도 인구다. 그러나 노무현은 승리를 거뒀다. 이슈를 주도했기 때문이다.

17대 총선을 보자. 모든 이슈는 노무현 대통령 탄핵이었다. 한나라당이 주도한 탄핵에 대한 국민적 역풍으로 47석의 원내 3당이었던 열린우리당은 152석의 과반정당이라는 기적을 이뤄냈다.

2007년 대선 역시 마찬가지다. 이명박의 구호는 단순했다. '경제대통령'이었다. 현대건설 회장이라는 샐러리맨의 신화와 청계천 복원 성공이라는 결과물은 경제대통령이라는 이미지를 보다 강화했다. 국민의 정부, 참여정부를 잃어버린 10년으로 규정하고 7% 경제성장, 1인당 4만 달러 국민소득, 세계 7대 경제강국 이른바 747을 내세운 이명박의 주도 이슈는 거대한 프레임을 만들었다. 야권에서 BBK 등 각종 의혹을 제기했지만 국민들의 관심은 경제에 매몰됐다. 경제라는 화두가 대선을 휩쓸면서 야권의 네거티브는 사실상 백약이 무효였다. 대선 두 달여를 앞두고 10.4 남북정상회담이 성사됐지만 별다른 영향을 미치지 못했다. 이명박의 경제프레임을 뛰어넘을 수 없었기 때문이다.

프레임 전쟁에서 이기기 위해서는 나만의 이슈를 만들어내야 한다. 이른바 박근혜의 과거사 논란은 좋지 못한 이슈다. 옳고 그름은 중요하지 않다. 박근혜가 결국 주연이고 문재인은 조연에 지나지 않는다. 대선

구도 역시 박근혜 VS 비박근혜 구도로 만들어질 수밖에 없다. 박정희 공과 논란보다는 차라리 노무현 재평가를 핵심 이슈로 만드는 게 오히려 더 유리할지 모른다. 야권이 여러 악조건에서도 2010년 6.2 지방선거에서 대승을 거둔 요인은 무상급식 이슈를 주도했기 때문이다. 천안함 폭침 사건 및 노무현 서거 2주기 등 초대형 이슈들이 적지 않았지만 무상급식 논란은 선거판을 휩쓸었다. 새누리당의 전신인 한나라당은 무상급식 논란에 포퓰리즘이라며 맞섰다. 대중에게는 초등학생 밥값도 아까워하는 정치세력이라는 낙인이 찍혔다. 결과는 뻔했다. 이슈를 주도한 야권은 달콤한 열매를 챙겼다.

문재인은 어떤 프레임을 내세울 것인가. 대선 본선에서 박근혜와 맞붙는다면 여러 이슈들이 대선 쟁점이 될 수 있다. 문재인과 박근혜의 싸움은 간단히 정리하면 노무현과 박정희 모델의 싸움이다. 문재인은 87년 체제를 극복하고 2013년 체제에는 노무현 모델이 박정희 모델보다 낫다는 점을 증명해야 한다.

4. 문재인다움의 브랜드를 구축하라.

정치인은 연예인과 다를 바 없다. 대중의 인기를 먹고 산다. 하루아침에 벼락스타가 되기도 하고 순식간에 대중의 외면 속에 사라지기도 한다. 이정희 전 통합진보당 공동대표는 현장을 외면하지 않는 헌신과 열정, 뛰어난 대중성으로 한때 진보진영의 아이콘으로 불렸다가 비례대표 부정경선 국면에서 순식간에 사라졌다. 참신했던 이정희의 브랜드와 이미지가 진보당 구당권파를 감싸는 고집불통의 낡은 정치인으로 추락했기 때문이다. 진보정치의 외연을 대중적으로 확대해온 차세대 에이스였지만 몰락하고 말았다.

결국 정치인은 자신만의 브랜드를 만들어야 하고 잘 관리해야 한다. 먹고 사는데 바쁜 대중들은 정치인의 이미지를 소비한다. 김대중=남북화해, 노무현=지역주의 타파, 박근혜=원칙과 신뢰 등이 대표적인 사례다. 고 김근태 민주통합당 상임고문에게는 혹독한 고문에도 굴하지 않았던 민주화운동의 대부라는 이미지가 있다. 김근태는 2012년을 점령하라는 유훈으로 현실정치에 여전히 강력한 파워를 행사하고 있다. 이회창 전 자유선진당 대표는 대쪽총리라는 이미지를 바탕으로 과거 국민적 지지를 얻었다. 486출신 정치인들도 주요 대학 총학생회장 출신으로 민주화운동에 헌신했다는 강력한 이미지를 갖추고 있다.

박근혜를 보다 구체적으로 살펴보자. 박근혜는 박정희 전 대통령의 딸이다. 97년 IMF 외환위기 이후 한국경제가 위기에 처했을 때 아버지인 박정희 후광효과에 기대어 정치권에 안착했지만 정치입문 이후 박근혜다움을 선보였다. 이회창 대세론이 강고했던 2002년 대선국면에서 제왕적 리더십에 반발, 탈당을 결행했다. 2004년 17대 총선에서는 탄핵역풍에 맞서 속된 말로 망하기 일보 직전의 한나라당을 구해냈다. 2007년 대선에서는 경선불복이 난무했던 역대 대선과는 달리 경선승복이라는 아름다움을 연출했다. 지난 4.11 총선에서는 또 한 번 선거의 여왕이라는 위력을 과시했다. 이러한 요인들은 정치인 박근혜 파워의 원천이다.

문재인의 브랜드는 무엇일까. 대중에게 명확하게 각인될 이미지를 만들어내야 한다. 문재인은 아직까지 노무현의 그림자다.[5] 대체할만한 이미지는 아직 뚜렷한 게 없다. 노무현을 벗어나 그만의 새로운 브랜드를 구축해야 한다.

문재인의 초기 브랜드는 '강한 남자'였다. 6월 24일 서울 마포구 월드컵공원 평화광장에서 열린 제1회 특전사 주최 마라톤대회에 참석한 문재인의 모습은 강한 남자의 아이콘이었다. 특전사 군복을 입고 나타난 문재인은 "강한 특전사가 나를 강한 남자로 만들었다"고 말했다. 문재인은 이날 행사에서 30여 년만에 만난 동기들에게는 거수경례를 붙였고 당시 대대장이었던 장세동 전 국가안전기획부장에게는 악수만 건네 화제를 모았다. 특전사는 해병대와 함께 대한민국 군대 중 가장 힘들다는 곳으로 남성성의 상징이다. 문재인은 대학시절 강제징집을 당해 1975년 8월부터 1978년 2월까지 특전사령부 제1공수 특전여단 제3대대에서 군생활을 했다.

강한 남자를 강조해온 문재인의 전략도 논란거리다. 문재인 캠프는 문재인 PI(Presidential Identity)로 '대한민국 남자'를 내세웠다. 세부적으로 '특전사 문재인', '남편 문재인', '아버지 문재인'을 제시했다. 문재인의 강한 남자 전략은 이명박 대통령이 병역미필이라는 점을 다분히 의식한 측면이 있다.

---

5 문재인은 지난 1월 SBS 예능 프로그램인 '힐링캠프'에 출연해 '노무현의 그림자', '왕수석', '폭풍 간지', '문제아' 중 가장 마음에 드는 별명은 '노무현의 그림자'라고 답했을 정도다.

현 정부 들어 천안함, 연평도, 북한의 장거리 미사일 발사 등 대북관련 주요 이슈가 있을 때 대통령이 긴급 소집한 외교안보관계장관회의는 국방장관을 제외하고는 모두 군대에 가지 않은 사람들이 모인다는 비아냥도 나왔다. 특히 보수는 진보에 비해 안보에서 만큼은 철저해야 한다는 것이 정설인데 현 정권은 북한의 천안함 폭침과 연평도 도발 때 유약한 태도를 보이며 우왕좌왕했다. '강한 남자' 전략은 여권 대선후보로 확정된 박근혜가 여성이라는 점도 겨냥한 측면이 없지 않다. 보수적 남성유권자들 중에는 군대 다녀온 문재인이 여성 박근혜보다 낫지 않느냐는 일부 여론도 있다. 이재오 새누리당 의원이 과거 이른바 여성대통령 시기상조론을 내세운 것 역시 보수적 남성유권자의 시각을 대표한다.[6]

군복 입는 문재인의 '강한 남자' 전략이 여전히 불편하다는 지적도 나왔다. 특전사가 5.18 광주민주화운동과 불편하게 얽혀있는 것은 물론 여성의 입장에서 볼 때 그다지 유쾌하지만은 않다는 점 때문이다. 문재인은 결국 여성계로부터 마초적 남성성을 강조한다고 비판받아온 '강한 남자' 전략을 공식 폐기했다.[7]

---

[6] "나라가 통일돼 평화로워진 후라면 몰라도 여성 리더십은 아직 시기가 이르다. 분단 현실을 체험하지 않고, 국방을 경험하지 않은 상태에서 단순히 여성이라는 이유로 리더십을 갖기에는 어려움이 있다"(이재오 6월 18일 외신기자클럽 초청토론회)

[7] '대한민국 남자' PI를 사용도 안 했는데 걱정들이 들려왔습니다. 그래서 페북과 트윗으로 의견을 물었습니다. 역시 반대의견이 많았습니다. 받아들입니다. 의견을 여쭤보길 잘했습니다. 감사합니다. 걱정을 끼쳐서 죄송합니다. 저의 슬로건은 '사람이 먼저다'입니다. (문재인 트위터 7월 20일)

한국의 룰라 김두관

문재인과 김두관은 비슷하다. 야권의 차기대선 전략을 고려하면 노무현의 기적을 재현할 가능성이 가장 높은 사람들이다. 실제 두 사람의 차기 행보는 노무현을 떼어놓고 생각할 수 없다. 문재인은 '노무현의 그림자'로 김두관은 '리틀 노무현'으로 불린다. 특히 야권 주자 중 부산과 경남이라는 영남권에서 상당한 지지세를 확보하고 있다는 점에서 대통령에 당선된다면 노무현의 성공신화와 유사하다. 호남에 지역기반을 둔 민주당의 영남후보라는 점 때문이다. 호남과 진보 등 전통적 지지층인 집토끼는 공고히 다지고 영남이라는 산토끼를 공략할 수 있는 맞춤형 후보라는 점이 공통점이다.

새누리당에서 왜 김두관 경계령이 떨어졌나?

2010년 6.2 지방선거 이후 한나라당 주변에서는 이른바 김두관 경계령이 떨어졌다. 야권의 차기주자로 문재인은 물론 안철수 역시 부상하지 않을 때였다. 야권의 차기 잠룡은 손학규·정동영·정세균으로 불리는 소위 빅3가 존재했을 뿐이다.

박근혜라는 확고한 대선주자를 보유한 한나라당에서 왜 김두관를 예의주시했던 것일까? 연말 대선의 주요 변수인 이른바 PK지역에서 김두관의 파괴력이 통할 수 있다는 판단과 이는 과거 노무현 대통령의 성공 사례를 재현할 수 있는 인물이라는 점 때문이었다. 물론 이 당시는 안철수 변수가 정치권에 본격 등장하기 이전이었다. 아울러 문재인은 이 당시만 해도 현실정치 참여 및 차기 대선출마 문제에 대해 한사코 고사 입장을 나타냈다. 연말 대선이 박근혜 VS 김두관의 구도로 짜여지는 게 한나라당의 입장에서는 가장 위험하고 야권의 승리 가능성이 높다는 것.[8]

김두관은 현역 경남지사라는 점 때문에 뚜렷한 입장을 밝힐 수 없었다. 김두관 스스로도 각종 인터뷰에서 차기 대권 도전 여부를 묻는 질문에 "도정을 맡고 있으니까 몸이 자유롭지 못하다"며 구체적 언급을 피해갔다. 다만 김두관의 권력의지를 감안할 때 차차기가 아니라 언제든

---

[8] "지금 보면 손학규, 문재인, 김두관, 이렇게 놓고 상대적으로 봤을 적에 김두관 후보라는 사람이 (박근혜 전 비대위원장과 맞수로 봤을 때) 제일 어려운 후보가 되지 않겠느냐, 이런 생각을 해요. 그 사람이 노무현 정부 때 비교적 좀 자유스러운 사람이라고요. 장관도 하고 하긴 했지만, 노무현 행정부와 그렇게 밀접하게 어떠한 책임져야 할 그러한 입장은 아니기 때문입니다. 지난번 지자체 선거에 무소속으로 경남에서 한나라당의 아성을 무너뜨리고 당선되었다고 하는 것은 그러한 저력을 보여준 적이 있기 때문에 그렇게 간단한 사람이 아니라고 봅니다. 인간으로서 내가 보기에 인화력이 꽤 강한 사람처럼 보여요."(김종인 전 새누리당 비대위원, 3월 29일 CBS라디오 '시사자키 정관용입니다')

지 차기로 방향을 틀 것이라는 전망도 나왔다. 김두관은 올초까지만 해도 대권도전에는 말을 아꼈지만 정치권 주변에서는 그의 대권도전을 기정사실로 내다봤다. 실제 4.11 총선 이후에는 본격적인 대권도전에 나섰다. 주요 논리는 문재인으로 정권교체가 어렵다는 것이었다.

한나라당 주변에서 김두관 경계령이 떨어진 이유는 그가 소위 말하는 스토리를 갖춘 정치인이기 때문이다. 다시 말해 노무현과 유사한 스펙 때문에 드라마틱한 대선 역전 드라마가 가능할 수도 있다는 점이었다. 이준석 전 새누리당 비대위원은 총선 이후 "김두관 지사가 소위 말하는 노무현 정책을 계승한다는 상징성 면에서 더 유력한 후보"라고 평가했다. 김두관 스스로도 차기주자로서의 강점으로 현장성, 소통, 사회적 약자와의 호흡을 꼽고 있다. 김두관 지사를 돕고 있는 이강철 전 청와대 시민사회수석도 본선 경쟁력을 김두관의 강점으로 꼽았다.[9]

칠전팔기의 정신 김두관 '도전하고 또 도전하고'

지난 2010년 기적과도 같은 경남지사 선거 승리 이후, 김두관은 경남 김해 봉하마을에 위치한 노무현 대통령 묘역을 찾아 사자후를 토해냈다.

"지역주의를 쓰러뜨렸습니다."

---

9 "본선 경쟁력이 제일 있을 것이라는 판단에서다. 이장부터 군수, 장관에 이어 지사까지 스토리가 있는데 더해 숱한 선거를 치르면서 검증이 된 사람이다. 있는 자와 없는 자의 계층 간, 영남과 호남 등 지역적으로도 거부감이 가장 없다. 특히 호남에서 거부 정서가 없다. 영남 후보에 호남의 민심을 얻는 후보가 본선에서 이길 수 있는 것이다. 지역통합, 국민통합을 해낼 수 있는 적임자로 생각한다."(2012년 6월 5일 일요서울)

김두관은 노무현 필생의 숙원을 이룩했다는 점을 감격적으로 알렸다. 특히 여야의 유력 차기주자 중 중앙·지방 행정, 정당정치를 경험하고 광역단체장을 거친 인사는 김두관을 제외하고는 찾기 쉽지 않다. 김문수 경기지사가 비슷한 경험이 있지만 국무위원 경험이 없다.

김두관은 '이장에서 군수를 거쳐 도지사까지'로 상징되는 입지전적 인생스토리가 강점이다. 돈이 없어 대학 진학마저 미룬 가난은 그에게 걸림돌이 되지 못했다. 젊은 시절 재야운동, 농민운동을 이어가며 꿋꿋이 일어섰다.

특히 이장, 남해군수, 경남지사로 이어지는 지방행정 경험이 기적적이다. 농민회 활동과 총선 출마도 큰 자산이다. 88년 13대 총선에서 29살의 나이로 민중의 당 후보로 출마해 3등으로 낙선했다. 13대 총선은 인권변호사 노무현이 여의도 중앙정치 무대에 발걸음을 내딛는 계기였다. 이후 노무현은 이른바 5공청문회에서의 송곳 질의로 전국적인 스타로 떠올랐다. 김두관은 선거 패배 이후, 29살의 나이에 이장을 맡았다. 또 남해신문을 창간했고 95년 조직도 돈도 없이 남해군수에 당선됐다. 남해 벚꽃축제 당시에는 이른바 35m 높이의 남해대교에서 번지점프를 시도한 군수로 유명세를 치렀다.[10] 2002년 지방선거에 나섰지만 한나라당의 거물인 김혁규 현역 지사의 벽을 넘지 못했다. 2006년 지방선거에

---

10 김두관은 8월 15일 광복절에도 번지점프에 나섰다. 런던올림픽 축구 동메달이 걸린 한일전에서 한국이 승리하면 번지점프를 하겠다고 공약했기 때문. 김두관은 경기도 성남시 분당구 율동공원을 찾아 멋지게 번지점프에 성공하고 "독도 세리머니를 이유로 동메달 자격을 박탈당할 상황에 처해 의기소침해 있을 박종우 선수에게 힘내라는 응원을 보낸다"고 밝혔다.

또다시 도전했지만 실패했다가 2010년 결국 꿈을 이뤘다.

특히 국회의원 선거 3번, 경남지사 선거에서 2번이나 낙선했지만 오뚝이처럼 일어선 불굴의 권력의지는 과거 지역주의 타파를 위해 헌신했던 노무현을 연상케 한다. 97년 외환위기 이후 이른바 개천에서 용나는 것이 불가능해지고 계층 이동의 사다리가 꽉 막힌 현실에서 김두관의 스토리는 강력한 힘이다.

경남지사 재직 시절 새누리당이 국회의원, 시군의회를 절대 다수를 점하고 있는 가운데 갈등 조정과 타협 통합의 리더십으로 도정을 원만하게 이끌었다. 또 참여정부 초대 행정자치부 장관, 대통령 정무특보 등을 역임하고 중앙 행정무대에서도 활약했다. 아울러 열린우리당 시절 경남도당 위원장, 최고위원, 상임고문 등으로 활동하며 정당정치에도 참여한 경력이 있다.

김두관이 리틀 노무현으로 불린 것도 이 때문이다. 지역주의에 대한 끊임없는 도전, 강력한 권력의지, 중앙무대에서 인정해주지 않는 비주류 아웃사이더 등등. 탄핵으로 물러난 것도 노무현과 유사하다. 노무현 대통령이 2004년 3월 12일 17대 총선을 앞두고 탄핵을 당하기 6개월 전 참여정부 초대 행정자치부 장관이었던 김두관은 국회 해임건의안 표결에서 다수당이던 한나라당에 의해 해임안이 통과됐다. 흥미로운 점은 전국 이장 통장 연합회가 김두관 해임철회를 한나라당에 강하게 요구했다는 점이다.

친노로 분류되지만 친노진영 내의 비주류였다는 점이 오히려 강점이다. 외연확장에 보다 긍정적 요인으로 작용할 수 있기 때문이다. 이른바 김두관이 강조한 비욘드 노무현이 효과적이라는 것. 김두관의 우산 아래 각계각층의 지지층이 몰려든 것도 바로 이 때문이다.[11]

김두관의 권력의지는 명확하다. 4.11 총선을 앞두고 이른바 다크호스로 부각될 무렵 대선출마를 굳이 부정하지 않았다. 김두관은 2012년 3월 15일 CBS라디오에 출연, 대선출마 여부를 묻는 질문에 웃음으로 대답하며 불출마하겠다는 입장을 밝히지 않았다. 친노주자인 문재인이 1위를 달리고 있는 만큼 그를 지원하고 본인은 차차기를 고려해 보겠다는 언급이 나올만도 했지만 아니었다.

김두관의 최대 약점… 경남의 오세훈되나?

김두관은 경남지사 임기가 반환점을 돈 7월 1일 이후 본격적인 대선 출마 행보에 나섰다. 그 이전에도 각종 토론회와 강연에 참석하며 사실상의 대선행보를 벌였다. 6월 12일 경남 창원에서는 저서《아래에서부터》출판기념회를 통해 본인의 비전과 대권의지를 숨기지 않고 그대로 노출했다.

---

11 "그전의 대통령 선거를 분석해보면 지지세력의 응집력이 얼마나 강한가, 중간층으로의 확장력이 강한가, 비토세력을 얼마나 최소화할 수 있는가 하는 것이 결국 선거의 승패를 결정했다고 생각합니다. 김대중 대통령께서는 그걸 DJP연합으로 확장한 것이고요, 노무현 후보와 이회창 후보의 2002년 대결에서는 이회창 후보에 대한 비토세력이 훨씬 강했던 것이죠. 노무현 대통령 지지세력의 응집력이 굉장히 강했죠. 지금 우리 진영 내에서 보면 김두관 지사만큼 비토세력이 제일 적고 중간층으로의 확장력이 강한 후보가 없다고 생각합니다. 그런 면에서 경쟁력이 있는 것이죠. 지지세력 내의 응집력, 속된 말로 '집토끼'라고 하죠. 집토끼들 이동의 문제는 결국 경선과정에서 김두관 지사의 이런 경쟁력과 참여 스토리가 드러나면 지지세력의 응집력은 김두관 지사 쪽으로 몰려들 것이라 생각합니다."(민병두 민주통합당 의원, 7월 4일 평화방송 라디오)

김두관의 최대 약점은 말 바꾸기 논란이다. 대권을 위해 경남지사 임기를 마치겠다는 도민과의 약속을 헌신짝처럼 버리게 되는 꼴이기 때문이다. 이는 지난 3월 총선 국면에서 무소속에서 민주당으로 입당한 것과 마찬가지다. 사실 김두관 지사의 민주당 입당은 당내 대선후보 경선 참여를 염두에 둔 것이나 마찬가지였다.[12]

어쨌든 김두관은 대선출마를 위해 경남지사를 사퇴했다. 김문수 경기지사가 도지사직을 유지한 채 대선행보에 나섰지만 김두관은 서울과 경남이라는 물리적 거리를 감안하면 도지사직 유지 자체가 불가능했다.

아울러 김두관의 중도사퇴는 곧 차기 경남지사직을 새누리당에 양보하는 것과 마찬가지다. 오세훈 전 서울시장은 2011년 8월 정치적 운명을 걸었던 무상급식주민투표가 개함 기준선인 33.3%의 투표율에 미달하자 시장직을 던졌다. 이후 치러진 서울시장 보궐선거는 백방이 무효였다. 박근혜 전 대표가 전력을 다해 나경원 당시 한나라당 후보를 도왔지만 패배하고 말았다. 연말 대선에서 경남지사 보궐선거가 치러지면 새누리당의 승리가 점쳐진다. 야권 진영에서는 김두관만큼 경쟁력을 갖춘 후보를 내세우는 것 또한 쉽지 않다. 다시 말해 후보로 내세울만한 마

---

12 "만약 김두관 지사가 애초에 지사직을 사퇴하고 도전을 하겠다고 했다면 그런 성명이 나왔겠습니까. 문제는 기본적으로 시대정신에 얼마나 부응하느냐, 또 시대가 그 사람을 부르느냐 하는 문제 아니겠습니까. 더 큰 기준으로 바라보는 것이 필요하다고 생각하고요. 지난 4.11 총선에서 민주통합당의 낙동강전투, 부산경남전투에서 승리했다고 한다면, 그래서 문재인 고문께서 대권주자로 우뚝 섰다고 한다면 김두관 지사가 이렇게 십자가를 지고 나올 필요가 없었겠죠. 지금 국민들 다수는 변화와 정권교체, 시대교체를 희망하고 있다고 생각합니다. 그런 점에서 김두관 지사가 시대정신을 잘 구현하고 있기 때문에 계층이동의 자유랄지 공정, 공평 등의 이 모든 시대정신에 대해 부응하고 있고 삶 자체가 체화하고 있기 때문에 그럴 필요를 느낀 것이죠."(민병두 민주통합당 의원, 7월 4일 평화방송 라디오)

땅한 인물도 없다. 특히 PK지역은 민주당 등 야권의 입장에서는 불모지에 가깝다. 4.11 총선 당시 문재인을 앞세워 적극적인 낙동강벨트 공략에 나섰지만 성과는 아쉬웠다. 통합진보당 역시 울산과 창원 등 노동자세력이 강한 지역에서 모두 패배했을 정도다.

김영환 민주당 의원은 김두관의 대선출마와 관련, "지사도 잃고 대통령도 잃는 일이 벌어진다면 누가 그 책임을 질 것이냐. 낙동강이 그리 중요한데 그곳을 지키는 일은 김 지사 밖에는 현재 할 분이 없다"며 "(김 지사가 사퇴하면) 국민은 '소는 결국 누가 키우냐'고 물을 것"이라며 비판했다.

문재인 VS 김두관 맞대결은? 盧적자 논쟁

문재인과 비교할 때 김두관의 강점은 뚜렷하다. 문재인은 참여정부 청와대에서 민정수석, 비서실장으로 활동한 것이 정치경력의 대부분이다. 4.11 총선에 출마해 국회의원에서 당선된 것으로 제외하면 선출직 선거에 나서본 적이 없다.

김두관은 문재인과의 경쟁에서 이른바 노무현 그림자 지우기에 열중한다. 김두관은 대선출마 선언문에서도 단 한 번도 노무현이나 참여정부라는 표현을 언급하지 않았다. 비욘드 노무현이라는 표현을 자주 사용한 것도 그때문이다. 김두관은 대권비전으로 브라질의 룰라 대통령 모델을 내세웠다. 노무현을 넘어 서민이 주인되는 성공한 민주정부를 만들겠다는 것.

룰라 대통령은 8년의 재임 기간 중 전 국민의 10%를 서민에서 중산층으로 끌어올렸다. 핵심은 임기 중 강력하게 추진했던 이른바 '보우사 파밀리아(Bolsa Familia)' 정책이었다. 룰라 스스로 "가난한 사람들에게 희망을 주는 것이 모든 정책의 최우선"이라고 강조했다. 가족수당을 서민층에게 직접 지급하는 정책을 통해 내수를 증진시키는 한편 서민층 가정의 자활의지를 북돋았던 것. 퇴임식 날 룰라 대통령의 지지율은 90%였다. 임기말 레임덕을 거쳐 식물대통령으로 전락해온 한국적 정치 현실과는 극명하게 대비된다.

김두관은 문재인과의 차별화에도 많은 힘을 쏟고 있다. 특히 문재인이 안철수 서울대 교수에게 제안한 공동정부론에도 비판적이다. 김두관은 인물연대가 아닌 정책연대를 주장했다. 이는 안철수가 대선출마 이후 제시하는 정책비전과 노선을 충분히 검증한 뒤 가능하다는 논리다. 김두관은 2012년 6월 4일 국회에서 열린 민주당 정치개혁모임 조찬간담회에서 안철수 서울대 교수를 거침없는 언행으로 비판했다. 김두관은 이와 관련, "모내기 한 번 해본 적 없는 사람"이라고 비판했다. 앞서 노무현 대통령이 2007년 손학규 전 경기지사의 한나라당 탈당과 관련, 보따리장수라고 꼬집은 것이 연상되는 대목이다.

문재인과 김두관의 대결 누가 승리할까? 차기 주자들의 대리전으로 불린 6.9 전대 결과로만 보면 문재인이 승리했다. 반면 김두관 역시 만만찮은 저력을 보였다는 점에서 불꽃승부가 예상된다.

문재인, 김두관 양측 관계자는 아름다운 승부가 기대하고 있다. 문재인, 김두관 주변의 인사들이 서로 워낙 잘 알고 있다는 점에서 도를 넘는 거친 승부는 어려울 것으로 보인다. 이 때문에 경선 과정에서 문재인이 김두관에 비해 확고한 우위를 보이거나 반대로 김두관이 문재인에 비해 확고한 우위를 보이면 경선과정에서 단일화까지도 예상해볼 수 있다.

다만 양측이 정치적 운명을 걸고 풀베팅에 나선 만큼 혈투가 예상된다. 경선룰 결정과정에서 결선투표제 투표제 도입을 놓고 신경전을 벌였던 양측의 대치는 날이 갈수록 가팔라졌다. 김두관은 도전자의 자세로 연일 강펀치를 날렸고, 지지율에서 앞서는 문재인은 여유를 부리는 모습이다.

김두관은 7월 19일 MBC 라디오에 출연, "문재인 후보가 지금 좀 앞서 가긴 하지만 대세를 형성하고 있거나, 광범위한 지지를 받고 있는 건 아니다"고 현 지지율을 평가절하며 역전승을 장담했다. 반면 문재인은 7월 20일 경남 창원 기자간담회에서 "결국은 한 팀이 되어 정권교체를 위해 힘을 합쳐야 할 사람"이라며 신뢰관계를 강조했다.

다만 민주당 경선 과정에서 서로의 언쟁이 불거지면 위험수위를 넘는 난타전이 전개될 가능성도 없지 않다. 김두관은 7월말 연말 대선 다자구도 지지율에서 마의 5%를 넘기지 못하며 답보상태에 빠져들자 강도 높은 선거전략을 사용했다.

7월 23일 예비경선 첫 TV토론에서 김두관은 "노무현 전 대통령을 모신 분으로서 노 전 대통령의 비극에 책임져야 한다는 의견에 대해서는 어떻게 생각하느냐"며 문재인에게 직격탄을 날렸다. 문재인 캠프는 강력 반발했다.[13] 갈등이 계속 이어졌다. 김두관 캠프는 7월 25일 예비경선 광주 합동연설회에서 '문재인으로 질 것인가 김두관으로 이길 것인가'라는 표현이 담긴 홍보물을 배포해 논란을 빚었다.[14] 다음날인 26일 부산에서 열린 합동연설회에서도 김두관은 "'친노 패밀리'로 질 것인가, 아니면 노무현 정신을 넘어 새로운 시대정신으로 이길 것인가. 문재인 후보로는 이길 수가 없다"고 주장하며 "경남에서 8번 도전한 저 김두관, 바로 제가 노무현 정신의 진정한 계승자"라고 강조했다. 문재인은 김두관의 격한 공세가 지속되자 네거티브 자제를 요청했다.[15]

김두관의 이러한 강공은 문재인의 지지율이 정체되고 김두관의 지지율이 상승해서 득표전이 팽팽하게 갈 경우 이어질 수밖에 없는 불가피한 상황이었다. 어차피 김두관은 경남지사직을 사퇴하고 선거에 뛰어들었다. 두 사람의 경쟁으로 양측의 과거가 파헤쳐지고 감정선을 건드릴 경우 돌아올 수 없는 다리를 건널 수도 있다. 최악의 경우에는 양측의 지

---

13 "노무현 전 대통령의 가치를 계승한다고 하다가 지금 와서 가치와 노선을 부정하는 듯한 발언을 하는 것은 달면 삼키고, 쓰면 뱉는 것과 다름 없다. 전형적인 기회주의다. 스스로 '리틀 노무현'이라고 하면서 어떻게 노 전 대통령의 죽음을 끌어들여 경선에 이용할 수 있느냐"(백원우 전 민주통합당 의원, 7월 26일 기자간담회)

14 문재인 캠프 문용식 온라인 대변인은 "김 후보는 문재인 후보가 적인가. 너무 심하다"고 항의했다. 반면 김두관 캠프 정진우 부대변인은 논평에서 "현재 지지율 1위인 문재인 후보가 민주당의 후보가 되는 경선은 아무런 이변이 없기 때문에 감동이 따르지 않고 따라서 안철수에게 쉽게 승리를 헌납하게 된다. 그것이 편안하게 지는 길이다. 김 후보 홍보물의 카피가 문제가 아니라, 정작 문제는 문재인 후보의 경쟁력 없음이다"라고 반박했다. 지나친 네거티브에 대한 역풍 탓인지 김두관은 이후 한 발 물러섰다. 8월 민주당 권리당권에게 집중 배포된 홍보물에서 '뻔히 질 후보를 뽑으시겠습니까? 이길 김두관을 뽑으시겠습니까? 반성하지 않는 세력을 대표하는 뻔한 후보를 뽑으면 감동이 없다'며 문재인의 이름을 직접 거명하지 않았다.

15 "여기 있는 우리 후보들 모두 훌륭한 자산이다. 선의의 경쟁이 중요하다. 당 밖의 주자들은 월드컵에 먼저 가 있는데, 우리 당 대표 주자는 국내 선발전에서 무례한 플레이, 거친 태클에 부상당할 지경이다. 당밖의 경쟁자들은 치고 나가는데 당 안에서 우리끼리 끌어내리고 발목을 잡고 있다. 이래선 안 된다. 전 그렇게 안 하겠다."(문재인, 7월 26일 예비경선 부산합동연설회)

지율 격차가 현격해도 두 사람의 단일화가 아니라 다른 후보를 위해 한 쪽이 낙마하는 경우까지 상정해 볼 수 있다. 적의 적은 동지라는 정치권의 오래된 격언이 있지 않은가.

재미있는 것은 문재인이 수용한 결선투표제가 민주당 대선후보 경선에서 어떻게 작용할 것인가라는 점이다. 결선투표제는 1차 투표에서 50% 이상의 지지를 얻는 후보가 없을 경우 1, 2위 후보가 다시 한 번 투표를 해서 대선후보를 결정하자는 것. 민주당 경선구도는 문재인의 지지율이 비문재인 후보들의 지지율의 합보다 높아 문재인 승리가 유력한 상황이다. 다만 결선투표는 이변을 낳을 수도 있다. 김두관과 손학규 등 비문재인 진영의 후보들이 공동전선을 펼 경우 단순 지지율 합산 이상의 시너지 효과가 날 수 있기 때문이다. 다만 김두관이 경선에서 2위를 했을 경우 문재인을 제외한 나머지 주자들의 지지표를 전적으로 흡수할 수 있을지는 여전히 의문으로 남는다.

대권 라이벌 탐구
세종대왕 손학규

문재인과 손학규는 매우 이질적이다. 서로 닮은 듯 다른 인생을 살아온 두 사람은 2012년 대선을 앞두고 민주당 경선과정에서 맞붙었다. 문재인과 손학규 모두 이명박 정부의 실정을 맹비난하면서 박근혜 대항마로서 정권교체의 적임자라는 점을 내세우고 있다.

문재인은 친노 폐족이라는 이미지를 벗고 노무현 대통령 서거 이후 화려하게 부활했다. 손학규는 과거 탈당 이미지를 어느 정도 벗고 호남 기반의 민주당 대표까지 역임하고 부활했지만 최근 정체상태다. 문재인은 호남에 기반을 둔 민주당의 영남후보라는 점이, 손학규는 대선 최대 승부처인 수도권과 중도층에서의 외연확대가 상대적으로 유리하다는 게 강점이다.

다만 손학규의 지지율은 정체상태다. 손학규는 2010년 10월 민주당 전당대회와 2011년 4.27 분당을 재보선에서 승리하며 지지율의 정점을 찍었다. 특히 '천당 아래 분당'으로 불리며 강남 3구보다 새누리당 지지세가 더 강한 분당을에서 승리를 거두어 정치적 입지를 굳히며 야권의 차기 주자로 우뚝 서기도 했다. 유시민에 이어 야권 정치인 중 처음으로 10%대 중반의 지지율을 기록했다. 이후 주목할 만한 정치적 행보를 보여주지 못한 채 안철수 서울대 교수와 문재인이 부상하면서 지지율 반등을 이뤄내지 못하고 있다. 아울러 한나라당 출신이라는 주홍글씨 또한 손학규가 넘어야 할 최대 장벽이다.

이런 약점 때문에 손학규는 늘 저평가 우량주로 불렸다. 지난 2007년 대선 국면에서도 손학규의 별명은 저평가 우량주였다. 우선 요구되는 것은 당내 경선 통과다. 손학규 VS 박근혜의 대결구도를 감안해보면 본선 경쟁력은 결코 떨어지지 않는다는 게 대체적인 평가다. 다만 손학규가 대선 예선격인 당내 경선을 통과할 것인가라는 점은 여전히 의문이다.

'재야운동, 교수, 장관, 국회의원, 도지사' 손학규의 화려한 스펙

손학규는 야권주자 중 이른바 가장 화려한 스펙을 자랑한다. 지금 당장 대통령을 해도 무리가 없다고 할 정도로 경력 면에서는 타의추종을 불허한다. 대학교수, 국회의원, 장관, 광역단체장, 당 대표 등 일일이 열거하기 힘들다.

손학규는 명문 경기고와 서울대 정치학과를 나와 영국 명문인 옥스퍼드 대학에서 정치학 박사 학위를 받았다. 귀국 이후에는 서강대 교수를 지냈다. 학벌뿐만 아니다. 민주화운동 경력도 빵빵하다. 유신정권 시절 고 조영래 변호사, 고 김근태 민주통합당 상임고문과 서울대 운동권 3인방으로 불릴 정도였다. 손학규는 재야운동에 헌신할 시절 탄광노동자, 용접기술자, 빈민운동을 거치며 수배, 고문, 투옥 등 혁명의 나날을 보냈다. 특히 노동 빈민운동을 한다며 어머니의 임종도 지키지 못한 채 영등포 철공소에서, 청계천 빈민촌에서 청춘을 불살랐다.

정계경력도 화려하다. 1993년 문민정부 시절 김영삼 전 대통령이 강력한 개혁 드라이브로 국민적 인기를 누릴 당시 신한국당에 입당, 14 ·15·16대 국회의원을 지냈고 보건복지부 장관을 거쳐 경기도지사를 지냈다.

2007년 한나라당 대선후보 경선을 앞두고 당시 이명박 전 서울시장, 박근혜 전 한나라당 대표와 함께 소위 빅3 후보로 불린 시절, 저평가 우량주라는 전문가 집단의 평가는 끊이지 않았다. 정치부 기자, 교수 등 전문가 집단과 오피니언 리더를 대상으로 한 대선후보 선호도에서는 늘 1위였다. 이는 지지율과 대중적 이미지는 낮았지만 대선주자로서의 콘텐츠와 내공은 월등하다는 평가였다. 실제 손학규는 경기지사 재직 시절 4년 동안 전국에서 만들어진 일자리 100만 개 중 4분의 3에 해당하는 76만 개를 만들었다.

탈당 주홍글씨… 낮은 지지율 최대 약점

손학규는 대선으로 가기 위해 두 가지 장애물을 극복해야 한다. 하나는 한나라당을 탈당했다는 이미지다. 또 하나는 낮은 지지율이다.

탈당은 정치인 손학규의 원죄다. 주요 고비 때마다 그의 발목을 잡았다. 국민의정부 시절 DJ의 햇볕정책을 지지하다가 당시 한나라당 내에서 '평양 가서 살아라'는 비아냥을 들을 정도로 비주류 찬밥 신세였다고는 하지만 국민적 동의를 완전히 구하지 못했다. 대중에 뇌리에 각인된 인식은 한나라당에서 대통령이 되기 어려울 것 같으니까 대척점에 놓여 있던 대통합민주신당(민주통합당의 전신)을 선택했다는 철새 이미지다. 노무현 전 대통령은 손학규의 이런 행보를 과거 보따리장수라고 맹비난한 바 있다. 가장 유력한 차기주자인 박근혜 전 새누리당 비대위원장마저 지난 2002년 대선 정국에서 이회창 총재를 비판하며 탈당했다가 복당한 적이 있지만 이후 크게 문제가 되지 않는다는 점과 뚜렷하게 대비된다.

지지율 문제도 걸림돌이다. 새누리당에서 이른바 비박 3인방으로 불리는 김문수 경기지사, 이재오 전 특임장관, 정몽준 전 대표의 반(反)박근혜 공세가 먹히지 않았던 것도 지지율 때문이다. 손학규의 목소리에 힘이 실리기 위해서는 지지율 상승이 필요하다.

손학규는 "이번 대선이 지금까지 이미지 대결이었을지 모르지만 선거가 구체적으로 다가올수록 콘텐츠 대결이 될 것"이라며 "누가 더 국민들을 잘 먹여살리고 안정적으로 복지정책을 이끌어 갈 것인지, 복지를 하면서도 경제성장을 이끌고 일자리를 많이 만들어내는 사람이 누구인가를 놓고 국민들이 판단할 것"이라고 자신감을 내비쳤다.

한나라당 전력과 낮은 지지율로 어려움을 겪었지만 손학규는 민주당 예비경선 이후 큰 선물을 얻었다. 고 김근태(GT) 상임고문의 정치적 후계그룹인 민주평화국민연대(민평련)의 대선 후보 지지투표에서 1위를 차지하는 저력을 보여준 것. 대선 지지후보 결정의 가결 요건인 3분의 2 이상의 지지를 얻지는 못했지만 표결에서 1위를 차지한 만큼 8월말 이후 본격화되는 본경선에 상당한 힘을 얻게 됐다. 특히 민평련은 민주당 내에서 친노그룹에 이은 최대 계파로 현역 의원만도 20여 명에 달한다는 점에서 손학규로서는 천군만마를 얻게 된 셈이다.

손학규는 한나라당 탈당이라는 주홍글씨를 지우기 위해 진보적 색채가 강한 외부 인재영입에도 대박을 거뒀다. 우선 심상정 의원의 보좌관 출신으로 유명한 손낙구를 보좌관으로 영입한 것이 관심을 끌었다. 이어 야권의 경제민주화 브레인으로 유명한 유종일 한국개발연구원(KDI) 교수는 물론 주대환 전 민주노동당 정책위의장의 영입에도 성공했다.

세종대왕 외치는 손학규 무엇을 할 것인가

손학규는 6월 14일 서울 광화문광장 세종대왕 동상 앞에서 대선출마를 공식 선언했다. 손학규의 출마 선언에서 가장 눈에 띄는 대목은 이른바 성장을 고민하는 진보세력이다. 손학규는 이를 유능한 진보, 진보적 성장이라고 표현했다. 보수는 성장, 진보는 분배라는 낡은 관념에서 벗어나 공동체의 가치와 진보적 혁신을 담아내는 진보적 성장이 필요하다는 것. 이를 위해 공동체 중심의 경제민주화 실현과 보편적 복지를 통한 민생불안 해소를 다짐했다.

이어 민생과 통합의 대통령, 세종대왕 리더십을 강조한 대목도 눈여겨볼만하다. 지역과 이념, 계층으로 찢겨진 한국사회의 분열 구도를 타파해야 한다는 것. 손학규는 세종대왕이야말로 백성들의 삶을 챙기는데서 국정을 시작하고, 만백성을 하나로 통합하는데서 국정을 마무리한 성군이었다며 사회통합·남북통합·정치통합 등 3통의 대한민국 시대를 선언했다.

손학규의 대선행보는 '저녁이 있는 삶'이라는 서정적인 카피로 집약된다. 손학규의 대선카피 '저녁이 있는 삶'은 소위 대박을 쳤다. 1992년 미국 대선에서 빌 클린턴 민주당 후보가 이라크 전쟁을 승리로 이끈 공화당의 아버지 부시와 맞붙을 때 사용한 유명한 슬로건인 '바보야, 문제는 경제야!(It's the economy, Stupid!)'의 파괴력을 떠올리는 사람도 있을 정도다.

역대 대선을 뒤돌아봐도 '저녁이 있는 삶'만큼 대중적 감성을 자극하는 슬로건이 있을까 싶을 정도다. 평범한 직장인과 중산층은 물론 트위터를 주로 이용하는 젊은이들의 반응은 폭발적이다. 이 때문에 대선을 준비하는 모든 후보들이 부러움을 나타낸 것은 물론 실무를 준비하는 캠프 관계자들과 참모들이 더 나은 슬로건을 만들어내기 위해 고심에 고심을 거듭해야 했다. 문재인의 경우 7월 10일 민주평화국민연대 초청 대선주자 토론회에서 "손학규 상임고문의 '저녁이 있는 삶' 슬로건은 정말 좋았다. 제가 나중에 후보가 된다면 손 고문에게 그 슬로건 좀 빌려쓰겠다고 요청드리겠다"고 말할 정도였다.

'저녁이 있는 삶'의 강점은 복잡한 정책이나 비전을 짧고 감성적인 표현으로 압축해준다는 것이다. 유권자의 감성을 사로잡은 울림이 있기 때문이다. 아울러 마음을 끄는 감성적 카피라고 해도 그 내포하는 의미는 결코 가볍지 않다. '저녁이 있는 삶'은 2012년 한국사회가 당면한 시대적 난제들이 잘 녹아들어있다. 노동시간 단축, 비정규직 문제 해결, 일자리 창출과 나누기, 최저임금 인상, 고령화 사회, 입시위주 교육 개선 등등. 손학규는 복잡한 정책설명보다는 "저 손학규가 국민 여러분께 '저녁이 있는 삶'을 만들어드리겠습니다"라고 단 한마디를 강조하면 된다. 손학규 역시 저녁이 있는 삶이라는 카피에 매우 흡족해하는 것으로 알려졌다.[16]

문재인 VS 손학규 전투의 승부처는?

두 사람의 신경전은 참여정부를 어떻게 볼 것인가라는 점에서도 엇갈린다. 문재인은 정치경험 부족에 대해 대통령 비서실장 시절 대통령의 관점으로 국정 전반을 경험했다고 언급했다. 손학규는 이에 "실패한 경험"이라고 일축했다. 아울러 문재인을 노무현과 분리하며 반성하지 않은 참여정부 실패세력이라고 규정했다.[17] 문재인은 이에 "참여정부는 민주주의나 복지확대, 권위주의 해체, 국가균형 발전 등에서 굉장히 큰

---

16 손학규는 사석에서 '하루 일을 마치고 비누향기 날리며'로 시작하는 박치음 교수가 작곡한 '저녁이 있는 삶'이라는 노래를 멋지게 부른다. 또한 건배사 역시 '저녁이 있는 삶'이라는 표현을 애용한다.)

성취를 이룬 정부"라고 강조해왔다. 특히 "민주당의 강령은 참여정부를 계승한다고 명시돼 있다. 참여정부가 실패했다고 규정하는 것은 민주당의 정체성에도 맞지 않다"고 말했다. 문재인은 아울러 "만일 김두관 경남지사가 나선다면 아마 저에게는 가장 벅찬 경쟁상대가 될지도 모른다"며 손학규 무시전략을 종종 사용해왔다.

문재인과 손학규의 결정적 승부처는 대선국면에서 이른바 친노 프레임의 가치를 어떻게 보느냐이다. 2002년 대선국면에서 노무현 승리모델이 이번 대선에서도 통할 것인가라는 점이다. 문재인은 노무현 모델을 쇄신하고 리모델링한다는 또 한 번의 기적이 가능하다는 입장이다. 반면 손학규는 절대로 안 된다는 입장이다. 이번 대선이 지역구도로 가서는 안되고 정치적 경제적 중간층을 모을 수 있어야 한다는 점을 강조

---

17 "우리가 진정 정권교체를 열망한다면, 국민들이 이명박에게 망연자실 표를 던져야 했던 5년 전 그때를 기억해야 한다. 5년 전 우리는 정권재창출이라는 민주진보진영의 염원 이루지 못했다. 이명박 한나라당 정권에 530만 표 차이로 민주화 이후 가장 큰 표 차로 정권을 내줬다. 1997년, 2002년의 뜨거웠던 열정은 사그라지고, 무기력 속에서 이명박 정권이라는 '괴물정권'의 탄생을 허탈하게 지켜봐야 했다. 바로 민주세력이 국민들의 먹고 사는 문제, 민생 문제를 제대로 책임지지 못했기 때문이다. 양극화라는 사회적 격차, 비정규직의 고달픈 현실, 집 없는 서민들의 아픔, 일자리 없는 노동자들의 한 맺힌 설움을 지켜주지 못했기 때문이다. 국민들은 바로 민생 경제를 해결하지 못한 민주세력에게 등 돌린 것이다. 그리고 암흑같은 5년의 시간이 흘렀다. 그러나 정권을 빼앗긴데 책임 있는 세력들은 제대로 된 반성도 성찰도 하지 않았다. 반성과 성찰 없이 '돌아온 참여정부'로는 국민들의 거덜 난 살림살이를 일으키고, 상처난 몸과 마음 치유할 수 없었다. 단 한 사람만이 진심으로 고해하고 성찰하고 아파했다. 그 분은 바로 노무현 전 대통령이었다. 퇴임 이후 민생 실패에 대한 회한을 내비쳤다. 유능한 진보의 필요성도 역설했다. 사람 사는 세상 꿈 꾼 노무현 대통령이 민생 실패를 얼마나 안타까워했을지 짐작하고도 남는다. 그러나 노 전 대통령과 국정을 운영했던 세력은 무엇을 했는가. 두 손을 놓고 있지 않았나? 이명박 새누리당의 처참한 민생 파탄 속에서 국민은 우리의 손을 확실히 들어주지 않는다. 민주당에 대한 불신은 저와 민주세력의 통렬한 성찰이 부족했기 때문이다. 이제 우리가 심각하게 우리 자신을 돌아봐야 한다. 반성은 물론, 성찰 불가의 핵심에 있었던 사람이 박근혜를 꺾을 수 있겠나? 정권의 최고 책임자가 되겠다는 욕심에 앞서 우리의 잘못, 실패에 대한 철저한 반성이 선행되어야 하는 것 아니겠나. 이제부터라도 철저한 반성과 성찰 속에서 시작해야 한다."(손학규, 7월 15일 광주 전남대 체육관 '저녁이 있는 삶–손학규의 민생경제론' 북콘서트)

142

한다. 손학규의 입장은 이른바 영남후보론으로는 대선승리의 최대 관건인 중도층으로의 외연확대가 쉽지 않다는 게 골자다.

지지율에서 뒤진 손학규는 공세적이다. 손학규는 6월 21일 문재인 불가론을 내세우며 직격탄을 날렸다. 손학규는 평화방송 라디오에 출연, "이번 대선에서 문재인 후보는 승리할 수 없다고 생각한다. 같은 방법으로 두 번 이길 수 없기 때문"이라며 "그때(2002년)는 PK(부산 경남)지역에서 더 많은 표를 끌고 와야 이긴다는 것이었지만, 이번 대선에서는 중간층을 얼마나 많이 끌어오느냐, 특히 수도권에 널리 퍼진 중간층을 얼마나 끌어오느냐는 싸움으로 보인다"고 주장했다.

김두관 역시 비슷한 맥락으로 공격했다. 손학규는 "김두관 지사는 문재인 의원의 대체자로 나타났다. 민주당의 미래 지도자로 키워야 할 재목"이라며 연말 대선보다는 차차기 대선 주자로 어울린다고 평가절하했다.

손학규의 지적대로 서울·경기·인천 등 수도권 유권자가 2000만 명(1984만 명)에 육박한다는 점에서 부산·울산·경남(637만 명)의 3배를 넘어선다. 산술적으로 계산하면 수도권의 3%는 영남권의 10%와 맞먹는다는 것. 국회의원 총선 의석수를 봐도 전체 지역구 245석 중 수도권이 절반에 해당하는 112석(서울 48석 경기 52석 인천 12석)이다.

손학규는 이와 관련 2011년 4.27 분당을 재보선 승리 경험을 내세운다. 민주당 지지층이 30%밖에 되지 않고 한나라당 지지층이 50%를 넘어선 지역에서 승리할 수 있었던 요인이 바로 한나라당을 지지했던 중간층이 손학규를 찍었기 때문이라는 것. 연말 대선에서도 이러한 중도층 공략이 현실화된다면 손학규는 한나라당 출신이라는 주홍글씨를 떼고 대선국면에서 강력한 경쟁력을 가질 수 있다. 다만 그러기 위해서는 당내 경선 통과가 급선무다.

대권 라이벌 탐구
부드러운 카리스마 안철수

안철수 서울대 교수는 연말 대선을 앞두고 여야 정치권의 핵심 변수다. 매일 정치적 언어를 쏟아내는 정치인도 아니지만 그의 정치적 파워는 막강하다. 4.11 총선 이후 대선출마 여부조차 명확하게 밝히지 않았지만 여야 정치권은 그의 일거수일투족에 주목해왔다. 안철수의 힘은 국민적 지지율이다. 정치적 행보가 거의 없지만 기성 정치권에 실망한 국민적 여론은 안철수를 유력한 차기 대통령 후보로 밀어 올렸다. 젊은 이와의 아픔을 나누는 강력한 소통 능력, 노블레스 오블리주를 다하는 성공한 기업인의 이미지, 신중하고 사려깊은 성격, 박학다식함과 유머코드 등등 대중 정치인으로서 적잖은 강점을 갖췄다. 안철수가 정치권에 등장하기 전까지 박근혜 대세론을 단 한 번이라도 이겨본 사람은 야권 주자 중 아무도 없었다.

안철수는 지난해 10·26 서울시장 보궐선거 직전인 9월초 중앙정치 무대에 혜성처럼 등장했다. 이후 서울시장 출마 의지를 직간접적으로 내비치다 야권성향의 시민사회 후보인 박원순 현 서울시장에 후보직을 양보했다. 이후 안철수는 차기 대권주자로 우뚝 섰다. 총선참여 여부로 관심을 모았지만, 고 김근태 민주당 상임고문의 부인인 인재근 여사와 촛불변호사로 유명한 송호창 등 민주당 후보에 대한 공개 지지를 표명하고 투표참여를 촉구하는 간접적 활동에 머물렀다.[18]

지지율은 여전히 고공행진이다. 쟁쟁한 여야의 유력 정치인들이 수년간의 대선준비에도 지지율 2~3%대에 머물러 있는 것과 비교하면 그의 경쟁력은 놀랍기만 하다. 차기 대선 다자구도 지지율에서는 박근혜 전 새누리당 비상대책위원장에 이어 늘 2위다. 박근혜 VS 안철수 양자구도에서는 오차범위 내의 접전을 펼치며 박근혜 전 위원장을 위협 중이다. 야권 주자 중 다자구도에서 안철수의 지지율을 잠시나마라도 뛰어넘은 사람은 문재인이 유일하다. 그것도 4.11 총선을 앞두고 안철수가 정치적 언행을 극도로 조심했던 2월이었다.

문재인이 대선 본선에서 박근혜와 만나기 위해서는 안철수라는 큰 산을 넘어야 한다. 안철수가 정치에 공식적으로 입문, 대권도전에 나선다면 집권여당인 새누리당보다는 야권과의 연대를 선택할 것은 거의 확

---

18 서울 도봉갑에 출마한 인재근 후보는 3월 29일 트위터에 "안철수 교수님이 응원해 주셨습니다. 감사합니다"라며 응원글을 링크했다. 안철수는 "지금 이 세상을 살아가는 우리 모두는 김근태 선생과 인재근 여사에게 너무 많은 빚을 지고 있다. 인재근 여사의 삶에 더 이상의 아픔이 없었으면 좋겠다. 용기 있고 신념을 가진 여성, 인재근과 함께 도봉의 새로운 미래가 열리기를 희망한다"고 밝혔다. 안철수, 박원순 서울시장 이후 특정 정치인에 대해 공개적인 지지 의사를 밝힌 것은 이때가 처음이었다.

실시된다.[19] 문제는 안철수의 선택이다. 안철수는 아직 여전히 대선출마에 대해 말을 아끼고 있다. 특히 저서《안철수의 생각》을 출간한 7월말 이후에도 명확한 입장을 밝히지 않았다.[20] 무책임하다는 지적마저 나오고 있지만 안철수는 여전히 신중하다. 여야의 견제구에도 안철수의 힘은 막강하다. 저서《안철수의 생각》은 7월 19일 1판 인쇄분 4만부에 이어 20일과 21일 각각 4만부를 더 찍어내며 출간 3일 만에 12만부를 출고하며 초대박 베스트셀러로 떠올랐다. 안철수에 대한 대중적 기대와 관심을 분명하게 드러내주는 사례다.

특히 7월 중순 대선 다자구도에서 문재인에 뒤지며 3위로 내려앉기도 했지만 대담집 출간[21]과 TV 예능프로그램 출연[22]으로 전세를 단번에 역전했다. 박근혜를 누르며 다자구도에서 1위에 올라서기도 했고 2위 자리를 위협했던 문재인은 안철수의 등장으로 10%안팎으로 지지율이

---

[19] "제일 중요한 것은 역사의 물결이다. 저도 역사의식이 있는 사람이라 역사의 물결을 거스르면 안 된다는 확신을 갖고 있다. 제가 생각할 때 역사의 물결을 거스르는 것은 현재의 집권세력이다. 그럼 답은 명료하다. 나는 현 집권세력이 한국사회에서 그 어떤 정치적 확장성을 가지는 것에 반대한다. 제가 만일 어떤 길을 선택한다면 그 길의 가장 중요한 좌표는 이것(반한나라당)이 될 것이다."(2011년 9월 4일 오마이뉴스)

[20] "지난 4월말 서울 마포의 한 식당에서 저녁을 함께했다. 나는 기자 출신의 직업병을 감추지 못하고 모두가 궁금해하는 그의 대선출마 여부를 물었다. 그는 '아직 결론을 내리지 못했다'고 답했다. 6월 하순 9차례의 인터뷰가 끝나갈 무렵 대선 출마에 대해 '결심 되셨느냐'고 물었다. 안 원장이 빙그레 웃으며 '제가 어떻게 하는 게 좋을까?'라고 되물으며 '고독한 결단만이 남았네요'라고 말했다. 달리 할 말이 없었다. 인터뷰가 마무리된 이 순간까지도 그가 대선에 출마할지 하지 않을지 솔직히 알 수 없다."(제정임 세명대 저널리즘스쿨대학원 교수, 《안철수의 생각》 여는 글)

[21] 안철수의 저서 《안철수의 생각》은 출간 당일 역대 최대 판매량 기록을 세웠다. 책이 시중 서점에 깔린 7월 20일 교보문고 집계에 따르면 '안철수의 생각' 판매량은 출간 당일 기준 7500부를 넘었다. 이는 2011년 10월 스티브 잡스의 전기가 출간 당일 3500부 판매된 것보다 2배가 넘는 수치다.

[22] 안철수의 '힐링캠프' 출연의 위력은 시청률에서도 잘 드러난다. 시청률 조사기관 AGB닐슨미디어리서치 집계 결과에 따르면 7월 23일 방송된 '안철수 편'은 자체 최고 시청률인 18.7%의 시청률을 기록했다. 그주 방송 프고르램 중 전체 시청률 6위에 올랐다. 1월에 같은 프로그램에 출연했던 박근혜 12.2%, 문재인 10.5%와 비교해도 엄청난 차이다.

반토막나며 3위로 급락했다.

안철수 확장성이 최대 강점… 부산대 특강에서 대선 키워드 제시

안철수가 대선주자로서 갖는 최대 강점은 여야 정당과 진보, 보수를 가리지 않는 폭넓은 대중적 인기다. 기성 정치에 환멸을 느낀 정치적 부동층은 물론 대학생을 비롯한 젊은 층, 이념적 중도층의 지지는 압도적이다. 지난해 9월 일부 여론조사를 보면 안철수가 등장하면서 민주당 지지층의 60%, 한나라당 지지층의 30% 정도가 안철수 지지를 선택했다는 분석도 나왔다. 한마디로 확장성이 가장 풍부한 후보다. 여야 모두 안철수로 집약되는 중도층의 지지를 얻지 않고서는 대선이 어렵다는 분석이 나올 정도다. 안철수는 아울러 부산이라는 지역적 기반도 갖추고 있다. 이 때문에 안철수가 야권과의 후보단일화 없이 독자출마해도 97년 대선 당시 이인제 후보가 보여준 돌풍 이상의 성적표를 낼 것이라는 분석이 나오는 것도 이 때문이다.

안철수의 확장성의 밑바탕이 되는 것은 부드럽고 착한 대중적 이미지다. 정치공학과 거친 수사가 난무하는 정치권에서 아주 색다른 후보라는 점. 다만 워낙 말이 없는 안철수가 무엇을 내세우는지 답답하다. 전략적 모호성을 유지하는 안철수지만 대선출마는 이미 기정사실이다. 5월 30일 부산대 특강에서 안철수는 대중의 궁금증을 조금이나마 해소했다. 당시 안철수는 특히 부산역에서 부산대로 이동하는 도중, 승용차를 이용하지 않고 지하철을 타고 갔다. 부산대역에 내려서도 10분간

도보로 부산대 정문까지 이동했다. 특강을 마치고도 KTX를 이동, 서울로 돌아왔다. 기존 정치인에게서는 볼 수 없는 안철수만의 행보다.

그는 대선 키워드로 복지, 정의, 평화를 제시했다. 대북관은 보수적인 태도를 견지했다. 안철수는 "인권이나 평화같은 보편적 가치의 잣대가 북한에만 다르게 적용되는 것은 동의하기 어렵다"고 밝혔다. 진보진영의 북한 인식과는 다소 다르게 해석할 수 있는 대목이다. 경제는 진보, 안보는 보수라는 세간의 평을 확인시켜준 계기였다. 안철수의 이러한 모호성은 여야 골수 지지층이 아닌 이념적으로 유연한 중도층을 폭넓게 포괄하는 힘이 되고 있다.

안철수는 저서 《안철수의 생각》에서 이를 보다 구체화했다. 민주당에서는 우호적인 평가가 나왔다.[23] 반면 새누리당에서는 강한 비판이 터져나왔다.[24] 《안철수의 생각》은 대선 공약집으로 봐도 무방한 내용으로 정치, 경제, 사회, 문화, 남북관계 등 다양한 분야의 현안을 중도적 입장에서 정리했다. 안철수는 보편적 복지, 경제민주화, 남북화해 등을 우리 사회의 3대 과제로 제시하며 여야의 중간적 입장을 취했다. 우선 대안적

---

23 "거기에 복지문제, 경제문제, 여러 가지 정책적인 내용들이 담겨 있는데 그 내용이 우리 민주당의 정책 공약하고 별 차이가 없다. 재벌개혁에 관해서도 거의 비슷하다. 순환출자 금지, 출자총액 제한 이야기나 복지 이야기도 마찬가지이다. 정책으로 본다면 거의 우리 것 하고 큰 차이가 없다. 어떻게 보면 정권교체해야 되겠다는 의지는 우리하고 거의 똑같은 것 같다. 책을 받아보고 좀 안도를 했다."(이해찬, 7월 19일 CBS라디오 '시사자키 정관용입니다')

24 "한쪽 발을 살짝 들고 앞으로 나간다, 뒤로 물서설 거다 그러는 거와 똑같다. 명확한 의사 표시도 아니고. 세계 10위권의 준(準)경제대국이라는 점과 격동하는 세계·동북아 정세를 생각할 적에 책 한권 달랑 들고 나와서 대통령을 하겠다는 것은 무례도 이만저만 무례가 아니다. 쓸 수 있는 재원은 한정돼 있는데, 각 부문을 다룰 때마다 모든 재원을 거기에 다 쏟아부을 듯이 말하고 있어서 대단히 걱정스럽다. 안 원장이 국정운영에 참여한 경험이나 국정운영에 근접해서 논의해 본 경험이 없기 때문에 나온 결과이다."(홍사덕 박근혜 캠프 공동선대위원장, 7월 19일 연합뉴스)

복지모델로 스웨덴을 예로 들었다. 또 연말 대선 최대 이슈는 경제민주화와 관련, 핵심으로 재벌개혁을 꼽았다.[25] 남북관계와 관련, 현 정부의 대북정책을 전면 비판하면서 교류협력에 무게를 뒀다. 다만 햇볕정책과 관련, 남북 간 긴장완화의 성과에도 남남갈등 유발 및 투명성 부족을 이유로 비판적 시각도 보였다.

너무나 조심스러운 행보… 대선국면 검증 칼날은 어떻게

안철수의 최대 약점은 두드린 돌다리도 또다시 두드리고 건너는 지나치게 신중한 성격이다. 안철수는 민주당의 적극적인 러브콜에도 총선 국면에서 극도로 신중한 행보를 선보였다. 연초 여야 정치권은 대선 스케줄을 감안할 때 안철수가 대권에 뜻이 있다면 어떤 식으로든 총선에 직접 개입할 것이라는 전망이 지배적이었다. 안철수 주변에서는 신당 창당, 강남 출마설 등이 흘러나왔지만 현실화되지 못했다.[26]

안철수가 선택한 것은 최소한의 개입이었다. 투표참여를 독려하며 총선 투표율이 70%를 넘을 경우 미니스커트를 입고 춤을 추겠다고 공

---

25 재벌그룹은 사실 현행 법규상 초법적인 존재죠. 현행법에는 재벌체제에 대한 규정이 없고 주주중심의 개별회사만이 존재할 수 있거든요. 지금처럼 어정쩡하게 놔두지 말고 기업집단법을 만들어 재벌체제의 경쟁력은 살리되 단점과 폐해를 최소화하도록 유도하는 것이 옳다고 봅니다. 내부거래 및 편법상속에 대해 단호하게 대처해 나가야겠지요. 반면 과도하게 근본적 접근으로는 세상을 어렵다고 생각합니다. 점진적인 변화가 실제로 세상을 바꿀 수 있습니다. 금산분리는 반드시 강화해야 하고 순환출자는 유예기간을 주되 단호하게 철폐해야 합니다. (안철수 저서 《안철수의 생각》 中)
26 "신당 창당과 총선 강남 출마설 등 이야기가 많은데 분명하게 말씀드릴 수 있는 것은 전혀 그럴 생각도 없고, 조금도 그럴 가능성은 없다. 내가 누차에 걸쳐 지금까지 말씀 드렸듯이 학교일이나 재단설립 관련 일만 해도 다른 일에 한눈 팔 여력이 없다."(안철수, 2011년 12월 1일 경기도 판교 안철수연구소 본사 사옥에서 열린 '사회공헌 계획' 발표 기자간담회 中)

언했다. 또 인재근, 송호창 민주당 후보에 대한 지원 메시지도 던졌다. 서울대, 경북대, 전남대 등 이른바 특강정치를 통해 최대 지지기반인 젊은 층과의 소통에도 나섰다.

대선을 4개월 남겨둔 8월 말 현재 안철수는 여전히 말이 없다. 안철수는 총선 이후 여러 번 입장 표명을 요구받았지만 침묵했다. 서울대 교수로 재직 중인 만큼 정치적 발언은 신중치 못하다는 판단 때문이었다. 그만큼 책임감이 강하다는 것. 실제 안철수는 과거 군대 가기 전날 미켈란젤로 바이러스를 퇴치하려고 컴퓨터와 밤새 씨름했다는 일화도 있다. 아울러 지난 2002년 대선 국면에서 정몽준 후보 역시 9월에 출마를 선언했다는 점에서 민주당은 애가 닳겠지만 아직은 여유가 있어 보인다. 다만 침묵이 길어지자 민주당은 안철수를 자극하기 시작했다.

안철수가 대선출마를 확정하면[27] 남은 것은 이른바 검증이다.[28] 여야를 가리지 않고 검증이라는 명분으로 무차별적 네거티브가 이어질 가능성이 높다.[29] 정치권은 안철수에 대한 높은 국민적 지지가 기성 정치권의

---

27 안철수의 대선출마 선언은 민주당 대선후보 경선이 마무리되는 9월 중순 또는 하순이 될 가능성이 높아보인다. 민주당 경선이 진행 중인 상황에서 대선출마를 선언하면 경선 흥행에 차질에 생기는 등 본의 아니게 피해를 줄 수 있기 때문이다.

28 "대개 검증이라는 게 부패한 사람들끼리 누가 경륜이 많으냐 하는 건데요. 사실 지금 그러한 경험을 단절해야 될 때이기 때문에 저는 안철수가 지난 25년 동안 보여준 그 걸어온 그 경제적, 사회적, 과학적 그 족적을, 발자취를 본다면 어떤 국민이 검증한다고 하더라도 아마 문제가 없다고 봅니다. 그만한 결단력, 창조성, 책임감을 가진 분을 지난 한 20년 옆에서 보면 아주 젊지만 훌륭한 사람이라고 본다."(문국현 전 창조한국당 대표, 7월 18일 CBS라디오 '김현정의 뉴스쇼)

29 "정치경험이 너무 없고, 정당의 지원을 받을 수 없기에 대선후보로서 많은 난관에 봉착할 것이다."(김문수, 7월 20일 서울 역삼동 GS타워 저서 《김문수는 말한다》 출판기념회 직후) "정치권 출신은 안 되고 정치권 밖에 있는 사람만 믿을 수 있다는 생각은 위험하고 잘못된 것이다. 정당정치를 복원해야 한다."(김두관, 7월 21일 서울 잠실실내체육관 《아래에서부터》 출판기념회 中)사옥에서 열린 '사회공헌 계획' 발표 기자간담회 中)

실망에 따른 반사이익인 만큼 대선전에 뛰어들면 지지율 하락은 불가피
할 것으로 보고 있다.[30] 특히 새누리당의 입장에서 안철수의 추락이 야권
단일화 효과를 상쇄시킬 수 있다는 점에서 전방위적 공세가 이어질 가능
성이 크다. 이미 당내 경선 직전 박근혜 전 비대위원장을 향해 독재자의
딸, 유신통치의 장본인 등 거친 언어들이 난무하는 것만 봐도 잘 알 수 있
다. 실제 새누리당은 안철수가 과거 최태원 SK회장의 구명운동에 동참한
사실이 대중에 공개되자 이를 맹비난했다. 안철수는 이례적으로 신속하
게 이를 즉각적으로 사과했다.[31] 최태원 회장에 대한 석방 탄원서 동참에
이어 인터넷 뱅크 설립 관련설 등의 추가 검증 공세도 이어졌다. 정치권
일부에서는 안철수가 '인상 좋은 이명박'이라는 혹평까지 나왔다.[32]

　안철수가 검증의 칼날을 피해갈 수 있을까? 정치권 일각에서는 안철
수가 대선출마를 늦춰온 것과 관련 여야의 검증칼날에 미리 노출될 필
요가 없다는 점을 내세운다. 다만 유력 대선주자로서 국정비전, 외교안

---

30 리얼미터 8월 1~2일 여론조사. 차기 대선다자구도 지지도 조사. 박근혜 1일 34.4%에서 4.6% 포인트 상승한 39.0%로 지지도 1위 기록. 반면 안철수는 1일 36.0%에서 5.1% 포인트 떨어진 30.9% 지지율로 2위로 추락.

31 "2003년 당시 브이(벤처)소사이어티 회원으로서 전체 회원 명의로 법원에 제출되는 탄원서에 서명한 일이 있다. 벤처소사이어티는 대기업 관계자들과 벤처기업 관계자들이 함께 모여 벤처 육성에 도움이 되고자 만들어진 단체였고 저도 그 취지에 공감해 동참했다. 2003년 당시 벤처소사이어티의 회원인 최태원 SK회장이 구속되자, 재판부에 선처를 호소하는 탄원서를 제출하자는 의견이 제기되었고 회원 전체가 참여하기로 했다. 10년 전의 그 탄원서 서명에 대해 당시에도 부담을 느꼈고, 내내 그 일이 적절한 것이었는지 생각해왔다. 인정에 치우칠 것이 아니라 좀 더 깊이 생각했어야 했다고 생각한다. 대한민국의 대기업들은 한국 경제에서 큰 역할을 해온 것은 사실이나, 그 역할과 비중에 걸맞는 책임을 다하지 못했다. 지금 누구든 법을 어기면 공정하게 처벌받고, 그에 따른 책임을 져야 한다고 믿는다. 따라서 이 일에 대한 비판과 지적을 겸허하게 인정하고 받아들이겠다."(안철수 7월 30일 보도자료)

32 "재벌대기업과 은행 설립에 참여한 안철수 원장은 너무나도 새누리당스러운 후보. 이번 문제는 '금산분리 원칙은 강화해야 한다'는 《안철수의 생각》과 또 정면 배치되는 얘기로 도저히 가볍게 볼 수가 없다. 안철수의 생각'과 재벌은행 설립 참여한 '안철수의 행동'은 대선후보 안철수와 기업인 안철수의 차이를 보여준다. 안철수는 '인상 좋은 이명박'에 불과하다."고 (8월 3일 진보신당 창준위 논평)

보, 성장과 복지의 균형, 사회양극화 해소, 저출산고령화 대비 등 우리 사회의 각종 이슈에 대해 거의 입장을 밝히지 않았다는 점은 무책임하다는 지적이 나온다. 안철수가 뒤늦게 대선레이스에 뛰어들면 정책비전 논쟁은 뒷전으로 밀리고 네거티브가 판을 칠 수밖에 없다. 아울러 안철수가 정치무대에 등장, 주요 현안에 대한 입장을 밝히면 반대파 역시 자연스럽게 만들어진다. 안철수가 특정현안에 대해 어떤 입장을 밝히게 되면 느슨하게 모여있는 지지층이 흔들릴 수 있다.

발칙한 상상 하나… 안철수 대선포기?

문재인, 안철수의 상호존중 의지는 대선국면에서도 이어질 수 있을까. 정치를 흔히 생물이라고 표현한다. 주위의 기대와는 달리 안철수가 대선 불출마를 선언하는 것이다. 발칙한 상상 하나를 해보자. 이준석 전 새누리당 비대위원은 총선 이후 대선후보 문재인, 경기지사 후보 안철수, 서울시 교육감 후보 조국이라는 3종세트는 새누리당으로 가장 어려운 구도라는 우려를 내보인 바 있다.[33]

5월 김문수 경기지사의 대선출마 이전 이뤄진 인터뷰였지만 짚어볼 만한 대목이 없지 않다. 만약 김문수가 대선출마를 선언할 때 경기지사 직을 사퇴했거나 새누리당 대선후보 경선에서 기적적으로 대선후보로

---

33 "곽노현 서울시교육감에 대한 판결이 어떻게 날지는 모르겠지만 대선이랑 같이 교육감선거가 치러지는 상황이 발생하면 선거가 이상한 방향으로 흐를 수 있다. 새누리당에 가장 무서운 게 야권에서 문재인이 대선후보로, 안철수가 경기도지사, 조국이 서울시교육감으로 출마하는 것이다. 사실 야권에서 문재인, 안철수, 조국이 나오면 진짜 할 말이 없다."(이준선 전 새누리당 비대위원, 2012년 4월 29일 인터넷매체 데일리안)

선출됐다면 재미있는 상황이 벌어질 수 있었다.

만약 경기지사 보궐선거가 이뤄지고 안철수가 지사직으로 유턴한다면 현 국민적 지지도를 볼 때 경기지사 당선은 따 논 당상이다. 이후 정치적 입지는 더욱 넓어진다. 2014년 경기지사 재선이나 서울시장 진입을 거쳐 차차기를 노려볼 수 있다. 아울러 정권교체가 이뤄진다면 특등공신으로 평가받으며 본인의 선택에 따라서는 차기 정부에서 국무총리 또는 전문성을 살펴 IT분야의 실세 장관으로도 맹활약할 수 있다.

그러나 김문수의 지사직 유지로 경기지사 보선이 불가능하다. 상상력을 더하면 경남지사 보궐선거가 남아있다. 민주당 대선후보와의 단일화에서 실패할 경우 경남지사 선거전에 나설 가능성도 없지 않다. 안철수의 지역 연고는 PK다. 문재인이 민주당 대선후보로 결정되고 안철수가 경남지사 보선에 나선다면 시너지 효과는 상상 이상이 될 수 있다. 새누리당이 PK를 독점하는 것은 거의 불가능에 가깝다. 영남에서 새누리당 패권이 무너지면 대선의 향방은 초박빙 구도가 이어지면서 야권으로 기울 수밖에 없다.

물론 이는 시나리오에 불과하다. 안철수가 대권으로 가는 길은 이미 되돌리기에는 늦었다는 지적이 없지 않다. 안철수가 영입한 유력인사들을 살펴보면 그의 권력의지는 확고하다. 김대중, 노무현, 김근태를 상징할 수 있는 핵심적 인사들과 인연을 맺어왔다.

우선 DJ계 원로로 대표적인 여성 정치원로인 박영숙 전 평민당 총재권한대행을 안철수재단 이사장으로 선임했다. 민주당의 텃밭인 호남권 공략은 물론 김대중 전 대통령 지지세력을 끌어안을 수 있는 카드다. 또 참여정부 청와대 춘추관장을 지낸 유민영을 대변인격인 공보담당으로 영입한 것도 주목할 만하다. 유민영 대변인은 김근태 비서관 출신이지만 친노세력과의 인맥도 폭넓다. 재야민주화운동의 대부인 김근태 전 민주당 상임고문의 타계 이후 빈소방문은 물론 4.11 총선 당시 인재근 여사에 대한 지원에도 적극 나선 점은 정치적 복선이 있다는 것이다.

다만 안철수의 중도포기가 아니라 대선완주 의지가 확고할 경우 문재인의 상황은 복잡해진다. 문제는 지지율이다. 안철수의 정중동 행보 탓에 두 사람은 다자구도 지지율 2, 3위를 다투고 있지만 안철수의 출마가 공식화될 경우 지지율 급등도 예상할 수 있다. 문재인으로서는 최악의 경우 노무현이 2002년 대선정국에서 사실상의 후보 포기를 강요당했던 후보교체론에도 시달릴 수 있다.[34]

안철수, 민주 경선참여 포기… 결국은 후보단일화 방식 선택

안철수가 대선국면에서 선택할 수 있는 길은 크게 두 가지였다. 하나는 민주통합당에 입당, 대선후보 경선을 치르는 것이었다. 또 하나는 민주통합당 후보가 결정된 이후 제3정파의 후보로서 단일화에 나서는 것이다.

전자는 후보단일화를 둘러싼 잡음이 전혀 없다. 결과적으로 안철수

---

[34] 민주당 대선 경선은 모바일투표 논란 등 공정성 시비가 끊이지 않았던 점을 감안하면 안철수가 제3당을 창당해서 대선에 나서고 지지율에서 민주당 대선후보보다 앞설 경우, 민주당 내 상당수 인사들이 안철수 지지를 선택할 가능성이 있다.

는 독자행보를 선택하고 민주당 경선을 거부했다. 안철수가 민주당 대선후보 경선에 참여해 승리하기에는 조직력이 열세다. 승리 자체가 불가능한 구조다. 마치 손학규가 2007년 대선국면에서 혈혈단신으로 뛰어들었다가 쓰라린 패배를 경험했던 것과 유사한 상황이 재현될 수 있다.

만약 안철수가 민주당 경선에 참여했다면 경선 흥행은 따 논 당상이다. 지난 2002년 민주당 국민참여경선의 대박이 재현될 수 있다. 안철수가 참여했다면 민주당이 목표로 했던 300~400만 명의 선거인단도 가능할 수 있었다. 아울러 누가 후보가 되더라도 2002년과 2007년 대선국면에서 나타났던 후보 단일화를 둘러싼 각종 잡음과 신경전이 사라지게 된다.

이와 관련, 안철수의 부친인 안영모 부산 범천의원 원장은 지난 4월 30일 국제신문과의 인터뷰에서 의미심장한 발언을 내놓았다. 안 원장은 "신문에서는 큰아이(안철수)가 정치 경험이 없고, 검증도 안 받았다고 하데. 옛날 몇 사람 예로 들어서 '인기는 최고로 높지만 결국에는 (경선에서) 떨어질 거 아니가'라고 하던데. 내가 성격을 봐서 아는데, 큰아이는 경선하자고 해도 경선할 아이가 아냐. 절대 경선은 안 한다"고 말했다.

안철수가 생각하는 대권 방정식은 결국 민주당 대선후보와의 단일화를 선택할 가능성이 높다. 안철수는 지난해 10.26 서울시장 보궐선거 당시 야권성향의 박원순 시민사회 후보에게 출마를 양보했다. 박원순 후보는 안철수효과를 톡톡히 누리며 지지율이 수직 상승했다. 이후 민주당 서울시장 후보인 박영선 의원과의 대결에서 승리를 거뒀다.

안철수가 민주당 대선후보와의 여론조사 경선에 나설 경우 승산은 높아진다. 지난 2002년 대선 당시 이른바 노무현 정몽준 단일화의 방식이다. 이 방식이 실현된다면 국민들은 민주당 대선후보와 안철수가 막걸리로 러브샷을 나누는 멋진 모습을 볼 수도 있게 된다. 안철수의 힘은 바로 지지율이다. 박근혜와의 양자대결에서 오차범위 내의 접전을 벌이면서 안철수만큼 똑부러진 경쟁력을 보여준 야권후보는 없다. 특히 별다른 정치적 활동이나 언행이 없는데다 1년 가까이 20% 안팎의 지지율을 유지해온 것도 강점이다.

어떤 방식이든 문재인 VS 안철수 단일화 국면이 도래한다고 가정할 경우 주목할 변수는 유민영이다. 유민영은 참여정부 청와대 마지막 춘추관장을 지낸 인물로 안철수 캠프의 대변인을 맡고 있다. 참여정부 핵심인사들과 인간적 인연을 맺고 있다는 감안하면 그의 안철수 캠프 합류는 향후 후보단일화 국면에서 원활한 네트워크 구조의 밑바탕이 된다.

문재인 VS 안철수 단일화 승자는?

문재인과 안철수의 관계는 상호존중이다. 서로를 배려하는 마음이 돋보인다.

문재인은 지난 1월 SBS 예능프로그램인 '힐링캠프'에서 "안철수 교수는 정말 성공한 기업인이다. 젊은이들과 소통하는 능력도 탁월하고 정권교체의 희망이 되고 있다. 충분히 그럴만한 분"이라고 평가했다. 또 같은 프로그램의 스피드 퀴즈에서도 안철수라는 단어가 나오자 "박근혜 대세론을 꺾을 수 있은 유일한 인물"이라고 단언했다.

2월 13일 4.11 총선 공천면접 이후에도 비슷한 의견을 밝혔다. 문재인은 "안 원장과 대선 과정에서 힘을 합치는 것이 중요하고 반드시 필요하다. 안 원장과는 정권교체와 정권교체 이후의 새로운 정치를 바라보는 시각이나 관점, 목표가 거의 같다. 서울시장 선거 때 우리가 뭉칠 수 있는 세력은 힘을 모아서 승리를 이끌었듯이 대선에서도 그렇게 될 것"이라고 설명했다.

문재인이 안철수를 높이 평가하는 것은 그가 없이는 정권교체가 어렵다고 보기 때문이다. 문재인은 2002년 4월 18일 MBC라디오 손석희의 시선집중과의 인터뷰에서 "민주통합당 대선주자들이 받고 있는 지지와 안철수 교수가 받고 있는 지지를 합쳐야만 대선에서 이길 수 있다"고 말했다.

안철수도 마찬가지의 평가를 내렸다. 안철수는 문재인과 관련, 5월 30일 부산대 특강에서 "우리나라에 좋은 정치인들이 많다. 박근혜 전 위원장과 문재인 상임고문이 그런 분들 중 한 분"이라며 "문 고문은 국정 경험과 인품이 굉장히 훌륭하다. (문 고문의) 지지도를 보면 국민들 생각도 마찬가지가 아닌가 생각한다"도 덧붙였다.

문재인이 민주당 후보로 선출되고 안철수가 대선출마를 확정하면 두 사람의 단일화는 필수적인 것으로 예상된다. 특히 두 사람의 연합은 과거 정치철학과 기본노선이 이질적인 세력과의 선거공학적 단일화와 다르다. 지난 97년 대선국면 당시 DJP(김대중+김종필) 연대 또는 2002년 대선국면 당시 노무현, 정몽준 단일화와는 질적으로 달라질 수 있다는 것. 97년과 2002년의 대선은 반(反)이회창이 명분이었지만 이념과 철학을 근거로 했다고는 보기 어렵다.

이는 국민의정부 초반까지는 크고 작은 삐걱거림 속에서도 유지되던 DJP연대가 2000년 6.15 남북정상회담 이후 남북관계에 대한 현격한 시각차를 극복하지 못하고 결별한 데서도 잘 알 수 있다. JP가 이끄는 자민련은 임동원 통일부장관의 해임건의안 사태 당시 DJ와의 관계를 정리했다. 이후 충청을 기반으로 한 자유민주연합, 국민중심당, 자유선진당, 선진통일당은 민주당과의 정치적 연대에 분명한 선을 그었다.

노무현, 정몽준 후보의 단일화 역시 마찬가지였다. 반(反)이회창 연대를 명분으로 두 사람은 운명을 건 단일화 레이스에 합의했다. 노무현이 단일후보로 결정됐고 정몽준은 대선 전날 지지를 철회했다. 결과는 노무현 후보의 승리였다. 정몽준은 이후 무소속을 거쳐 2007년 대선국면에서 한나라당에 입당, 18대 국회에서 당 대표도 역임했다. 19대 총선 당시 서울 동작을에서 새누리당 후보로 나서 7선 국회의원이 됐다.

문재인은 4.11 총선 이후 안철수에 공동정부를 제의해왔다. 우선 독자집권이 불가능한 만큼 안철수와 힘을 합쳐야 한다는 현실적 전제가 깔려있다. 또한 힘을 합해 집권에 성공해도 철학적 충돌로 집권 이후 갈등이 없을 것이라는 판단도 있는 듯하다.[35]

---

35 "DJP 연합은 집권을 위해 정체성이 다른 세력과의 고육지책이었지만 (안철수는) 이념, 정체성이 거의 같다고 본다. 야권 대통합 운동할 때부터 이 주장을 폈다. 정권교체, 대선 승리만을 위한 단일화에 그칠 것이 아니라 안정적 개혁 추진을 위해서는 대통합의 기반을 함께해야 한다."(문재인, 5월 14일 노무현 추모 광주 무등산 산행)

안철수는 5월 30일 부산대 특강에서 문재인의 공동정부론에 대한 질문을 받고 명확한 답변을 하지 않았다. 안철수다운 전략적 유연성을 견지하며 비켜갔다. 다만 "굳이 저를 거론해서 하는 게 말한 게 아니라 분열이 아닌 화합의 정치가 필요하다는 그 분의 철학이 반영된 것 아닌가 생각한다"고 화답했다.

안철수는 사실상의 대선출마 선언으로 평가된 저서《안철수의 생각》 서문에서 의미심장한 언급을 남겼다. 지난 4.11 총선에서 야권이 승리했다면 정치 참여하지 않을 수도 있다고 밝혔기 때문. 야권은 결국 총선에서 패배했다는 인식이다. 연말 대권 역시 현 지지율로만 본다면 박근혜 지지율이 워낙 강고해 정권교체의 가능성은 쉽지 않다.[36]

안철수의 지지율이 7월말 문재인에 밀려 3위로까지 내려앉기도 했지만 저서 발간, SBS 예능프로그램에 출연에 이어 지지율이 급상승했다. 대선 양자구도에서 박근혜와 앞서거니뒷서거니 치열한 전투를 이어갔고 다자구도에서도 2위 자리를 위협했던 문재인을 확실하게 눌렀다.

안철수의 지지율 상승은 민주당 후보와 단일화 과정을 거치지 않고 대선 완주로 가는 밑바탕이 될 수 있다.[37] 특히 연말 대선 다자구도에서

---

36 "서울시장에 출마하지 않기로 선언한 후, 나는 학교에서 학생들을 가르치는 일과 공익재단을 설립하는 일에 매진하면서 한편으로는 정치권에 국민들의 목소리를 전달하는 울림통으로서 소임을 다하겠다는 마음이었다. 특히 개인적으로 무엇을 얻거나 무엇이 되겠다는 욕심이 전혀 없었기 때문에 제3당을 만들라거나 4월 총선에서 적극적으로 역할을 하라는 말씀들에 응하지 않았다. 총선 전에는 야권의 승리를 의심하는 사람이 별로 없었고, 그렇게 되면 야권의 대선후보가 제자리를 잡으면서 나는 자연스럽게 원래의 자리로 돌아가는 수순이 될 가능성이 크다고 생각했다. 그러나 총선이 예상치 않게 야권의 패배로 귀결되면서 나에 대한 정치적 기대가 다시 커지는 것을 느꼈을 때 사람들이 무엇을 원하는지, 이 열망이 어디서 온 것인지에 대해서 무겁게 고민하지 않을 수 없었다."(안철수 저서 《안철수의 생각》 서문 中)

안철수가 1위를 고수한다면 굳이 단일화에 응할 필요가 없다. 박근혜, 안철수, 민주당 대선후보의 3자구도에서 승리할 가능성이 높은데 굳이 권력을 분점하면서까지 단일화에 나설 필요는 없는 것이다.

아울러 후보단일화를 거쳐 야권의 박근혜 대항마로 안철수가 최종 선출된다면 민주당은 사실상 간판을 내려야 한다. 2010년 6.2 지방선거에서 경기지사, 2011년 4.27 경남 김해을 국회의원 보궐선거, 2011년 10.26 서울시장 보궐선거 등 주요 선거에서 제1야당으로 후보를 내지 못한 데 이어 대선에서마저 후보를 내지 못하는 최악의 상황이 발생하기 때문이다.

다만 이러한 상황의 발생은 쉽지 않을 것으로 전망된다. 정당에 기반하지 않은 대선후보의 당선은 현실적으로 너무 어렵기 때문이다. 역대 대선 국면을 살펴봐도 그런 사례는 없다. 기성 정치권에 물들지 않은 참신함을 무기로 국민적 지지를 얻었던 대부분의 후보들은 결국 중도 낙마하거나 실패했던 사례가 대부분이었다. 만약 안철수가 이러한 금기를 깬다면 한국정치는 뿌리째 흔들리고 새로운 시대가 열리는 것이다. 87년 체제 이후 이어져온 현 여야 구도는 사실상 소멸되는 것이다.

---

37 "'힐링캠프' 효과가 좀 더 오래 지속이 되고 지지율이 더 상승해 안 원장이 다자구도에서 부동의 1위를 할 경우 야권후보 단일화 과정에 응할 이유가 없다. 안철수 서울대 융합과학기술대학원장이 시민후보나 국민후보 형식의 무소속 대선주자로 나설 가능성이 굉장히 높다고 생각한다. 그렇게 되면 야권의 입장에서 볼 때는 대선 전체를 망쳐놨다고, 새누리당 입장에서 볼 때는 우리를 도와주는구나라고 생각할 수도 있을 것이다. 다자구도에서 새누리당 박근혜 전 비상대책위원장이 여전히 1위가 될 때는 안 원장도 울며 겨자먹기로 야권후보 단일화에 들어갈 것이다. 그렇게 되면 본인이 주장한 탈진영 논리를 스스로 부정하는 꼴이 된다."(신율 명지대 정외과 교수, 7월 31일 평화방송 라디오 열린세상 오늘)

대권 라이벌 탐구
타고난 권력의지 박근혜

문재인이 민주통합당 대선후보 경선에 통과한 뒤, 통합진보당 차기 주자 및 안철수 서울대 교수와의 단일화에 성공한 뒤 본선에 나서게 되면 맞상대는 박근혜 전 새누리당 비상대책위원장이다.

문재인과 박근혜 두 사람은 지난 1월 SBS 예능프로그램인 '힐링캠프'에 한 주 간격으로 나란히 출연했다. 문재인은 대통령 비서실장이라는 꼬리표를 어느 정도 뗐다. 인간미 넘치는 대중적 정치인의 이미지를 추가하며 지지율이 수직상승했다. 박 전 위원장은 '힐링캠프' 출연 당시 의미심장한 워딩을 남겼다. 이른바 버킷리스트(Bucket list, 죽기 전에 꼭 해보고 싶은 일)를 묻는 질문에 "다 짐작하실 텐데…"라며 대권도전 의지를 우회적으로 드러냈다.

박근혜에 대한 문재인의 평가는 극과 극이다. 개인적 품성에 대한 평가는 후했다. 2012년 1월 15일 CBS라디오에 출연, "박근혜 전 대표는 오랫동안 정치권에서 내공을 키워왔고 대세론의 주인공이었다. 신뢰성, 일관성, 원칙 면에서 국민들에게 좋은 이미지를 주고 있다"고 평가했다. 반면 "정치철학, 리더십, 시대정신에 대한 판단은 아주 퇴행적"이라고 지적했다.

박근혜, 왜 정치를 할까?

박근혜의 정치입문은 97년 대선 직전이다. 여야의 러브콜을 받아왔던 박근혜는 한나라당을 선택했다. 직접적인 계기는 IMF였다. 부친 박정희 대통령의 근대화 성과가 IMF 외환위기로 무너질게 될 것이라는 위기감 때문이었다.[38] 박근혜는 대선에서 이회창 한나라당 후보의 선거운동을 도운 뒤 이듬해 '달성대첩'으로 불린 대구 달성군 재보궐선거에 출마했다. 김대중 대통령 임기 첫해에 열린 재보선이라는 점에서 여권은 사활을 걸었다. 특히 김대중 대통령은 호남이라는 한계를 커버하고 DJP 연대의 시너지 효과를 극대화하기 위해 적극적인 동진정책을 추구했다.

---

[38] "나에게 아버지가 다시 떠오르고, 아버지가 하셨던 말씀이 강하게 다가온 것은 IMF사태를 겪으면서였다. 선거철이었던 그 즈음 정치를 하라고 권하는 사람이 많았지만 청와대 시절에 보아왔던 막중하고 밑도 끝도 없는 '무한 책임'과 공인이기 때문에 자유롭지 못하다는 것을 잘 알고 있었기에 선뜻 나설 수 없었다. 그러다 수많은 회사들이 도산하고, 하루아침에 수많은 사람들이 실직자가 되고, 가정이 붕괴되고, 많은 사람들이 길거리로 내몰리는 광경을 보게 되었다. 너무나 큰 충격이었다. 갑자기 나라를 위해서 밤낮없이 걱정하시고 뛰어다니시던 아버지 모습이 눈에 선하게 떠올랐다. '어떻게 일으켜 세운 나라인데 이렇게 힘없이 쓰러뜨릴 수 있단 말인가…' 하는 생각에 울컥하고 눈물이 솟구쳤다. 당시 나는 오랫동안 지고 있던 마음의 짐을 훌훌 벗어버리고, 오랜만에 마음의 평화를 되찾고 있을 때였다. 그러나 나는 '나만 편하자고 꼭 필요한 이 때에 용기를 내지 못한다면 나중에는 어떤 생각을 하게 될까?'라는 생각을 했다."(신동아 2003년 6월호 기고문 中)

박근혜의 정치입문은 단순히 국회의원을 하기 위한 것이 아니었다.[39]

정치입문 이후 박근혜의 행보는 거칠 게 없었다. 2000년 16대 총선에서 재선에 성공한 이후 한나라당 부총재에 자력으로 당선됐다. 여성 몫 지명직 부총재를 거부한 것은 당시로서는 파격이었다. 또 2002년 대선국면에서는 막강한 이회창 대세론을 거부하며 당권대권 분리 등 당내 민주화를 요구했다.[40] 정치적 행보도 중량감이 적지 않다. 2002년 5월에는 북한을 방문, 김정일 전 국방위원장과 독대했다. 김정은의 부친 김정일을 직접 만난 정치인은 김대중, 노무현, 정동영, 박근혜 정도다. 김대중과 노무현은 서거했고 정동영은 대선 불출마를 선언했다.

박근혜의 정치는 한마디로 아버지 박정희의 꿈을 이루는 것. 아버지 박정희를 향한 정치인 박근혜의 마음은 일반인의 상상 이상이다. 그냥 아버지가 아니다. 선배이자 스승이며 나침반과 같은 존재다.[41]

이러한 모습은 박근혜가 2012년 2월 21일 서울 상암동에 개관한 박

---

39 "정치를 시작한 후 나는 너무나 많은 일들이 '국익 최우선'이 아니라 정치인 자신의 이익이나 관심사, 정치인이 속한 정당의 이익과 집권을 위해서 결정되는 경우를 많이 보았다. 정말 속상하고 한탄스러워 분노가 일었다. 도대체 정치를 하는 근본 이유가 무엇인가? 어떤 사람들은 '왜 그렇게 일일이 따지고 드느냐' '저쪽 편드는 거 아니냐'고도 한다. 하지만 내가 그냥 배지 달고 왔다 갔다 하면서 편안하게 정치를 한다면, 그것은 평생 나라 걱정을 하시며 국익을 생각하셨던 아버지에 대한 불효일 것이다. 나는 개인적으로 아버지 때 못 이룬 이 나라의 민주정치를 꽃피우기 위해 원칙과 일관성을 갖고 노력하고자 한다. 그것이 바로 부모님에 대한 도리요, 동시에 국민에 대한 약속이기도 하다."(신동아 2003년 6월호 기고문 中)

40 "부총재로 선출된 이후 화두는 정치개혁과 정당개혁이었다. 그동안 부패와 관련된 각종 게이트로 민심을 잃은 여당에서 정당개혁을 치고 나왔다. 총재직 폐지, 상향식 공천, 국민참여경선제 등 당시로서는 획기적 방안이었다. 나는 총재직 폐지와 당권 대권 분리 등을 제안했다. 제왕적 총재 폐지가 핵심인데 논의의 중심이 경선룰에 맞춰져 있는 현실이 안타까웠다. 한나라당은 당헌 개정안을 최종 확정지었고 총재직 폐지와 대선후보, 총재 분리 등은 폐지됐다. 나는 결국 탈당을 결심했다."(박근혜 자서전 《절망을 나를 단련시키고 희망은 나를 움직인다》 中)

정희기념관을 찾은 데서 잘 드러났다. 박근혜는 박정희기념도서관 개관식에 참석, 축사를 통해 무려 6번이나 아버지라는 단어를 사용하며 애끓는 마음을 표현했다. 박근혜는 "요즘 어떻게 하는 것이 정말 잘 사는지에 대해 아버지가 말씀하신 내용이 상세히 떠오르곤 한다"며 부친의 유지를 받들어 '골고루 잘사는 나라'를 만들겠다고 선언했다.

박근혜는 내공도 상당하다. 외부적으로 꽉 막힌 수첩공주라는 표현은 정치적 공세에 불과하다는 지적도 없지 않다. 수첩공주는 지난 2007년 17대 국회 첫해 이른바 국가보안법 개폐 논란 등 4대 입법 정국에서 박근혜가 여야 협상 과정에서 수첩에 적어온 글을 반복적으로 읽는다고 당시 열린우리당이 유포한 비아냥조의 말이다. 이후 콘텐츠 없는 박근혜를 비꼬는 대명사가 됐다. 박근혜는 2011년 MBN과의 인터뷰에서 수첩공주라는 별명에 대해 "마음에 든다"고 너그러움을 보였다. "열심히 적고 실천하고 그런 것을 소중하게 생각한다"며 "오히려 메모를 안 하는 분들을 보면 좀 의아하다"고 꼬집었을 정도다. 지금은 친근혜로 바꿨지만 박근혜의 페이스북 계정의 처음 이름은 '수첩공주'였다.

아울러 김종인 전 청와대 경제수석을 영입한 것도 의미심장하다. 줄푸세(세금은 줄이고 규제는 풀고 법질서는 세우자)라는 성장 중심의 시각에서 벗어나 경제민주화를 고려한 것이기 때문. 김종인 전 수석은 현

---

41 "인생에서 가장 위대한 가르침은 모범을 보이는 것이고, 가장 큰 지혜는 삶의 모델을 보고 배워서 얻어진다고 한다. 그래서 인생에서 중요한 세 가지 만남 중 하나가 스승을 잘 만나는 것인데 그런 점에서 나의 부모님은 내 삶의 모델이다. 특히 정치인이 된 지금 아버지는 그냥 아버지가 아니라 선배이자 스승이며 나침반과도 같은 존재이다."(신동아 2003년 6월호 기고문)

행 헌법이 만들어진 87년 개헌 당시 재벌의 확장을 헌법적으로 규제하는 경제민주화 조항인 헌법 제119조 2항을 신설했던 대표적 개혁론자였다. 또 90년 노태우정부에서 청와대 경제수석을 지내면서 재벌의 업종 전문화와 비업무용 부동산 보유제한 조치 등의 재벌개혁 정책을 주도했다. 참여정부 출범 당시에도 경제부총리로 내정됐다가 발표 전날 재계의 거센 로비로 무산됐다는 이야기가 나올만큼 재벌 문제에는 강골이다.

이회창 대세론 능가하는 초강력 박근혜

박근혜의 영향력은 철옹성이다. 이명박 대통령의 레임덕 탓에 손해를 볼 수도 있지만 국민들은 대통령 박근혜를 꼭 여권의 정권재창출로만 보지도 않는다.[42] 이는 정권심판이 4.11 총선 최대 이슈였지만 박근혜가 승리한 원동력이기도 하다.[43]

박근혜는 지지강도, 인지도, 당선 가능성 면에서 적수가 없다. 이 때문에 2007년 대선 이후 막강한 대세론을 누려왔다. 2011년 하반기 안철수의 등장으로 대세론이 잠시 주춤하기도 했지만 비상대책위원장으로 새

---

42 박근혜 차기 대통령에 당선될 경우 '정권 교체'라는 응답 50.1%, '정권재창출'이라는 응답 34.6%, '무응답'은 15.3%(미디어리서치 2011년 6월 조사).

43 4·11 총선 최대 이슈는 역시 '정권 심판'인 것으로 나타났다. 국민 10명 중 4명 이상이 현 정권심판(46.1%)을 19대 총선의 최대 이슈로 꼽았다. 이어 야권연대 13.9%, 한미 자유무역협정(FTA) 8.0%, 친노심판 7.8%, 제주해군기지 7.2% 등의 순으로 나타났다. '잘 모르겠다'는 응답은 17.0%였다. 전국 대부분의 지역에서 정권심판을 최대 이슈로 꼽았다. 서울(49.4%) 경기·인천(48.8%) 등 수도권은 50%에 육박했고 광주 전남(50.1%)과 대전, 충청(58.4%)은 절반을 넘어섰다. 반면 현 정권의 주요 기반인 대구 경북(31.9%)은 전국적으로 가장 낮았고 야권의 공세가 거센 부산 경남(39.8%)은 상대적으로 높았다. 연령대별로 살펴보면 40대 이하는 정권심판을 최대 이슈로 꼽았다. 특히 20대는 61.9%로 가장 높았고 30~40대는 각각 53.3%로 나타났다. 50대(32.3%)와 60대(32.1%)는 젊은 층에 비해 정권심판을 선택한 의견이 상대적으로 적었다.(이데일리-리얼미터 공동여론조사, 2012년 3월 26일)

누리당의 총선 승리를 주도한 이후 대세론은 더욱 견고해졌다.

새누리당 안팎에서는 라이벌이 아예 없다. 대선후보 경선 시기와 방식을 넣고 논란이 적지 않았지만 박근혜의 뜻이 관철됐다. 오픈프라이머리(완전국민경선제) 도입 등 경선룰 공방 속에서 불거진 불통 이미지가 대권가도에 걸림돌이 될 수도 있다는 반론이 나왔지만 대세를 거스르지 못했다. 8월 20일 경기도 고양시 일산킨텍스에서 열린 새누리당 대선후보 선출을 위한 전당대회에서는 84%의 압도적인 득표율을 기록했다.

박근혜의 경쟁력은 4.11 총선에서 극명하게 드러났다. 연초만 하더라도 새누리당의 총선전망은 참담 그 자체였다. 중앙선관위 홈페이지 디도스 공격 파문, 전당대회 돈봉투 사건, 이명박 대통령 핵심 측근들의 비리 의혹 등 메가톤급 악재가 겹치면서 100석도 어렵다는 이야기가 나왔다. 특히 최대 승부처인 서울(전체 48석)에서 10석도 어렵다거나 텃밭인 부산·울산·경남(PK)에서도 균열이 불가피할 것이라는 전망이 지배적이었다.

결과는 정반대였다. 박근혜가 진두지휘한 총선은 새누리당의 압승이었다. 152석의 과반이었었다. 내용적으로 봐도 총선 성적표는 훌륭하다. 영남당 꼬리표를 떼고 충청과 강원으로 영토를 확장했다. 안희정 충남지사, 이광재 전 강원지사가 민주당 소속이라는 점을 감안하면 의미가 적지 않다. 특히 충청은 역대 대선국면에서 늘 캐스팅보트를 행사해온 지역이다. 아울러 강원도는 새누리당의 입장에서 고토 회복의 의미가 크다. 새누리당이 수도권 패배에도 제1당의 지위에 오른 것은 충청과 강원의 선전 때문이었다. 박근혜는 노무현 대통령 탄핵 역풍으로 풍전등화의 위기에 몰린 17대 총선 때와 마찬가지로 본인의 존재감을 유감없이 보였다. 야권은 '이명박근혜(이명박+박근혜)'라는 신조어를 내세워 정권심판론을 부각시켰지만 먹혀들지 않았다. 세종시 및 과학벨트 정국에서 보여준 박근혜의 행보는 유권자들이 이명박 대통령과 박근혜를 분리해서 보게 했던 것이다. 결과적으로 박근혜는 문재인의 영토확장을 막으며 영남 수성에 성공했고, 유력 차기주자가 보이지 않은 무주공산의 충청권에도 깃발을 꽂으며 대권에 한 걸음 더 다가서게 됐다.

박근혜가 연초 예상대로 100석 안팎을 얻었거나 탄핵 때 얻었던 121석 이하였다면 당 안팎의 대선후보 교체론은 기정사실이었다. 박근혜 원맨쇼로 총선이 승리로 끝나자 후보교체론은 쏘옥 들어갔다. 박근혜는 총선 이후 당권을 장악하면 친정체제도 구축했다. 원내대표는 물론 당 대표를 비롯한 최고위원, 국회의장 등 거의 모든 선출직 선거에서 승리를 거뒀다.

박근혜는 한마디로 탄탄대로다. 4.11 총선 이후 여론조사전문기관 리얼미터의 다자구도 지지율에서 40% 안팎을 기록하며 10주 연속 1위를 기록했다. 같은 기간 안철수는 20%대 초반의 2위, 문재인은 10%대 초반으로 3위를 기록했다. 물론 5.16군사쿠데타와 관련, 불가피한 최선의 선택이라는 역사인식과 4.11 총선 공천헌금 비리 파문, 고 장준하 선생 타살 의혹 등의 악재가 불거지면서 지지율이 추락하기도 했지만 1위 대선주자로서의 위치는 변함이 없었다.

아쉬운 수도권 패배, 본선경쟁력 한계?

총선 대승에도 아쉬운 대목은 수도권 패배다. 역대 대선의 최대 승부처는 역시 수도권이다. 수도권에서 패배하면 대권을 얻을 수 없다는 말이 나오는 것도 이 때문이다.[44]

수도권은 한마디로 박근혜의 아킬레스건이다. 새누리당은 수도권 전체 112석 중 43석을 얻었다. 이는 4년 전인 18대 총선에서 얻은 81석의 절반 정도에 불과하다. 친박 진영에서는 총선 직전 수도권에서 전멸할 것이라는 전망을 감안하면 비교적 선방했다는 분석을 내놓고 있지만 아쉬운 것은 어쩔 수 없다.

박근혜도 수도권의 전략적 중요성을 감안, 총선 기간 동안 10여 차례 이상 지원유세에 나섰지만 한계를 절감했다. 서울 전체 48석 중 강남3구를 포함 16석을 얻는데 그쳤다. 4년 전 18대 총선에서 40석을 얻은 것에 비하면 참패다. 경기도 역시 마찬가지였다. 전체 52개 선거구 중 29석을 민주당에 내줬다. 새누리당 내부에서도 수도권에서는 MB심판론이 통했다고 평가할 정도였다. 이명박 대통령과의 차별화 전략에 공을 들였지만 수도권에서는 통하지 않았던 것.

수도권 패배는 당내 비박 진영에서 박근혜 본선 한계론 또는 필패론

---

44 "박근혜 대표가 선거에 좋은 결과를 가져오기 위해서는 수도권에서의 이러한 20~30대, 40대 이러한 유권자를 얼마만큼 자기의 노력으로 흡수를 하느냐가 제일 중요하다고 봐요. 지금 현재 그 사람들이 가장 싫어하는 것이 정부의 의사결정이 비민주적인 겁니다. 그리고 지나치게 복지의 격차가 심한 것에 대해서 참으려고 하지를 않습니다. 절대로 국민을 어떠한 무슨 조작하거나 국민을 무슨 통제하거나 하는 이런 사고는 본질적으로 나는 안 해야 된다고 생각해요."(김종인 박근혜 캠프 선대위원장, 7월 16일 CBS라디오 '시사자키 정관용입니다')

을 거론하는 주요 근거다. 이는 투표율과도 밀접한 연관이 있다. 4.11 총선 투표율은 54.3%였다. 연말 대선투표율은 이보다 높은 65~70% 정도가 예상된다. 실제 역대 대선과 총선을 비교해도 대선 투표율이 평균 15% 가량 높았다. 더구나 2007년 대선처럼 이미 승부의 추가 기울었던 것과 달리 이번 대선에서는 여야 간 팽팽한 접전이 예상된다.

대선에서 투표율 증가는 총선에서 기권했던 젊은 층 또는 정치적 무당파의 참여가 늘어나기 때문. 실제 중앙선관위가 6월 19일 발표한 4.11 총선 투표율에서 50대(62.4%)와 60대(68.6%)의 투표율은 아주 높았던 반면 20~30대 젊은 층의 투표율은 총선 평균 54.3%보다 훨씬 낮았다. 20대 전반 45.4%, 20대 후반 37.9%, 30대 전반 41.8%, 30대 후반 41.8%에 불과했다. 투표율 증가는 상대적으로 야권에 유리하다는 게 정설이다.

유신통치의 장본인 VS 독재자의 딸 연좌제

박근혜의 최대 약점은 역시 과거사 논란이다. 경제성장과 민주주의 후퇴라는 양날의 평가를 받고 있는 박정희 전 대통령의 딸이기 때문이다. 과거사 논란이 대선가도로 가는 최대 걸림돌이라는 점은 박근혜가 새누리당 대선후보로 선출된 다음날인 8월 21일 여의도 새누리당 당사 앞에서 항의시위가 벌어졌다는 점에서 극명하게 드러난다.[45]

박근혜가 유신정권에 대한 반성과 참회가 없었기 때문에 대선 본선에서 큰 약점이 될 것이라는 지적에서부터 유신정권 이후 30여 년이 지

난 시점에서까지 박근혜를 독재자의 딸이라는 정치적 수사에 가두는 것
은 지나치다는 지적도 나온다. 일종의 연좌제가 아니냐는 것이다. 김종
인 전 새누리당 비대위원은 4.11 총선 직전 박근혜가 유신체제의 잘못을
사과해야 한다는 야권의 요구와 관련, "유신체제를 이끌었던 박 전 대통
령의 딸임에는 분명하지만 그에 대한 구체적 책임까지 질 이유는 없다.
일종의 연좌제이며 지나친 정치적 행위"라며 "박 위원장이 유신체제에
일어났던 여러 사안에 대해 나름의 사죄를 했는데도 그 이상의 것을 요
구하는 것은 너무나 지나친 정치적 행위"라고 반박했다. 유력 차기주자
로 분류되는 안철수는 특히 "민망하게 상대당 유력 정치인을 두고 10년
째 어떤 자제라고 공격한다"며 "이는 구태"라고 꼬집었다

　박근혜에 대한 과거사 공세는 여야가 따로 없다. 민주당은 연일 융
단폭격을 쏟아내고 있다. 문재인, 손학규, 김두관 등 이른바 빅3는 물
론 이해찬 대표와 박지원 원내대표 등 지도부가 총동원됐다. 새누리당
내부에서도 비판적인 인식은 여전하다. 경선룰 논란으로 경선불참을
선언한 이재오 의원은 박근혜를 유신통치의 장본인이라고 맹비난했

---

45 한국전쟁전후민간인희생자전국유족회 / (사)민족일보기념사업회 / 정수 장학회 공동대책
위원회 / 남조선해방전략당사건피해가족모임 / 전태일재단 / 김상진기념사업회 / 4·9통일평화재단 /
민청학련정신계승사업회 / 장준하선생기념사업회 / 부마민주항쟁부산동지회 / 부마민주항쟁기념사업회
/ 의문사유가족대책위원회 / 재일교포유학생간첩단사건피해자 / 남민전피해자모임 / 70년대민주노동운동동지회
/ 7080민주화학생운동연대 / 전국민족민주유가족협의회 / 민족민주열사·희생자추모(기념)단체연대회의 /
박정희·기념도서관의 명칭변경과 공공성 회복을 위한 마포·은평·서대문구시민회의 등 박정희정권 피해자
단체는 박근혜 대선후보 선출과 관련, "박정희 18년 집권기간 동안 가족이 죽임을 당하였거나, 고문과 옥고를
치른 수많은 피해자들과 가족들에게 다시 고통을 주는 일"이라며 "새누리당과 대선후보 박근혜 씨가 진정한
사과를 하고 아직도 진상규명이 되지 않은 피해자들의 요구를 받아줄 때까지 매주 화요일 12시부터 1시까지
1인 시위를 하기로 했다"고 밝혔다.

다.[46] 유신정권 시절 민주화투사였던 이재오는 혹독한 고문을 겪었다.[47]

민주당은 한 걸음 더 나아갔다. 대변인실 논평에서 "박근혜 의원이 유신의 실체 그 자체라는 것인데 틀린 말이 아니다. 1974년부터 1979년 만5년 넘게 철권통치자 박정희에 이은 2인자의 신분을 누렸던 장본인"이라며 "박정희 시대의 퍼스트레이디는 민주 정부의 영부인과는 차원이 전혀 다른 무소불위의 권력을 누렸던 자리이다. 박 의원은 유신잔당이 아니라, 권력서열 2인자였던 유신본당"이라고 지적했다.

아울러 박근혜의 약점은 본인이 아니라 주변이라는 지적도 있다. 박근혜가 권좌에 오르기 위해 직언을 할 수 있는 용기있는 참모들도 필요한데 이른바 심기경호에 치중하는 예스맨들만이 가득하다는 지적이다. 또 구시대 이미지도 걸림돌이다. 5.15 전당대회 이후 7인회 논란이 대표적이다. 박근혜의 원로자문그룹으로 알려진 7인회에는 3공화국와 5공화국 등 구시대 출신 인사들이 대부분으로 군사독재 시절 승승장구했다. 7인회는 좌장격인 김용환 전 장관을 비롯해 강창희 국회의장, 김기

---

46 "박근혜 의원이 단순히 박정희 대통령의 딸이 아니라 육영수 여사가 서거하고 난 뒤에 청와대 퍼스트레이디 역할을 했잖아요. 유신시절 유신 한가운데 그 기간 동안 청와대 안주인은 박근혜였다. 임명장도 주고 정치적 행위를 했잖아요. 나이가 어리지도 않지 20살 훨씬 넘었는데 유신 통치의 장본인이었고 그건 누구도 부인 못하잖아요. 그리고 그 이후에 한 번도 유신 정권에 대해서 진지하게 과오나 자기 참회, 반성한 적 없다. 지금도 계속 미화하잖아요. 쿠데타, 유신, 5.16 자기 아버지가 한 것은 다 미화하고 긍정하잖아요. 그게 국민들을 불안하게 하는 거다. 그게 정당성이라고 주장한다면 아버지가 일본 육사 나온 것도 정당하다고 생각한다면 아버지의 공은 인정하고 과는 공으로 돌리고 그렇게 하면 역사 거꾸로 가는 아니냐. 그걸 사람들이 두려워하는 것이다. 두려워하는 정도를 넘어 역사가 완전히 거꾸로 간다."(이재오 단독 인터뷰 이데일리 6월 19일)
47 1979년 11월 2일 긴급조치 해제로 세 번째 감옥살이에서 석방. 그러나 현직 중고교 교사들로 조직된 한국민주화투쟁국민위원회(민투)를 남민전의 산하조직인 것처럼 왜곡하여 같은 날 같은 장소에서 다시 국가위반법으로 구속. 상상할 수 없는 고문으로 "인간으로 태어난 것을 저주함."(이재오 홈페이지, 걸어온 길 中)

춘 전 법무장관, 원조보수로 불리는 김용갑 새누리당 상임고문, 안병훈 전 조선일보 부사장, 최병렬 전 한나라당 대표, 현경대 전 의원 등이다. 특히 7인회가 박근혜의 의사결정에 적잖은 영향력을 끼친다고 알려졌다. 주요 정치적 현안에 대한 결정은 물론 경제, 외교 등 국정현안에 대한 원로 조언그룹이다.[48]

박근혜의 최대 약점은 장기 대세론에 따른 피로감이다. 이는 과거 이회창 대세론의 악몽이 재현될 수 있다는 것. 4년 11개월 동안 차기 경쟁에서 이기다가 선거 마지막 한 달을 남겨두고 뒤집어질 수 있다는 것이다. 누가 봐도 승부가 뻔한 결과가 예상되는 대세론으로 당내 경선이 치뤄졌기 때문에 본선에서는 표의 확장성과 예측불가능한 폭발력을 발휘하기는 쉽지 않다.

문재인은 박정희, 박근혜는 노무현과 싸우나?

문재인과 박근혜 두 사람은 4.11 총선에서 사실상 차기 대리전을 치렀다. 박근혜가 4.11 총선에서 가장 심혈을 기울인 승부처는 부산 사상이었다. 대권 라이벌인 문재인 돌풍을 차단해야 했기 때문. 박근혜는 선거지원유세 과정에서 현지 숙박을 청했다. 지난 2005년 경북 영천 보선

---

48 "조금 와전된 감이 있는데요. 그저 지난번 대통령 후보 경선이 끝난 이후에 몇몇이 모여서 하루에 한 번씩 돌아가면서 점심 사고 그런 모임입니다. 7인회라고 하는데 꼭 7명이 모일 때도 있고 8~9명이 모일 때도 있고 4~5명이 모일 때도 있고 그래서 들쭉날쭉하고 저는 가끔 가서 점심도 사고 먹기도 하는 모임이지 특별한 기능이 있거나 무슨 부정적인 그런 것은 전혀 아닙니다. 그저 가볍게 생각하신다면 계모임 하듯이 돌아가면서 밥 한 번 먹는 그런 가벼운 모임이라고 생각해주시면 좋겠습니다."(강창희, 7월 5일 KBS라디오 '안녕하십니까 홍지명입니다')

지원유세에서 외박을 감행한 데 이어 7년 만이다. 박근혜 전력을 기울인 것은 문재인이 그만큼 위협적인 존재였기 때문이다. 그대로 뒀다가는 대권가도가 불투명해진다. 역설적으로 문재인이 주도로 PK지역에서 야권이 10석 가량을 얻었다면 박근혜의 대권경쟁력에 의문을 품은 이야기들이 끊임없이 터져나왔을 수 있다.

박근혜의 문재인 견제는 이뿐이 아니다. 한미 자유무역협정(FTA)와 제주 해군기지문제와 관련, 문재인을 정조준한 것. 박근혜는 2월 7일 관훈클럽 초청토론회에서 "문 이사장은 노무현 전 대통령의 대표적 비서실장으로 정치 철학을 가장 잘 알 수 있는 분"이라며 "노 전 대통령이 국익을 위해 추구했던 한미 FTA(자유무역협정)와 제주 해군기지 건설을 반대하고 있다"고 밝혔다. 또 문재인이 정수장학회를 '강탈한 장물'이라고 표현한 것과 관련해 "이것이 장물이고, 여러 가지로 법에 어긋난다거나 했으면 오래전에 해결이 끝장이 났을 것"이라고 일축했다. 정수장학회에 대한 박근혜의 입장은 지금까지도 유지되고 있다.

총선에서 이른바 정수장학회를 놓고 가벼운 대결을 보였던 두 사람은 대선출마 선언 이후 본격적으로 맞붙었다. 새누리당과 민주당의 대선후보 경선 과정에서 박근혜는 마이웨이를 고집했고 문재인은 박근혜 대통령 불가론을 거듭 주장했다.

발단은 박근혜의 5.16 관련 발언이다. 박근혜는 5.16과 관련, "돌아가신 아버지로는 불가피한 최선의 선택"이라고 평가했다. 5.16 군사쿠데타라는 역사적인 평가와는 선을 그은 것. 문재인은 이에 "헌정을 파괴하고 인권을 유린한 잘못을 인정하고 사과해야 한다. 어떻게 대통령 되겠다는 사람이 그런 생각을 할 수 있느냐”고 비판했다. 박근혜는 문재인의 비판에 “정치권에서 국민의 삶을 챙길 일도 많은데 계속 역사논쟁을 하느냐. 저뿐 아니라 저같이 생각하는 국민도 많이 계시고 달리 생각하는 분들도 있다. 그럼 그렇게 (저처럼) 생각하는 모든 국민이 아주 잘못된 사람들이냐”고 반문했다.

박근혜의 5.16 발언을 비판한 정치인들은 한둘이 아니다. 옹호한 사람이 없다고 거의 없다고 할 정도로 여야를 가리지 않고 융단폭격이 쏟아졌다. 박근혜가 군이 문재인을 선택해 비판한 점은 상당히 의미심장하다. 이는 박근혜가 새누리당 대선후보로 지명된 다음날인 8월 21일 경남 김해 봉하마을을 방문, 고 노무현 전 대통령 묘역을 참배한 것도 전략적이다. 진보진영의 상징적 인물인 노 전 대통령의 묘역을 참배해서 국민통합을 명분으로 중도층을 흡수하겠다는 전략이다. 이는 문재인을 의식한 측면도 없지 않다.

여하튼 두 사람의 진검승부는 대선 본선이다. 문재인이 민주당 경선을 통과하고 안철수와의 단일화에 성공하면 박근혜 VS 문재인의 본선 맞대결이 성사된다.

두 사람의 대결은 어떤 면에서 노무현(문재인) VS 박정희(박근혜)의 맞대결이다. 문재인은 박근혜가 아닌 박정희와 대결할 수 있다. 박근혜 역시 문재인이 아닌 노무현과 싸울 가능성이 대단히 높다. 문재인은 독재 및 인권후퇴 등 박정희 통치의 어두운 이면을 집중 공략해서 박근혜의 외연확장을 저지한다는 것이다. 이명박 대통령의 독도방문으로 독도 문제가 주요 이슈로 떠오르자 문재인은 박근혜의 부친 박정희 전 대통령에 대한 공세에 나섰다.[49] 반면 박근혜는 노무현의 부정적 유산에 집중한다는 것. 가장 약한 고리는 역시 한미 FTA 등에 대한 친노세력의 말 바꾸기 논란이다.

4장

문재인과 대권 방정식

홀로 선 정치인인가,
노무현의 그림자인가?

대권으로 가는 길은 쉽지 않다. 문재인에게는 더더욱 그렇다. 우선 수많은 정치인들에게 확인되는 권력의지가 약하다는 평가를 늘 받아왔다. 또한 문재인은 참여정부 청와대에서 국정을 경험하기는 했지만 여의도 정치권에서 햇병아리다. 4.11 총선 이후 민주통합당 차기 지도부 구성 과정에서 불거진 이른바 이해찬, 박지원연대 문제로 담합 논란이 불거지며 점수를 까먹었다.[1] 아울러 대선출마를 선언하지조차 않은 안철수

---

1 "이박연대는 오랫동안 시달렸다. 본인들도 다 사과들을 했으니까 제가 뭐 두둔할 수는 없겠다. 그분들의 조합이 우리가 국민들에게 민주당의 새로운 모습, 혁신을 보여줄 만큼 산뜻한 조합이냐. 그렇게 생각하진 않는다. 다만 말씀드렸던 것은 이박연대가 마치 호남세력과 친노세력 간의 담합처럼 이야기하는 것은 아니라는 것이다. 이박연대에 대해서 가장 비판한 것도 친노였고 맞서 싸운 것도 친노였다. 우선 박지원 대표가 호남을 대표할 수 없는 것이 호남 전체 아우르는 계파가 존재하는 것도 아니다. 친노도 친노라 할 수는 있겠지만 하나의 정파, 계파로 볼 수 없다. 많은 분들이 각각 자기 정치를 하고 계신다. 마치 세력 간의 담합처럼 다뤄지는 것은 잘못된 것이라 말한 것이고 개인적 합의를 했던 것이다. 그 개인적 합의가 바람직한 것인지 그런 것은 각자 판단할문제라고 생각한다."(문재인, 7월 10일 민평련 대선주자 초청토론회)

서울대 교수에게 공동정부 구상을 제의한 것은 지나친 패배주의라는 비판과 함께 당 안팎에서 적잖은 논란을 불러 일으켰다.[2]

문재인과 노무현의 관계를 떼래야 뗄 수 없다. 대권으로 가는 길은 노무현의 그림자를 지우고 홀로서기를 해야 한다.

문재인은 2012년 5월 30일 초선 국회의원으로 첫걸음을 내딛었다. 4.11 총선 이후 당선자 신분을 떼버리고 정치인의 꽃인 국회의원이 된 것. 5월 30일 그의 첫 행보는 무엇일까?

문재인은 국회의원 임기 첫날 여수엑스포를 찾았다. 노무현 전 대통령의 부인 권양숙 여사와 함께 였다. 이어진 기자간담회에서는 "민주당 대선후보와 안철수 서울대 융합과학기술대학원장이 후보 단일화에 성공하면 박근혜 전 새누리당 비상대책위원장의 지지도를 넘어설 것으로 확신한다"고 말했다. 또 "여론조사 결과를 가지고 일희일비할 것이 아니다. 새누리당은 박근혜 전 위원장이 사실상 대권후보로 굳어진 가운데 당까지 이끌어왔기 때문에 이미 지지도가 절정에 달해있다"고 평가했다.

국회의원 배지를 단 문재인의 첫 행보는 앞으로 6개월에 이르는 대

---

2 "공동정부 부분은 이렇게 답하고 싶다. 저도 불과 몇 달 전에는 민주당 사람이 아니었다. 민주당만으로 정권교체를 반드시 이뤄야 하는데 민주당만으로 할 수 있을까. 걱정되는 그런 상황이었기 때문에 당 밖에서 대통합운동을 일으켜서 민주당 중심으로 하지만 시민사회세력, 노동세력까지 함께해서 민주통합당이 만들어졌다. 저도 불과 몇 달전까지 당 밖에 있었다가 합류했다. 정권교체 하도록 힘을 모아나가는 것이다. 민주당으로 규합되어 있는 이 세력만 가지고 충분히 정권교체할 수 있나. 걱정하는 것이 국민 마음이다. 정권교체를 우리만 가지고 할 수 있다고 장담할 처지는 아니다. 당 밖에도 함께할 세력이 있다면 함께 노력해야 한다. 그 의지를 말한 것이고 그런 우리의 자세를 보여야 국민 안심시키고 희망을 줄 수 있다고 생각했다. 공동정부는 그렇게 이야기를 받아주시면 좋겠다. 안철수 원장, 그를 지지하고 있는 세력들 그런 분들을 함께 민주당과 힘을 합쳐가야만 정권교체라는 게 보다 더 가능성이 높아질 것이기 때문에 그 방향으로 노력해야 한다는 말이고 저는 그렇게 노력하겠다."(문재인, 7월 10일 민평련 대선주자 초청토론회)

권레이스의 모든 것이 담겨있었다. 우선 호남이다. 민주당의 전통적 지지기반인 호남이 첫 방문지가 된 것은 의미심장하다. 친노세력과 호남과의 정서적 거리가 다소 멀어져 있기 때문이다. 또 권양숙 여사와 함께 방문했다는 점도 여전히 상징적이다. 친노의 계승자라는 점이 부각됐기 때문이다. 아울러 야권 대선승리의 필요충분조건인 안철수와의 단일화를 언급했다. 단일화가 이뤄지면 박근혜와의 지지도를 넘어설 수 있다고 말했다. 문재인은 이 과정에서 확신한다는 표현을 사용했다.

또 본인의 지지율 하락세는 개의치 않는다고 언급했다. 반면 박근혜의 지지율 고공행진에 대해서는 평가절하했다. 박근혜의 지지율은 총선 승리와 당 장악으로 정점에 오른 만큼 뒤집어보면 앞으로 떨어질 일만 남았다는 자신감의 표현이다. 연말 대선구도와 관련, 극적인 역전승이 가능하다는 다짐이다. 마치 2002년 기적의 드라마를 일군 노무현의 역사를 10년이 지난 지금 재현하겠다는 의지로 읽힌다.

다만 대선으로 가는 문재인의 최대 걸림돌은 노무현이다. 역설적으로 노무현 그림자에서 벗어나야 대권이 가능하다. 문재인은 참여정부 청와대 마지막 비서실장이라는 이미지가 강하다. 이른바 노무현 그림자 이미지만으로는 대선에서 실패할 확률이 높다. 반면 노무현을 뛰어넘는 그 무엇인가를 보여준다면 문재인의 정치실험은 새로운 가능성이 열리게 된다. 한마디로 참여정부의 공과에서 공은 취하고 과는 개선하는 새로운 비전이 있어야 한다.

노무현에 대한 문재인의 평가는 어떨까. 문재인은 정치입문 이후 노무현에 대한 질문을 끊임없이 받아왔다. 각종 토론회와 언론 인터뷰에서는 물론 민주당 경선은 물론 대선 본선에 진출한다면 비슷한 질문에 노출될 가능성이 높다.

문재인의 기본 입장은 지지율을 넓히기 위해 인위적으로 친노 이미지라는 것을 탈피하지 않겠다는 것으로 집약된다. 특히 이러한 입장 고수가 본인에 대한 호감을 좀 가로막거나 제약한다 하더라도 참여정부에서 노무현 대통령과 함께했던 사람이라는 입장을 고수하겠다는 뜻이다. 의리남 문재인의 이미지를 고수하겠다는 것. 다만 문재인은 본인이 경험한 참여정부의 성과는 물론 실패와 좌절까지도 성찰해보겠다는 입장이다. 특히 노무현은 10년 전에 대통령이 된 만큼 노무현보다 더 업그레이된 비전을 제시하겠다는 의지는 강력하다.

실제 주요 언론인터뷰 등에서 나타만 문재인의 설명은 노무현의 가치와 원칙은 계승하겠지만 그 한계는 분명히 뛰어넘겠다는 다짐이 엿보인다.[3] 이른바 노무현과의 의리는 정치적 유불리는 떠나 지키지만 그렇다고 친노라는 노무현의 한계에 매몰되지 않겠다는 것이다.[4]

---

3 "노무현 대통령님은 어떤 개혁을 한다든지 열정이라든지 대중적 설득에서 탁월하신 분이다. 그런 부분은 도저히 못 따라갈 정도다. 반면에 노무현이 아닌 시대적 한계였는데 아주 대결적이고 적대적인 정치문화 속에서 벗어나지 못했다. 스스로도 새 시대의 맏형이 되고 싶었는데 구시대의 막내에 머무르고 말았다. 저는 노무현 대통령과 늘 함께했던 사람이다. 대선주자로서 지지도를 더 높이고 지지의 폭을 확산하려면 그런 이미지에서 벗어나야 된다고 말하는 분들도 있지만 참여정부 5년을 같이 했고 책임도 있는 사람이다. 그 점을 부정하고 싶은 생각은 전혀 없다. 참여정부 공과를 끌어안아야 되는 입장이다. 다만 워낙 역동적으로 사회가 빠르게 변하고 있기 때문에 참여정부가 성공했던 성과를 냈던 그런 분야조차도 지금은 업그레이드가 필요하다. 참여정부가 실패했던 부분은 전혀 새로운 비전을 국민들에게 보여줄 수 있어야 된다. 양극화 사회 등에 대한 인식이 부족했다. 정책과제로 삼았지만 국정의 최우선적 가치에 놓고 추진해 들어가는 점에서 부족했다."(문재인, 2012년 1월 5일 CBS라디오 '시사자키 정관용입니다')

현 정부 이후 정치적 상황을 복기해보면 문재인은 2010년 6.2 지방선거 이후 친노세력의 대권후보로 나설 수밖에 없는 운명이었다.

2008년 18대 총선에서 참패한 야권은 이명박 대통령의 크고 작은 실정에도 불구하고 대안세력으로부터 국민의 지지를 받지 못했다. 이른바 손학규, 정동영, 정세균으로 불리는 민주당내 빅3가 있었지만 국민들은 이들을 유의미한 차기주자로 바라보지 않았다.

시계를 2010년 6.2 지방선거 전후로 돌려보자. 노무현의 서거 이후 1년여 만에 치러진 선거에서 친노세력은 극적으로 부활했다. 우선 후보 자체가 친노 일색이었다. 친노 후보들은 호남을 제외한 전국 대부분의 지역 광역단체장 선거에 출마했다.

서울시장 선거에는 참여정부에서 총리를 지낸 한명숙 후보, 경기지사 선거에는 노무현 대통령의 정치적 경호실장으로 불린 유시민 후보가 출마했다. 좌희정 우광재로 불린 안희정과 이광재는 각각 충남지사와 강원지사 선거전에 출마해 극적으로 승리했다. 부산시장 선거에서는 노무현의 오랜 동지인 김정길 후보가 나서 45% 가량의 득표율을 얻으며 선전했다. 경남지사 선거에서는 리틀 노무현으로 불린 김두관 후보가 나서 천신만고 끝에 승리를 얻었다. 야권의 입장에서 볼 때 친노가 없

---

4 "참여정부 시절은 이미 10년 전이다. 그 10년 전의 비전하고 10년 후 지금의 비전은 너무나 다를 수밖에 없다. 설령 노무현 대통령이 지금 다시 정치를 한다 하더라도 이제는 너무 다르지 않겠느냐. 왜냐하면 10년 전의 세월이 흘렀을 뿐만 아니라 참여정부의 여러 실패도 경험했으니까. 그런 점에서 이미 제가 갖고 있는 비전은 참여정부의 비전이나 노무현 대통령의 비전하고는 크게 다르다고 말씀드리고 싶다. 다만 제가 노무현 대통령과 가까웠던 사람이었고 그 분과 오랫동안 함께 했던 사람이라는 이미지는 가지고 가겠다."(문재인, 2012년 4월 18일 MBC라디오 '손석희의 시선집중')

었다면 지방선거를 어떻게 치렀을까라는 한숨이 나올 만하다. 특히 지방선거 직전 이른바 천안함 폭침이라는 사상 초유의 안보이슈가 등장했지만 선거 결과를 바꾸지는 못했다.

2012년 4.11 19대 총선을 '박근혜의 박근혜에 의한 박근혜를 위한 선거였다'고 정의할 수 있다면 2년 전인 2010년 6.2 지방선거는 '고(故) 노무현의 고(故) 노무현에 의한 고(故) 노무현을 위한 선거였다'고 봐도 무방하다.

노무현 대통령이 '노무현의 친구 문재인이 아니라 문재인의 친구 노무현'이라고 표현할 만큼 전폭적인 신뢰를 보냈던 문재인은 이미 그 당시 친노세력의 대선후보로 예정됐던 것이었다. 그의 표현대로 "나야말로 운명이다"가 현실이 돼버렸다.

부산에서 인권변호사로 오랜 기간 활동한 것은 물론 노무현이 대통령에 당선된 이후 청와대 내에서 그를 도왔다. 대통령 탄핵이라는 초유의 사태 때에는 네팔 안나푸르나에서 트레킹에 나섰다가 급거 귀국해 탄핵심판 법률대리인단을 꾸려 위기에서 노무현을 구했다.

이후 청와대에서 노무현을 도왔다. 시민사회수석과 민정수석을 거쳐 노무현의 임기 마지막인 2007년에는 비서실장으로 함께했다. 노무현의 퇴임 이후에는 경남 김해 봉하마을과 가까운 양산에 터를 잡았다. 퇴임 이후 박연차 사건으로 검찰 수사를 받게 되자 변호인을 맡았다. 노무현 서거 이후에는 장례절차를 도맡았고, 이후 노무현재단 이사장을 맡아 노무현 가치와 철학의 계승을 위해 전방위로 뛰었다.

문재인의 대통령 당선은 노무현의 부활이다. 노무현은 바보 노무현으로 상징되는 지역주의 타파의 아이콘이다. YS로 불리는 김영삼 전 대통령의 발탁으로 정치에 입문한 노무현은 3당합당에 반발 결별했고, 이후 DJ로 불리는 김대중 전 대통령의 협력 관계 속에서 대통령의 자리에 올랐다. 노무현의 문제인식은 87년 대선국면에서 양김의 분열이 없었다면 좋지 않았을까라는 점이다. "이의 있습니다"라며 YS의 3당합당을 거부한 노무현의 소신이 현실에 녹아나기 위해서는 영호남 민주화세력이 힘을 합치는 것이다.

문재인이 노무현도 이룩하지 못한 어려운 과제를 해결할 수 있을까. 그 문제를 해결한다면 문재인은 한국정치의 기린아로 떠오르는 것이다. 대선과정에서 어떠한 비전과 철학을 제시해 호남의 지지를 다잡고 새누리당의 강고한 텃밭인 영남에 균열을 낼 것인가라는 점이다.

문재인의 숙제도 없지 않다. 아직도 많은 국민들과 유권자들은 '문재인＝노무현의 비서실장'이라는 이미지 이외에는 문재인에 대해 많은 것을 알지 못한다. 노무현 대통령이 가장 어렵고 힘들 때 그리고 마지막을 지킨 의리남으로 각인돼 있다. 그 때문에 문재인은 노무현의 그림자로 불린다. 이후 문재인에게 추가된 대중적 인식 또한 저서《문재인의 운명》과 '힐링캠프' 출연을 통해 대중화된 특전사 공수부대 이미지 이외에 몇 가지 정도밖에 없다.

문재인이 대권으로 가기 위해서는 역설적으로 노무현을 딛고 일어서야 한다. 문재인이 야권의 최종 주자로 새누리당의 후보와 맞붙는다면 민주당 당내 경선과정은 물론, 안철수 서울대 교수와의 단일화, 대선 본선에서 끝없는 질문에 시달릴 것이다.

문재인의 홀로서기는 가능할까? 문재인의 입장은 한미 자유무역협정(FTA)에 대한 그의 인식에서 잘 드러난다. 한미 FTA는 진보진영의 반발에도 불구하고 보수세력의 환영 입장 속에 참여정부에서 추진됐다. 이후 이명박 정부 하에서는 재협상과 국회 비준을 놓고 격렬한 사회적 갈등이 일었다. 특히 참여정부 때 한미 FTA를 찬성했던 구여권 인사들이 격렬하게 반대하면서 상당한 사회적 논란을 불러 일으켰다. 이러한 대중적 인식은 박근혜 전 새누리당 비상대책위원장이 4.11 총선 정국에서 이른바 친노심판론을 제기한 근거가 됐다.

문재인은 2012년 6월 17일 대선출마 선언 이후 기자들과의 일문일답에서 한미 FTA에 대해 다음과 같이 말했다.

"무역수지가 우리 경제에서, GDP에서 차지하는 비중이 굉장히 크다. 통상개방국가의 길로 나아가지 않을 수 없다고 생각한다. 그래서 참여정부 때 개방과 통상을 더 강화해나갔던 것은 옳은 방향이었다고 생각한다. 다만 한·미 FTA에 대해서는 그 이후에 세계적인 금융위기를 겪으면서 뒤돌아보면 우리에게 일렀던 것이 아닌가 생각한다. 세계적인 조류였던 신자유주의 흐름 속에 우리가 너무 빠졌던 것 아닌가 그런 생각도 한다. 한편으로는 당연히 미국과 FTA도 언젠가 해야 할 길이지만 조금 더 국론을 모아서 했어야 했지 않은가 싶다. 그 당시에도 국민 간의 찬반이 많이 엇갈렸고 세월이 흐른 지금까지 국론을 분열시키고 있는 것을 보면 조금 더 많은 논의를 거쳐 국론을 모아서 추진했어야 했던 일이 아닌가 하는 반성이 든다. 그러나 어쨌든 한·미 FTA는 타결됐기 때문에 우리가 잘 이행을 해야 할 것이라 생각한다. 다만 우리 민주통합당이 여러 번 강조했듯 독소조항들에 대해서 미국과 재협상을 통해 독소성을 없애거나 줄여나가도록 노력할 필요가 있다고 생각한다. FTA 조항 속에서도 재협의 요청할 수 있게 돼 있다. 마지막 타결이 발효 전에도 이미 한번 조인을 했던 FTA를 미국 측 요구에 의해 재협상한 실례가 있다. 미국 측 요구 재협상은 해도 되고, 우리가 요구하는 재협상은 안 된다는 것은 말이 안 된다. 독소성을 줄여나가면서 FTA를 오히려 더 국가발전 성장의 계기로 삼을 수 있도록 우리가 노력을 해야 할 것이라고 생각한다."

문재인의 이러한 설명에 동의하는 국민들이 많아진다면 노무현을 벗어난 문재인의 홀로서기도 가능할 것이다. 다만 국민들이 여전히 고개를 갸우뚱한다면 노무현을 탈피한 문재인의 홀로서기는 가야할 길이 아직 남아있는 것으로 전망된다.

호남을 어떻게
끌어안을 것인가

문재인의 대권 방정식 중 가장 중요한 변수는 호남이다. 문재인의 대권경쟁력은 박근혜에게 철옹성과 같은 지지를 보내는 영남표심을 갈라칠 수 있는 경쟁력을 갖춘 후보라는 점이다. 다만 그것 역시 민주당의 텃밭인 호남의 막강한 지원이 전제돼야 성립되는 공식이다. 집토끼를 잡지 않고서는 산토끼를 잡는 것이 가능하지도 않고 성공한다 해도 효과는 미비할 수밖에 없다.

호남은 과거 2002년 대선에서 노무현을 전략적으로 선택, 김대중 전 대통령에 이어 정권재창출을 달성했다. 국민참여경선 당시 노무현은 광주에서의 돌풍을 바탕으로 대세론을 구가하던 이인제 후보를 누른 것이 대표적이다.

문재인이 대권으로 가기 위해 과거 노무현과 같은 호남의 집단적 지지가 필요하다.[5] 집토끼에 해당하는 호남표를 공고히 하지 않고서는 부산 경남(PK)을 필두로 한 영남 공략은 물론 안철수 서울대 교수로 상징되는 이념적 중도층 공략이 쉽지 않다. 집토끼를 안정시켜야 산토끼도 잡을 수 있는 것이다.

호남민심의 의문부호

문제는 이른바 친노세력과 호남은 늘 불편한 관계에 놓여있었다는 점이다. 민주당 대선후보경선 국면에서 이른바 DJ사람들로 분류되는 인물들은 친노 주류인 문재인보다는 친노색이 상대적으로 엷은 김두관 또는 손학규 지원 의지가 강하기 때문이다. 문재인에 대한 호남 지지율은 다른 지역과 비교할 때 상대적으로 낮다.

6월 13일 인터넷매체 프레시안과 원지코리아컨설팅이 민주당 전국 대의원 3599명을 대상으로 대선후보 선호도를 조사한 결과, 문재인 26.9%, 김두관 24.3%, 손학규 23.1% 등의 순으로 나타났다. 일반 국민들을 대상으로 한 여론조사에서 문재인이 압도적 1위를 달리는 것과 달리 대의원 조사에서는 빅3 후보 중 누구도 우위를 점하지 못한 것.

특히 호남 대의원들의 민심을 살펴보면 더욱 우려스럽다. 광주 전남 북 등 손학규 28.6%, 김두관 22.7%, 문재인 19.3%로 나타났다. 전국적으

---

5 문재인은 9월 6일 민주당 대선후보 선출을 위한 광주전남 순회 경선에서 과반에 육박하는 48.46% 지지를 얻으며 대세론을 굳혔다. 후보별로 팽팽한 접전이 펼쳐질 것이라는 전망을 뒤집은 것으로 2002년 대선 당시 노풍을 선택했던 호남 민심이 문풍을 선택한 것. 문재인은 경선 직후 "광주 전남에서의 1위는 특별한 의미가 있다. 그동안 광주 전남 시민들이 섭섭한 것들이 많이 있었을 텐데 다 털어내시고, 저에게 민주당 후보의 정통성을 부여해줬다"고 기뻐했다.

로 문재인이 3위로 내려앉은 지역은 호남이 유일하다. 친노에 대한 호남의 비우호적 여론이 여전하다는 점을 증명하는 것.

문재인 대망론에 대한 호남의 여론은 일단 관망세다. 국회의원들을 살펴보면 이러한 현상이 더욱 두드러진다. 문재인, 손학규, 김두관 진영에서 민주당의 본류인 호남 의원들의 지지를 얻으려 노력 중이지만 전체 여론이 아직 형성되지 않고 있는 것.

호남 의원들의 조심스러운 태도는 이용섭 해프닝에서도 잘 드러난다. 이용섭 민주당 정책위의장은 본인이 문재인 또는 손학규 지지성향으로 일부 언론에 분류되자 "지금은 보물 찾기 중"이라고 중립적 입장을 밝혔다.

이용섭 정책위의장은 "정책위의장직을 맡고 있는 동안에는 어느 한쪽에 치우치지 않고 철저하게 중립을 지킬 것"이라며 "저는 지금 '보물 찾기' 중이다. 정권교체를 이뤄낼 수 있는 보물, 진정으로 국민이 원하는 큰 바위 얼굴이 누구인지 신중하게 찾고 있다"고 설명했다. 아울러 "만약 그러한 후보를 찾게 되면, 당직을 내려놓고 공개적으로 지지하고 참여해서 대선 승리를 위해 뛸 것"이라고 밝혔다.

이처럼 30명의 호남 국회의원 중 상당수 의원들은 특정후보를 지지하기보다는 상황의 추이를 지켜보는 중이다. 대체적으로 의원들의 지지성향을 살펴보면 손학규, 김두관, 문재인의 순으로 나타나고 있다. 문재인이 역사 가장 열세다.

문재인에 대한 호남의 비우호적 여론은 민주당의 6.9 전대 과정에서도 여실히 나타났다. 문재인이 밀었던 이해찬 대표는 광주 전남에서 강기정, 김한길에 이어 3위를 기록했고, 전북에서도 김한길, 강기정에 이어 역시 3위를 기록했다. 특히 이해찬 대표가 그래도 호남의 맹주격인 박지원 원내대표와 연대 의사를 분명히 했지만 3위를 기록한 것은 충격적인 것이었다. 이는 문재인 대망론에 대해 호남민심이 여전히 의문부호를 찍고 있다는 것이다. 상대적으로 손학규 전 대표가 2010년 10.3 전대에서 호남의 전략적 지지를 바탕으로 대표에 오른 점과 극명하게 대비되는 점이다.

한국의 정치지형을 감안할 때 호남에 기반을 둔 민주당 출신 대선후보로 대선 본선은 쉽지 않다. 역으로 이야기하면 호남민심을 아우르지 못하는 영남 후보 또한 마찬가지다.

역사적으로도 친노와 호남은 끊임없이 반목해왔다. 길게는 지난 2002년 대선과정에서부터 가깝게는 민주당의 4.11 총선 공천을 놓고 끊임없이 불거졌던 사안이다. 특히 지난 2003년 11월 민주당 분당과 열린우리당의 창당, 참여정부 집권시절 대북송금 특검을 둘러싼 논란, 한나라당과의 대연정 논란 등은 친노와 호남 사이의 감정의 골을 깊게 패게 했다. 문재인 역시 참여정부 시절 부산정권 발언으로 곤욕을 치른 바 있다.

부산정권 발언은 지난 2005년 5월로 거슬러 올라간다. 당시 청와대 민정수석이던 문재인은 부산지역 언론인들과 만나 "(노무현) 대통령도 부산출신인데 왜 부산 시민들은 현 정권을 부산정권으로 안 받아들여주는지 이해가 안 간다. 대통령만 부산을 엄청 짝사랑한다"고 말했다. 파장은 엄청났다. 호남에서는 누가 대통령을 만들어줬는데 부산정권이라니 연일 비판이 이어졌다.

대선을 불과 9개월여 앞둔 4.11 총선 공천 국면에서 친노와 호남세력 간의 파열음은 상당했다. 이른바 노이사(친노, 이화여대, 486) 공천이라는 비아냥 섞인 신조어가 나면서 일부 호남세력의 반발은 극에 달했다. 동교동계 학살, 친노의 한풀이 공천이라는 원색적인 비난이 쏟아졌다. 새누리당이 박근혜라는 절대 강자의 힘으로 상대적으로 공천혼란을 잘 수습한 것과 대비되는 상황이었다.

일부 호남세력의 반발은 정통민주당의 창당으로 이어졌다.[6] 정통민주당 후보들은 4.11 총선에서 완주하면서 일부 접전지의 승부를 바꾸었다. 만약 정통민주당의 탄생이 없었다면 새누리당 과반 압승이라는 총선 다음날 언론의 헤드라인은 없었을지도 모른다.

4.11 총선 결과 새누리당 152석, 민주당 127석이었다. 정통민주당의 표가 모두 야권단일후보에게 갔다고 가정하면 상당수 지역에서는 결과가 뒤바뀌었을지 모른다. 구체적으로 살펴보면 서울 은평을에서 이재오 의원, 서울 서대문을에서 정두언 의원의 당선이 불가능했다. 정통민주당 출신 후보들이 얻었던 표가 새누리당, 민주당 후보의 표차보다 훨씬 많

---

6 "정치가 통합과 화합을 통해 정치를 해야 한다는 본인의 생각과 달리 (민주통합당이) 한풀이 정치로 전개되는 것은 안타까워 몸담았던 민주당을 떠나게 됐다. 4.11 공천과정에서 친노세력은 당권 장악을 위한 패권주의에 빠져 진정한 개혁을 통해 정권 교체를 갈망하는 국민의 시대적 요구를 외면하고 있다. 민주계 인사는 공천과정에서 반개혁 세력으로 몰리고, 지난 대선에서 이명박과 한나라당(현 새누리당)에 정권을 빼앗긴 세력이 반성 없이 민주당의 주력이 됐다. 원칙이 무시되고 반칙에 의해 결정된 이번 공천에는 승복할 수 없어 당을 떠나게 됐다."(한광옥 전 새천년민주당 대표, 3월 2일 국회 민주당 탈당 기자회견)

았기 때문이다.

민주당 경선과정에서도 호남의 반발은 이어졌다. 중도 사퇴했던 박준영 전남지사의 경우 예비경선 통과 이후 본경선에 임하는 입장에서 "정권재창출을 위해 대북송금 특검, 분당, 한나라당에 대연정 제의 등으로 국민을 실망시켜 530만 표 차이로 정권을 넘겨준 참여정부 출신 인사가 대통령 후보가 돼서는 안된다"고 못박을 정도다.

노무현 폐족을 링에 올리면 실패한다

친노에 매우 비판적인 한 호남 정치인은 친노 VS 반노의 대립구도가 아니라고 전제하면서 "문재인의 상품성은 폐족이라는 실패한 친노의 이미지가 강하다"며 문재인의 호남공략이 실패할 것이라고 단언했다

그는 "친노의 약점으로 (1) 민주당을 깨고 분당한 분열 (2) 정권실패와 오만 (3) 영남 패권주의 등의 이미지 때문에 어렵다며 호남 사람들은 이미 참여정부 때 친노의 무능과 오만을 뼈저리게 학습했다. 호남을 이용해 집권한 뒤 이후 내동댕이쳐졌다는 점을 잘 안다"고 지적했다.

참여정부 시절 친노세력의 호남홀대론도 정조준했다. 이 인사는 "2002년 대선 당시 호남은 민주당이 정권을 빼앗기면 안 되니 적극적으로 투표했다. DJ 때보다 지지율이 높았다. 그런데 노무현 대통령은 '이회창이 싫어서 날 찍었지 나 좋아서 찍었냐'고 말한 바 있다. 이는 공개된 발언이다. 문재인은 대북송금 특검 단행의 주모자다. DJ 때 대북사업 주도자들을 다 구속시켰던 게 문재인이다. 문재인의 발상은 DJ와 차별

화해서 독립정권으로 가야한다는 것이었다. 노무현 폐족을 링에 올리면 민주당은 실패한다"고 강력 경고했다.

특히 4.11 총선 참패와 관련, "친노의 실패"라고 규정했다. 전체 300석 중 최대 180석도 가능했는데 박근혜 전 새누리당 비상대책위원장에게 밥상을 차려줬다는 것. 이와 관련, "통합진보당 구당권파 오병윤 의원을 연합공천한 것도 친노작품인데 차라리 박근혜계라도 대승적 차원에서 이정현 후보가 당선되는 게 나았다"고 강조할 정도였다.

아울러 "호남은 권력에 굉장히 민감하다. 대선 본선에서 승산이 가능한 쪽으로 전략적이고 이성적인 판단을 할 것"이라며 "문재인을 내세워 정권교체는 어렵다. 노빠 카드는 더 이상 먹히지 않는다"고 말했다.

"문재인뿐만 아니라 또다른 친노주자인 김두관 경남지사 역시 마찬가지다. 호남민심에 영남후보를 내세우는 카드는 노무현 대통령 당시 써먹었던 구패러다임이다. 갈비탕처럼 재탕 삼탕 우려먹지 말라. 재탕삼탕 곰탕은 안 된다. 호남은 능력, 당선 가능성 등 포괄적으로 국민으로부터 사랑받는 사람을 원한다."

그는 "안철수 서울대 교수가 당적이 없어도 호남에서 1등이 나오는 이유를 알아야 한다"며 "안철수는 여야 대선구도로 본다면 기성 정치권에 대한 실망 때문이지만 친노폐족에 대한 반대 여론 때문이다. 친노 폐족카드는 더 이상 쳐다볼 필요가 없다"고 강조했다. 아울러 "친노잔당들의 3류식 정치발상은 이미 수권능력을 잃었다"며 "손학규 전 대표 역시 뿌리가 한나라당이라 어렵다"고 강조했다.

민주당 경선 주자였던 박준영 전남지사 역시 비슷한 시각이다. 박준영 지사는 문재인카드와 관련, 새누리당을 이길 수 없는 필패카드라며 지난 대선 참패에 대한 반성이 없다고 지적해왔다.[7] 특히 문재인이 민주당 대선후보로 선출될 경우 영남후보라는 강점도 없다고 단언했다.[8]

'호남을 잡아라' 문재인 전략은?

문재인은 노무현 3주기를 앞두고 광주 무등산에서 노무현 추모산행에 나서면 호남민심 끌어안기에 나섰다. 문재인은 무등산 추모산행에서 민주당 분당과 열린우리당 창당을 잘못된 것이라며 친노 VS 비노의 프레임 극복을 주문했다. 국회의원 임기를 시작한 첫날인 5월 30일 권양숙 여사와 함께 여수 엑스포를 관람한 것도 비슷한 맥락이다.

문재인의 호남구애는 동교동계 좌장인 권노갑 상임고문과의 접촉 사

---

7 "지금 참여 정부 인사들이 대선 후보로 나가서는 절대 새누리당 못 이긴다. (2007년 대선에서) 통합을 했어도 530만 표 차이였다. 그것은 정동영 후보가 못 나서도 아니고 참여정부에 대한 심판이다. 참여정부가 잘한 것도 있지만 결과적으로 국민들을 너무 피곤하게 했다. 젊은이들 일자리가 안 생긴 것은 말할 것도 없고, 대북 송금 특검, 민주당 분당, 그 다음에 국정에 자신이 없으니까 한나라당에 연정을 제안했다. 그 결과 530만 표로 졌는데 지금 이제 민주당을 이상하게 접수해서 국민들한테 그것에 대해 아무 의견을 표시하지 않고 다시 우리들을 집권하겠다. 그럼 국민들이 누가 믿겠느냐. 필패카드라고 본다. 모든 다른 후보들이 거기에 다 약간씩 차이는 있지만 다 동의하는 것 같다."(박준영, 7월 24일 불교방송 라디오 '고성국의 아침저널')

8 "마치 호남은 민주당의 안방처럼 생각하고 거기에 뭔가 플러스가 되어야 되니까 그렇게 해서 영남 후보 구분한다. 그런 말이 정치공학적으로 옳을 수도 있다. 지금 호남 분들도 거기에 동의하지 않고 아주 기분 나빠하죠. 특히 과거 노무현 대통령이 당선되자마자 호남 사람들이 '내가 좋아서 찍었냐, 이회창이 싫어서 찍었지' 뭐 이런 얘기 하는 것을 다 기억하고 있죠. 그 다음에 노무현 대통령의 그림자라고 했던 문재인 씨 같은 경우는 참여정부는 부산정권이라는 얘기를 공공연하게 했거든요. 안하무인격으로 국민을 보고 정치적인 이익을 위해서 영남 후보론이 필승이라고 얘기하는 것은 다분히 정치공학적이고 다른 일정한 국민들을 무시하는 거죠. 그렇게 해서는 절대 못 이긴다고 본다. (박준영, 7월 24일 불교방송 라디오 '고성국의 아침저널')

실에서도 잘 드러난다. 권 고문은 김대중 전 대통령의 가신그룹이 동교 동계의 좌장. 권 고문의 지지를 이끌어낼 수 있다면 문재인에 대한 호남 민심도 다소 누르러질 수 있기 때문이다.[9] 국민의정부 인사들에 대한 영입 노력은 줄곧 지속됐고 일부 성과도 있었다.[10]

문재인은 6월 17일 대선출마를 공식 선언한 이후 이른바 호남표심 잡기에 엄청난 공을 들였다. 6월 21일 광주 전남 방문 일정을 예로 들어보자. 문재인은 새벽부터 밤늦게까지 거의 매시각 단위로 일정을 소화하며 호남민심 잡기에 공을 들였다.

07:10	광주 서부 농수산물 도매시장 방문
08:00	새벽시장 상인들과 곰탕 조찬간담회
10:00	일자리박람회 참석(DJ센터)
11:15	광주 노인복지센터 배식자원봉사
13:30	남평문 씨 문중 방문(전남 나주 남평면 문바위)
15:30	전남도의원 초청 간담회(전남 도의회)
17:00	해남 대흥사 주지스님 차담
18:00	목포로 이동
20:00~21:00	목포 평화광장 산책, 시민들과의 만남

---

9 "현재 동교동의 역할은 특별히 어느 후보를 위해 일하는 것을 지양하고 어느 후보에게도 중립을 지키면서 선의의 경쟁을 해서 거기서 당선된 사람을 우리가 적극적으로 도와서 대통령 선거에 승리할 수 있도록 총력을 기울이고 전국을 누비면서 그 후보를 위해서 당선되도록 노력할 것을 동교동 식구들은 굳게 다짐하고 있습니다."(권노갑 민주통합당 상임고문, 7월 20일 TV조선 '장성민의 시사탱크'에 출연, 대선국면에서 동교동계 역할론을 묻는 질문에)
10 8월 19일 문재인 후보 담쟁이 캠프가 발표한 영입 명단이다. 이용희(전 국회부의장), 김옥두(전 새천년민주당 사무총장), 조순용(전 국민의정부 청와대 정무수석비서관), 박금옥(전 국민의정부 청와대 총무비서관), 박인환(전 전남도의회 의장), 김관선(전 전남도의원, 김대중 대통령 조카), 박찬국(전 서울시의원), 민상금 (전 토지공사 감사), 염국(민주당 당직자협의회 조직위원장)

과연 문재인의 호남민심 잡기는 성공할까? 안철수라는 강력한 라이벌은 물론 2010년 10월 민주당 전당대회 과정에서 정동영, 정세균 등 민주당이 배출한 대표적인 호남 정치인을 누르고 대표에 오른 손학규 전 대표의 고지를 넘어서야 한다.

문재인의 해답은 6월 20일 광주방문 당시 기자간담회에서 잘 드러나 있다. 문재인은 친노에 대한 호남정서가 호의적이지 않다는 지적에 분열 프레임을 깨고 단합을 강조해왔다.

"지금 민주통합당 내에 친노 VS 비노 또는 호남 VS 비호남, 이런 프레임들은 대단히 유감스러운 일이라고 생각한다. 우리가 하나로 힘을 모아야만, 단합되어야만 정권교체를 해낼 수 있는 것인데 우리가 분열된다면 정권교체는 어려워진다. 기본적으로 친노 VS 비노, 호남 VS 비호남 프레임은 우리를 분열시키고 힘을 약화시키려는 대단히 악의적인 프레임이라고 생각한다. 다만 우리 당내에서도 이런저런 정치적 필요가 있을 때면 그런 프레임들을 사용하는 분들이 계신 것 같다. 예를 들면 친노라고 지칭되는 분들이 빌미를 제공한 측면도 있어서 그런 프레임들이 자꾸 사그라지지 않고 있다. 반드시 극복해야 한다고 생각한다. 한편으로는 친노라고 지칭되는 분들이 빌미를 제공한 점에 대해서는 크게 반성하면서 극복 노력해야겠고, 한편으로는 당내에서 친노 VS 비노 사용하는 분들도 그러지 말자고 당부드리고 싶다. 그런 프레임 극복하고 단합하는데도 앞장서서 노력하겠다는 말씀 드리겠다."

문재인은 민주당 대선후보 경선 기간 내내 호남표심을 얻기 위해 분

주했다. 8월 20일 광주전남 언론간담회에서는 "호남의 정치적 아들"이

라는 표현까지 사용하며 호남공략에 공을 쏟았다.[11]

---

11 문재인은 이날 간담회에서 "과거 전남 광주 지역이 노무현 후보를 절대적으로 지지해서 우리 노무현 대통령을 대통령으로 당선시키고 참여정부를 만들었듯이 이번에도 광주 전남시민들이 제가 민주통합당 후보가 된다면 저에게도 그와 같은 지지를 다시 성원을 다시 보내주시리라 기대하고 있다"고 밝혔다.

누가 그를 돕고 있나?

문재인 사단의 핵심은 친노다. 다만 친노 편중은 이른바 4.11 총선과정에서 불거진 친노 독식논란을 불러일으킨다는 점에서 친노세력을 아우르는 한편, DJ와 호남표심에 영향을 미칠 수 있는 동교동계 영입 등 외연확장을 시도할 것으로 예상된다. 문재인 선거대책본부인 담쟁이 캠프는 8월 19일 김옥두 전 새천년민주당 사무총장, 조순용 전 국민의정부 청와대 정무수석 등 9명의 동교동계 인사 영입에 성공했다.

문재인 사단의 핵심은 참여정부 시절 청와대에서 인연을 맺었던 인사들이다. 또 4.11 총선 이후 여의도 입성에 성공한 친노직계로 불리는 30여 명의 의원들도 든든한 후원군이다. 아울러 노무현 대통령 만들기 일등공신이었던 노사모는 물론 노무현재단, 문재인 팬클럽 등도 광범위한 지원 그룹이다.

주요 정치권 인사로는 이해찬 민주당 대표, 한명숙 전 총리, 문성근 전 최고위원이 눈에 띈다. 특히 6.9 전당대회에서 이해찬 후보가 천신만고 끝에 당권을 장악한 것은 고무적인 일이다.

또 문재인을 지근거리에서 도와왔던 이호철[12] 전 청와대 민정수석은 물론 양정철 전청와대 홍보기획비서관도 주목해야 한다. 문재인은 이른바 양철(이호철·양정철)의 작품이라는 평가가 나올 정도로 핵심 참모 그룹이다. 문재인의 경남고 후배인 이호철 전 수석은 4.11 총선 선거에서 문재인 캠프 좌장 역할을 맡아 총선을 진두지휘했다. 문재인의 복심으로 불릴 정도로 신뢰가 두텁다. 양정철 전 비서관은 자서전《문재인의 운명》집필에 크게 기여했고 초대 노무현재단 사무처장을 지냈다. 아울러 문재인의 대선출마 선언문도 그가 다듬었다.

고 노무현 대통령의 부산인맥을 뜻하는 부산갈매기파도 주목할 만하다. 이들은 과거 노무현 전 대통령이 잦은 낙선으로 부산에서 어려움을 겪을 때 십여 년 이상 의리로 뭉쳐 보좌해온 그룹이다. 이번 대선에서는 문재인의 대선 영남전투를 지원사격할 것으로 보인다. 부산대 총학생회장 출신으로 486그룹인 최인호, 송인배 등이다. 이들은 문재인 후보가 과거 참여정부 청와대 시절 386참모들의 군기반장으로 불린 이호철 전 수석과 함께 부산파로 불렸다.

---

12 이호철은 캠프 구성에서 친노-비노 프레임으로 상징되는 진영 논리를 깨기 위해 2선으로 물러났다. 4.11 총선 정국에서 문재인에 대한 보좌를 잘 못했다는 내부 비판의 중심에 서면서 공개적 활동을 접었다. 이호철은 이후 담쟁이포럼을 구성할 당시에도 참여정부 고위직을 들어가지 말자며 본인도 참여를 자제했다. 담쟁이포럼에 참여한 친노인사 중 백원우 전 의원이 가장 고위인사가 된 것도 이 때문이다.

또 노무현 전 대통령의 마지막 비서관으로 불리는 김경수 공보특보와 문재인의 일거수 일투족을 동행하며 수행을 총괄하는 윤건영 보좌관도 핵심 측근이다. 김경수 특보는 노무현 전 대통령 퇴임 이후 봉하마을에서 마지막까지 노 대통령을 보좌, 노무현의 마지막 비서관으로 불린다. 윤 보좌관은 참여정부 청와대에서 정무기획비서관을 지냈으며 노무현재단 기획위원으로 활동했다.

핵심적인 팬클럽 조직도 눈에 띈다. 문사모, 문풍지대, 젠틀재인 등 지지자 그룹은 6월 17일 서울 서대문독립공원에서 열린 대선출마 선언식에서 수백여 명이 운집해 문재인을 응원했다. 전국 조직을 갖춘 만큼 향후 문재인의 대선행보에 큰 힘이 될 것으로 보인다.

아울러 회원만도 20만 명을 넘어선 노무현재단도 강력한 후원그룹이다. 특히 탈상으로 불린 고 노무현 3주기에서 노무현재단 회원들이 보여준 엄청난 온오프라인상의 파워를 감안할 때 연말 대선정국에서 '문재인=어게인 노무현'을 외칠 경우 저변 확대에 상당한 영향을 미칠 것으로 예상된다.

또 참여정부 장차관 출신 모임인 '참정회', 청와대 비서관 모임인 '청우회', 이해찬 전 총리가 주도했던 진보진영 싱크탱크인 '광장' 등도 문재인의 대권행보에 도움이 될 것으로 보인다.

아쉬운 점은 외연확대다. 친노 위주로 문재인 사단이 구성될 경우 외연확대의 어려움이 있기 때문이다. 4.11 총선에서 대구 수성갑에 출마, 40%대의 득표율을 올리며 존재감을 과시했던 김부겸 전 최고위원과 동교동계의 좌장인 권노갑 상임고문의 영입에도 공을 들였다.

지역적으로도 지나치게 영남 인사들이 편중돼 있다는 지적이 나온다. 문재인의 대권도전은 민주당의 텃밭인 호남의 든든한 지원 없이 불가능하다. 이 때문에 원내대표 선거 및 6.9 전대 과정에서 전략적으로 연대했던 박지원 원내대표가 적잖은 역할을 할 것으로 전망된다. 아울러 486그룹의 상징이던 임종석 전 사무총장 낙마를 놓고 빚어진 불편한 관계를 감안할 때 이인영, 우상호, 오영식 등 486그룹의 지지를 얻는 것도 절실하다.

정책그룹도 눈에 띈다. 성경륭 전 청와대 정책실장이 대선공약과 정책개발을 주도한 것으로 알려졌다. 성경륭 교수는 참여정부 청와대에서 국가균형발전위원장을 4년 동안 맡으며 지방분권 정책을 주도했다.

대선싱크탱크격인 담쟁이포럼도 눈에 띈다. 한완상 전 대한적십자사 총재가 대표를 맡았고 참여정부 청와대 정책실장을 지낸 이정우 교수가 연구위원장을 맡았다. 또 실무 사무국장에는 문재인의 총선 슬로건 '바람이 다르다'를 쓴 카피라이터 정철 씨가 맡게 됐다. 이외에도 공지영 작가, 김용택 안도현 시인, 차승재 영화제작가협회 회장, 《나는 꼼수다》의 탁현민 기획자 등이 참여했다.

국회의원

이상민, 유기홍, 김태년, 장병완, 홍영표, 김상희, 민홍철, 유대운, 서영교, 윤후덕, 백군기, 김경협, 김용익, 김윤덕, 김현, 도종환, 이학영, 전해철, 박남춘, 최민희, 박수현, 임수경, 박범계, 홍익표, 배재정 등

담쟁이포럼(전문가 네트워크)

한완상(前 적십사자 총재), 이정우(경북대교수), 김수현(세종대교수), 유시춘(前 국가인권위 상임위원), 배옥병(무상급식사회연대회장), 이이화(역사문제연구소 소장), 정철(카피라이터) 등

지역미래포럼 준비위원회(가칭) ※지역균형발전 전문가 그룹

성경륭(한림대), 변창흠(세종대), 박능후(경기대), 황호선(부경대), 김민배(인하대), 강희경(충북대), 송재호(제주대), 박기영(순천대)

학계

조흥식(서울대), 이근(서울대), 고철환(서울대), 윤순창(서울대), 김창엽(서울대), 문정인(연세대), 김윤재(한신대), 이혜경(연세대), 이은영(외대), 김정란(상지대), 정해구(성공회대), 이태수(현도사회복지대), 김기정(연세대), 최경실(이화여대), 김창용(인제대), 김한상(경희대), 이기숙(신라대), 박명광(前 경희대 부총장), 이수훈(경남대), 정상호(서원대), 김종철(연세대), 조대엽(고려대), 조명래(단국대), 정태호(경희대), 채진원(경희대), 김연철(인제대), 백수인(조선대), 선한길(순천대), 김선화(순천향대), 조기숙(이화여대), 원동욱(동아대), 이종오(명지대) 등

언론계

임재경(前 한겨레신문 부사장), 최홍운(前 서울신문 편집국장), 조상기(前 한겨레 편집국장), 장행훈(前 동아일보 편집국장), 강기석(前 경향신문 편집국장), 서동구(前 스카이라이프 사장), 마권수(前 방송위원회 상임위원), 김주원(前 기자협회장), 노진환(前 서울

신문 사장), 김철수(前 KBS PD), 박래부(前 언론재단 이사장), 심경호(전남대) 등

문화예술계
현기영(작가), 김용택(시민), 안도현(시인), 차승재(영화제작가협회 회장), 김영준(다음기획 대표), 공지영(작가), 탁현민(공연연출가), 정종준(배우) 등

법조계
송철호(변호사), 강병국(변호사), 박성수(변호사), 안병용(변호사), 최봉태(변호사), 조민행(변호사), 천경득(변호사), 조동환(변호사), 김애경(국제변호사), 신지연(미국 변호사) 등

서포터즈/팬카페
문사모(박수현), 문풍지대(박영운 변호사), 젠틀재인(ID 규리아빠), 문 WALK(청년모임–홍대앞에 북 카페 개설) 등

기타
허성관(前 행자부장관), 윤광웅(前 국방부장관), 이종석(前 통일부장관), 권기홍(前 노동부장관), 정동채(前 문화관광부 장관), 김만복(前 국정원장), 백종천(前 청와대 안보정책실장), 최낙정(前 해양수산부 장관), 정찬용(前 청와대인사수석), 이봉조(前 통일부 차관), 송영무(前 해군참모총장), 이택순(前 경찰청장), 김도식(前 경기경찰청장), 박종환(前 충북경찰청장), 이상국(前 KBO 사무총장), 최수만(IT미디어연구소 소장), 유영진(부산시 약사회 회장), 송민호(제주도 한의사회 회장), 윤정원(前 대구여성회 회장), 정명수(前 연세대 총학생회장), 지용호(前 경희대총학생회장), 성수희(前 세종대 총학생회장) 등

문재인 민주당 대통령후보
경선 선거대책본부(담쟁이 캠프) 인선

선거대책본부장(공동) 노영민, 우윤근, 이상민

기획본부장 이목희

정책총괄본부장 이상민 / 간사 : 박남춘

- **경제정책본부장** 장병완
- **일자리혁명 본부장** 은수미
- **4대성장 추진본부장** 이계안(前 의원)
- **강한복지 추진본부장** 김용익
- **공정사회 추진본부장** 박범계
- **행복한 교육 추진본부장** 유기홍
- **국민참여 정책본부장** 한병도(前 의원)
- **정책특보** 민홍철, 박수현, 서영교, 임수경, 정호준, 최민희

홍보미디어 총괄본부장 노영민

- **홍보기획본부장** 정철(카피라이터)
- **캠페인전략본부장** 김영준(다음기획 대표)
- **미디어본부장** 배재정
- **디지털캠페인본부장** 문용식(前 나우콤 대표이사)

지역조직 총괄본부장 우윤근 / 간사 : 전해철

- **권역본부장** 정호준, 서영교, 유기홍, 유대운, 이목희, 최민희, 강성종(前 의원), 윤후덕, 김도식(前 경기지방경찰청장), 김경협, 김창호(前 국정홍보처장), 이학영, 전해철, 홍영표, 박남춘, 박범계, 이상민, 최인호(前 민주통합당 부산시당위원장), 박수현, 장병완, 우윤근, 김윤덕, 민홍철, 남영주(前 국민고충처리위 상임위원), 윤지홍(안동대 교수), 노영민, 안봉진(변호사), 송철호(前 국민고충처리위원장)

부문조직 총괄본부장 홍영표

- **직능본부장** 이학영

- 시민사회본부장 이용선(前 혁신과통합 공동대표) / 간사 : 최민희
- 노동본부장 김경협
- 여성본부장 김상희
- 2030본부장 김광진
- 인권본부장 장향숙(前 의원)

비서실장 윤후덕
대변인 도종환, 진선미
종합상황실장 김윤덕
홍보고문 최창희(더일레븐스 대표)
상임특보단장 정동채(前 문화관광부장관)
- 조직특보단장 유대운

문재인의 친구들 멘토 백원우(前 의원)

문재인 민주당 대통령후보
경선 선거대책본부(담쟁이 캠프) 인선

2차 발표(8월 23일)

공동선거대책위원장

이석현 (14, 15, 17, 18, 19대 국회의원)

권기홍 (제14대 단국대총장, 제20대 노동부장관)

안도현 (우석대학교 문예창작학과 교수, 시인)

허정도 (前 YMCA 전국연맹 이사장, 前 부마민주항쟁기념사업회 회장)

주거복지본부장 김진애 (前 국회의원, 前 민주당 4대강사업국민심판특위 위원장)

국방안보특별위원장 백군기 (現 국회의원, 前 육군 제30야전군 사령관)

중소기업특별위원장 이재한 (前 중소기업중앙회 부회장, 한국주차설비공업협동조합 이사장)

정책특보 윤관석 (現 국회의원, 前 민주개혁인천시민연대 사무처장)

미디어특보

조순용 (前 대통령비서실 정무수석비서관, 前 KBS 정치부장)

박광온 (前 MBC 보도국장, 前 MBC 뉴스데스크 앵커)

조직특보

강래구 (대전동구 위원장)

박인환 (前 전남도의회 의장)

김관선 (前 전남도의원)

박찬국 (前 서울시의원)

민상금 (前 한국토지공사 감사)

염국 (민주통합당 당직자협의회 조직위원장)

지방자치특보

박영순 (대전대덕구 위원장)

4

여론조사 지지율 추이 분석

여론조사는 대의 민주주의를 택한 대한민국 정치제도에서 특정 정치인에 대한 대중적 지지를 확인해 볼 수 있는 유일무이한 객관적 자료다.

다만 기성 정치에 실망한 무관심층이 확대되면서 여론조사는 조롱을 받았다. 대표적인 게 2010년 6.2 지방선거다. 투표함 뚜껑을 열기 전만 해도 새누리당의 전신인 한나라당의 압승이 예고됐다. 선거를 얼마 남겨두지 않고 천안함 폭침사건이라는 초대형 안보이슈가 발생하면서 보수진영에 유리하다는 분석이 지배적이었기 때문. 주요 여론조사기관들의 예상도 여권 압승이었다. 결과는 정반대였다. 야권의 압승으로 나타났다.

여론조사의 정확성 논란에도 불구하고 안철수를 보면 여론조사의 힘이 느껴진다. 정치와는 전혀 상관없는 길을 걷던 안철수가 대중적 지지가 확인된 여론조사상 지지율을 바탕으로 강력한 정치적 파워를 행사하고 있다. 여야의 유력 정치인들처럼 매일 현안에 대해 언급하고 전국 방방곡곡을 돌아다니는 민심탐방에 나선 것도 아니다. 안철수는 뚜렷한 정치적 행보 없이 20% 안팎의 지지율을 유지해왔다. 박근혜와의 양자구도에서도 유일하게 오차범위 내 접전을 펼치고 있다. 박근혜, 안철수, 문재인 등 이른바 빅3 후보들을 제외한 여야의 잠룡들이 마의 5%를 넘기 위해 전력을 다해온 것도 이 때문이다.

문재인은 정치입문 이후 여론조사 지지율 면에서 가능성과 한계를 모두 보였다. 특히 안철수라는 막강한 장외주자를 누르고 지역과 조직을 갖춘 제1야당의 차기주자가 현 정부 내내 대세론을 구가해왔던 박근혜를 턱밑에서 위협하자 야권 지지자들은 열광했다. 정권교체가 막연한 가능성이 아닌 현실이 될 수도 있다는 데이터였기 때문. 4.11 총선 이후에는 정체상태를 겪었다. 박근혜의 총선 압승은 물론 민주당 대선경쟁이 본격화하면서 김두관, 손학규의 거센 추격전이 시작됐기 때문이다. 아울러 저서 출간과 방송 출연으로 대권행보를 본격화한 안철수의 활발한 움직임도 문재인 지지율 상승의 장애물이다. 다만 문재인은 자신의 지지율 정체 현상에 대해 크게 개의치 않는다는 입장을 밝혀왔다.[13]

문재인 차기 지지율은 어떻게 움직여 왔나

문재인은 주요 여론조사기관의 차기 지지율 조사 대상이 아니었다. 현실정치 참여를 워낙 강력하게 고사해온 탓에 그를 대선에 나설 주자로 대중과 언론이 여기지 않았기 때문이다.

그런 그가 각종 여론조사기관의 차기 주자 지지율 조사에 포함된 것은 2011년 4월경이다. 고 노무현 전 대통령 2주기를 앞둔 시점이다. 나꼼수로 유명한 딴지일보 김어준 총수가 문재인을 주목한 것도 이 무렵이다.

이후 저서《문재인의 운명》출간 이후 여론의 스포트라이트를 받으며 꽤 괜찮은 지지율을 기록했다. 특히 '나야말로 운명이다'는 문재인의 고백은 정치참여 여부를 암시한 글이라는 해석이 나오면서 관심이 집중됐다.

문재인은 2011년 7월 중순 뉴시스가 모노리서치에 의뢰한 차기 여론조사에서 박근혜에 이어 2위를 기록했다. 처음으로 손학규를 추월해 야권 주자 중 1위를 기록했던 것. 정치권 안팎에서 문재인 대망론에 대한 설왕설래가 없지 않았는데 정치적으로 현실화할 가능성을 보여준 첫 조사였다.

---

13 "박근혜 후보의 대세론은 깨졌다. 박근혜 후보가 지지율 1위라는 것도 잘못된 표현이다. 박근혜 후보는 새누리당 쪽에서 거의 단독 후보인 반면에 민주당은 후보들이 나뉘어져 있다. 다자구도 지지율을 조사하면 박근혜 후보가 그 반사효과 때문에 앞선다. 일대일 가상대결구도에서 박근혜 후보는 안철수 교수에게 뒤지고 있는 상황이다. 심지어 저하고도 급전된 상황이기 때문에 지지율 1위는 아니다. 당내 후보들 가운데 어느 지역이든 제 지지도가 가장 높은 게 현실이고 호남에서도 마찬가지다. 당내 조직력이 뒤지지만 자발적인 시민들의 참여가 크게 늘고 있기 때문에 결국 제가 경선에서 이기게 될 것이라 믿는다. 호남 지지율에서는 안철수 교수에게 뒤지고 전국의 많은 곳에서도 그렇다. 제가 민주당 후보가 되면 나누어져 있던 지지도가 합쳐지고 시너지효과까지 생기면서 호남에서의 지지도가 크게 오를 것이다. 과거 광주 전남지역이 노무현 후보를 절대적으로 지지해서 대통령으로 당선시키고 참여정부를 만들었다. 광주 전남시민들이 저에게도 그 같은 지지와 성원을 다시 보내주시리라 기대하고 있다."(문재인 8월 20일 광주 전남 언론간담회, 박근혜와의 양자대결에서 안철수에 뒤지고 호남에서 지지율이 상대적으로 낮다는 지적에)

문재인이 부상하기 이전까지 친노세력 부동의 차기 주자는 유시민 전 통합진보당 공동대표였다. 실제 문재인이 차기 후보군에 포함되고 지지율이 상승세를 타면서 유시민 전 공동대표는 유의미한 지지율을 기록한 적이 없다. 지지기반이 겹치다보니 문재인에게 지지율을 잠식 당한 것.

다만 2011년 10.26 서울시장 보궐선거 전인 9월초 안철수의 서울시장 출마설이 나돌고 안철수가 차기 지지율 조사에 포함되면서 문재인의 지지율은 하락세로 돌아섰다.

해를 넘기고 문재인의 지지율은 시작이 좋았다. 유력 정치인들의 일거수일투족을 현장에서 지켜보는 정치부 기자들의 선택을 받았다. 미디어오늘이 국회를 출입하는 정치부 기자 197명을 대상으로 차기 대통령 적합도를 물어본 결과, 문재인은 24.9%로 1위를 차지했다. 각종 여론조사에서 부동의 1위를 달렸던 박근혜는 17.8%로 2위였다. 손학규가 15.7%로 3위였고 장외주자인 안철수는 10.2%(20명)였다.

이후 문재인의 지지율은 거칠 것이 없었다. 1월초 SBS예능프로그램인 '힐링캠프' 출연 이후 폭넓은 대중성을 확보하면서 지지율이 10%대 중반으로 급등했다. 리얼미터(대표 이택수)의 1월 둘째주 주간정례조사에서 지난주보다 5.9% 포인트 상승한 14.6%를 기록했다. 지난해 8월 안철수 서울대 교수 등장 당시 최고치(11.7%)를 기록한 이후 줄곧 하락했던 지지율을 다시 끌어올렸다.

특히 4월 총선을 앞두고 낙동강전투에 대한 기대감이 최고조에 오른

2월 초중반에는 최고치를 기록했다. 안철수를 제치고 2위로 뛰어올랐다. 박근혜와의 양자대결에서도 오차범위 내 접전 구도에 접어들며 무한한 가능성을 보였다. 리얼미터의 2월 둘째주 주간정례조사에서 양자대결 구도에서 박근혜 44.3% VS 문재인 43.0%로 1.3% 포인트 차이의 초박빙 승부를 연출했다. 리얼미터의 2월 넷째주 조사에서는 다자구도에서 21.1%로 2위를 기록, 안철수(18.1%)와의 격차를 3% 포인트 차이로 벌렸다. 또 양자대결 구도에서도 박근혜 44.6% VS 문재인 44.9%로 오차범위 내 접전을 이어갔다. 반면 안철수는 총선국면에서 강남출마설 신당창당설 등을 부정하며 소극적 행보를 보이면서 지지율 정체에 머물렀다.

이후 지지율은 하락했다. 문재인은 3월 5일 한국갤럽이 발표한 3월 첫째 주 대선 후보 지지율 조사에서 16%를 기록, 박근혜 32%, 안철수 23%에 이어 3위를 기록했다. 1월 첫째주 7%에서 8주 연속 지지율 상승세가 멈춘 것.

특히 4.11 총선 성적표가 기대치에 미치지 못하자 지지율은 급속도로 빠졌다. 20%를 상회했던 다자구도 지지율은 10%대 초반으로 내려앉았다. 박근혜와의 양자대결 역시 15% 이상으로 격차가 벌어졌다.

문재인의 지지율은 2012년 5~6월 정체상태를 겪으며 10%대 초반의 3위를 기록했다. 민주당의 6.9 전당대회 과정에서 불거진 이(李) 박(朴) 담합론의 여파 때문이다. 문재인은 지난 6월 대선출마 선언 이후, 활발한 행보 속에 지지율이 반등하며 7월 중순까지 안철수와 2위를 다투는 상황으로 올라섰다. 다만 책 출간과 방송출연 등 안철수의 재등장 이후 지지율이 반토막나며 10% 안팎으로 내려앉았다. 민주당 경선이 본격화하면서 다소 반등 조짐은 있지만 한때 차기 대선다자구도에서 지지율 2위에 오르며 양자대결 구도에서조차 박근혜를 위협했던 것에 비하면 아쉬운 대목이다.

길게 보면 문재인의 지지율은 지난 여름 급등세를 타다가 안철수 등장 이후 하락, 연초와 총선정국에서 급등한 이후 총선을 거치며 다시 하락하는 롤러코스터 행보를 보였다. 문재인의 지지율은 다시 반등할 수 있을까.

여론조사 전문가가 본 문재인 지지율 전망

■ 이택수 　리얼미터 대표

문재인의 인지도는 생각보다 낮다. 모든 국민이 알고 있을 것이라고 생각할 수 있지만 80%대다. 반면 박근혜와 안철수의 인지도는 90%대다. 문재인을 주목했던 것은 2010년 6.2 지방선거다. 결과적으로 김두관 경남지사가 당선됐지만 그 이전에 야권후보로 문재인을 넣고 여론조사를 해봤다. 결과는 예상보다 좋지 않았다. 특히 경남은 고향인데도 예상보다 지지율이 낮았다. 여론주도층이 문재인이 정치권에 입문할 경우 지지율도 잘 나오고 주목을 받을 것이라고 예상한 것과 정반대였다.

문재인이 리얼미터의 차기 지지율 조사에 처음 포함된 것은 2011년 5월 무렵이었다. 노무현 대통령 2주기 직전이었다. 처음에는 3% 정도가 나왔는데 지지율이 높아지기 시작했다. 그 당시는 분당을 재보선에서 승리했던 손학규 전 민주당 대표가 정점이었다. 재보선 이후 손학규가 주춤하기 시작했다. 특히 야권 차기 주자 1, 2위를 다투던 손학규와 유시민의 경우 표의 확장성 문제가 있으니 야권 안팎에서 조심스럽게 대안을 찾던 시기였다.

문재인은 2011년 7~8월 손학규 야권 차기 주자로 선두경쟁을 벌였다. 저서《문재인의 운명》이 베스트셀러 위치에 오를 때였다. 8월 중순에는 처음으로 두자릿수 지지율을 기록하며 손학규를 추월했다. 문재인에 대한 기대감과 손학규 대표에 대한 피로도가 동시에 반영된 것이었다. 상승세를 타던 지지율은 9월 들어서면서 주춤해졌다. 결정타는 안철수의 혜성과 같은 등장이었다. 안철수는 등장과 함께 대선 다자구도에서 박근혜에 이어 2위를 기록했다. 10.26 서울시장 보선 이후에는 더욱 위력적이었다.

해가 바뀌고 2012년 1월초 '힐링캠프'에 출연하면서 문재인의 지지율이 급등했다. 8%대에서 10%대 중반으로 급등했다. 2월 20일 안철수를 이기며 처음으로 다자구도에서 2위에 올라섰다. 2월말 정점이었던 문재인의 지지율은 5월 들어서며 10%대 초반으로 하락했다. 역시 총선이 가장 큰 문제였다. 본인은 부산 사상에서 승리했지만 낙동강벨트에 대한 성적표가 아쉬웠다. 또 총선 이후에는 담합 논란으로 확산된 이박연대가 악재였다.

결과론적이지만 현실정치 데뷔에 뜸을 들이면서 총선에 출마하지 않고 장외에 남아있었다가 들어왔다면 지지율이 더 높아질 수도 있었다.

214

7월말 이후 문재인의 지지율의 반등 여부는 김두관 변수와 맞물려 있었다. 당내 경선의 경쟁자는 김두관밖에 없었다. 김두관의 선전은 곧 문재인의 지지율 하락으로 이어질 수 있기 때문. 다만 김두관은 문재인과 너무 대립각을 세우면서 지지층이 이탈했다. 차라리 문재인보다는 손학규를 공략하면서 2위 자리를 수성한 뒤 결선투표에서 대역전극을 노리는 것이 나았다.

현재 민주당 대선후보 경선 구도상 문재인이 유리하다. 손학규와 김두관은 결선투표를 앞두고 2위 싸움을 하는 것으로 볼 수 있다. 손학규가 2위를 해서 결선투표로 간다면 김두관, 정세균 지지층이 문재인을 찍을 가능성이 높다. 결국 문재인이 결선투표 유무와 관계없이 민주당 대선후보가 될 가능성이 높다.

9월 이후 문재인이 민주당 대선후보가 되면 전당대회 효과가 분명 있을 것이다. 박근혜 역시 8월 20일 전대와 21일 봉하마을 방문 효과로 지지율이 오른 바 있다. 문재인은 대선출마를 선언하지 않은 안철수보다는 언론과 여론의 관심을 받으며 지지율이 오를 수 있다. 문재인이 다자구도에서 다시 2위에 올라서면 안철수로서는 매우 어려워질 수 있다. 일각에서 안철수의 대선출마 선언도 앞당겨질 수 있다는 관측이 나오는 것도 이 때문이다. 또 출마 선언 이후 여야의 검증 공세가 본격화하면 안철수의 소극적 지지층은 빠질 수 있다.

여하튼 민주당 전대에서 문재인이 후보로 선출되고 안철수가 대선출마를 선언할 것으로 예상되는 9월 중하순 이후 대선구도는 박근혜,

문재인, 안철수의 3자구도다. 지지율을 감안하면 1강 2중의 구도가 될 수 있다.

이후는 단일화 국면이다. 문재인의 입장에서 안철수는 지지층을 껴안아야 하는 잠재적 파트너이지만 어떻게 효과적으로 공략할 것이라는 점도 고민해야 한다. 이 점에서 지난 해 서울시장 보궐선거에서 박원순 현 시장에 패한 박영선 의원의 캠프 합류 소식은 의미가 깊다.

문재인이 야권후보로 나선다면 박근혜와 흥미로운 전투가 전개될 것이다. 반면 안철수가 후보가 될 수도 있겠지만 지지율을 하락시킬 수 있는 부정적 악재가 적지 않다. 민주당에 입당할 경우 지지율이 떨어질 수밖에 없고 무소속 출마를 선택할 경우 과연 가능하겠느냐는 점이 의문으로 남는다.

■ **윤희웅** 한국사회여론조사연구소(KSOI) 조사분석실장

현 정부 들어 야권 주자 중 차기 지지율 1위 주자는 유시민 전 통합진보당 공동대표, 손학규 전 민주통합당 공동대표, 문재인 민주당 상임고문의 순으로 바뀌고 있다. 문재인의 지지율은 다자구도에서 20%대 초반까지 올랐다가 10%대로 하락했다. 다시 반등할 수 있다면 차기 대권으로 가는 길이 순탄해지지만 강력한 라이벌의 도전 속에 지지율이 정체 상태가 되거나 하락한다면 대권도전은 쉽지 않을 길이 된다.

4.11 총선 이전이었던 2월에 문재인이 최고 지지율을 기록했던 것은 반사이득의 측면이 있다. 이는 안철수 서울대 교수가 본격적인 행보를

하지 않은 것은 물론 문재인의 라이벌인 김두관 경남지사와 손학규 전 대표 등이 크게 주목받지 않았기 때문. 반면 문재인은 총선에 직접 선수로 나서며 왕성한 활동을 하면서 언론과 국민의 주목을 받았다.

민주당의 6.9 전당대회가 종료된 이후 사실상 민주당 대선 레이스가 시작된 이후에는 상황이 달라졌다. 특히 김두관 경남지사와 손학규 전 대표의 경우 대권을 놓고 정치운명을 건 승부에 나설 수밖에 없다. 두 사람의 지지율은 각각 적어도 4~5%는 갈 것으로 전망된다.

다자구도 지지율 전체 100%에서 박근혜 40%, 안철수 20% 정도라고 보면 15% 정도가 부동층 또는 무당파다. 그렇다면 나머지 15% 정도가 남는데 문재인이 10%이면 나머지 주자들이 나눠갖는 구조가 될 수밖에 없다. 김두관 지사와 손학규 전 대표가 사생결단으로 지지층을 모으면 야권 전체주자들의 지지율은 분산된다. 이 때문에 문재인이 차기 대선 다자구도 지지율에서 빠른 시간 내에서 20% 회복하기는 쉽지 않은 상황이다.

대선 본선을 감안해 볼 때 야권 전체가 가져올 수 있는 지지율은 45% 선이다. 안철수가 20% 정도 가져간다면 민주당 차기주자가 나눠가질 수 있는 지지율의 합은 20~25% 정도다. 문재인 15%, 손학규와 김두관 각각 5% 정도가 될 수 있다.

특히 문재인 고문과 김두관 지사의 경우 PK출신에 친노 지지층이 겹치기 때문에 한쪽이 내리면 한쪽이 오를 수밖에 없는 제로섬 게임이다. 문재인이 차기 구도에서 안정적으로 앞서가려면 무엇보다 민주당의 전

통적 지지기반이 호남 민심의 낙점을 받는 것이 가장 중요하다. 호남에서는 안철수의 지지율이 가장 높다.

차기 지지율 1위를 달리는 박근혜의 지지율이 본격 대선국면에서 다소 빠지더라도 반사이익은 민주당 주자가 아닌 안철수가 가져갈 수 있다. 박근혜 지지율이 보수세력 플러스 일부 중도세력이기 때문이다.

안철수가 대선출마 이후 본격 검증국면에서 지지율이 하락하면 민주당 주자 중에서는 손학규가 이득을 볼 가능성이 높다. 다른 주자들도 지지율을 나눠갖겠지만 중도층 이미지로 봤을 때는 손학규다. 문재인의 경우 가치지향 또는 깨끗한 이미지 때문에 지지율에서 일부 수혜를 입을 수 있다.

정리하자면 문재인의 지지율 재상승의 제1의 조건은 역시 호남민심의 확보다. 이후 비전제시를 통해 지지층의 외연을 넓히면서 지지율을 견고히 하는 것이다.

안철수 새로운 정치, 손학규 중도, 김두관 스토리와 서민정치 등 이런 이미지가 있는데 문재인의 경우 사실 노무현 그림자를 제외하고는 대중에게 명쾌하게 제시되는 게 없다. 문재인식 정치와 비전을 제시해 추가적으로 지지층을 확정하고 견고히 하는 노력이 필요하다. 문재인 VS 김두관의 대립각이 불가피하다. 처음에는 어쩔지 모르겠지만 경선국면이 본격화되면 김두관 지사의 겹치는 지지층은 서로 보완재가 아닌 대체재 성격으로 갈 수밖에 없다.

이후 문재인과 안철수의 후보 단일화 과정도 주목할 만하다. 문재인이 단일후보가 되면 안철수 지지율을 다 가져오지 못할 가능성이 크다. 안철수 지지층 모두가 야권으로 가지 않고 박근혜에게로 일부 갈 수 있다. 반면 안철수가 단일후보가 되면 문재인 지지층의 거의 대다수는 안철수를 지지할 수 있다. 야권 지지층은 어차피 박근혜가 아니면 되기 때문이다.

■ **배종찬** 리서치앤리서치 본부장

문재인이 민주당 내에서 강력한 대선후보라는 점은 분명하다. 각종 여론조사를 볼 때 문재인 지지도의 근간은 친노성향 지지층이다. 전체 유권자의 20%대 초반에 이른다. 이 사람들은 대체로 친노 성향으로 노무현 전 대통령을 그리워하는 분들이다. 다만 차기 대선 다자대결구도에서 문재인은 20%가 나오지 않는다. 친노성향 유권자가 20% 정도가 되는데 왜 문재인의 지지율은 그에 미치지 못할까.

이는 아직도 친노 지지층이 전적으로 문재인을 믿고 있는 것은 아니라는 점을 보여준다. 노무현 계승의 적임자로 문재인이 정치적 자산을 가지고 있지만 노무현 이상을 보여주는 지도자는 아니다는 것이다.

실제 문재인의 지지율 분포를 보면 친노 성향 일부분이 핵심이다. 친노성향 지지층의 60% 정도가 문재인을 지지한다. 나머지 사람들은 전적으로 묶어내지 못한다는 것은 아쉬운 대목이다. 여전히 무당파, 중도성향 20~30대를 아우르는 사람들, 수도권 등의 분야에서 부분적 지지만 있다. 전폭적인 지지가 없다. 연령대별 지지율에서 20~30대에서는 안철수, 박근혜에 뒤져 3위다. 40대 역시 3위다. 다시 말해 어느 한 연령대에서도 문재인 마니아층을 만들어내지 못했다는 이야기다.

다자구도 지지도에서 성, 연령, 지역 또는 특정 직업군(화이트칼라/블루칼라/가정주부) 등의 분야에서 전폭적 지지가 없다. 단 하나의 분야에서도 문재인 1위 구조를 발견할 수 없다. 이는 지지율 확대가 어려운 요인이다.

호남은 오히려 안철수다. 3분의 1 정도가 안철수를 지지한다. 문재인 적극 지지는 호남민심의 입장에서 또 노무현 같은 사람을 선택해야 하는 짜증과 속상함이다. 호남민심은 호남 차기주자가 부각이 안 되는 상황에서 누가 반(反)박근혜를 부각시키면서 정권교체를 달성할 적임자인가에 쏠려있다.

문재인은 쉽게 말하면 국영수 과목 중 어느 한 과목도 일등을 못하는 상황이다. 앞으로 달라질 것은 하나밖에 없다. 민주당 경선에서 1위를 하지 못하고 노무현이 보여준 호남의 화려한 승리가 연출되지 않는다면 지지도 반등은 어렵다. 특히 민주당 대선후보로 선출돼도 전국적 지지도가 확보되지 않고 호남의 지지세가 주춤하면 안철수나 제3의 후보가 떠오를 수 있다.

부산 경남을 기반으로 대선후보가 돼서 당선되겠다는 것은 잘못된 생각이다. PK는 고작해야 16% 정도다. 2002년 대선 당시 노무현 후보가 나섰을 때 이회창 후보는 PK에서 반감을 많이 샀다. 박근혜가 지금 반감을 사느냐. 아니다. 이명박이 반감을 산 것이다.

수도권에서 승부를 걸어야 한다. 서울, 경기, 인천이 전체 유권자의 45%다. 맨날 봉하마을만 왔다 갔다 해서는 안 된다. 안철수는 아무런 말 없이 가만히 있는데도 수도권과 호남에서의 지지율이 상대적으로 높다.

문재인이 지지율을 높이기 위해 확고한 마니아층이나 견고한 지역기반을 만든 뒤 이를 주변으로 넓혀가는 확산전략을 써야 한다. 박근혜의 대구 경북 묻지마 지지와 같은 바탕이 있어야 한다. 안철수는 화이트칼라의 엄청난 지지가 있지 않은가.

문재인의 패착은 바둑으로 보면 전체를 보고서 수를 놓아야 하는데 너무 한 집 두 집 승부에 집착한 것이다. 전국적인 로드맵으로 움직여야 하는데 너무 국지전에 집중했다.

5

신(新)참여정부,
문재인의 구상은?

"노무현에서 시작해서 노무현을 뛰어넘겠다."

문재인의 비전과 정책은 참여정부와 떼래야 뗄 수 없다. 참여정부의 공은 계승하겠지만 과는 반드시 뛰어넘어야 한다. 문재인의 비전과 정책은 노무현 계승에서 시작해 노무현 극복으로 끝날 것으로 보인다.

문재인은 5월 13일 광주 무등산에서 열린 노무현 3주기 추모산행에서 "문재인에게서 노무현을 빼면 무엇이 남느냐는 지적이 있지만 그동안에는 정치권 밖에 있었고 출마선언을 하게 되면 구체적인 비전을 제시할 것이다. 노 전 대통령은 과거의 정치문화로부터 자유로울 수 없었지만 나는 자유롭다. 전혀 새로운 정치를 할 것"이라고 강조했다.

문재인의 의지는 6월 17일 서울 서대문독립공원에서 열린 대선출마 선언문을 통해 명확히 드러난다. 문재인이 공식 출마선언문 작성을 위해 10여 차례 이상 직접 정책토론에 참여했다. 또 토론 참석 또는 의견을 개진한 학자만 50여 명에 이른다. 이후 집필전문가와 광고전문가 등이 자원봉사자로 참여한 가운데 10차례 이상의 독회를 거쳐 한 달여 만에 완성됐다. 아울러 트위터, 페이스북, 댓글 등을 통해 접수된 9000여 건의 의견들도 출마선언문에 녹아 있다. 문재인식 6대 국가운영비전을 담은 공식 출마선언문은 분량만도 200자 원고지 53장일 정도로 방대하다.

우선 노무현이라는 단어가 그 어디에도 보이지 않는다는 것이 탈(脫)노무현의 전략적 사고를 엿볼 수 있다. 참여정부라는 표현 역시 단 한 번밖에 등장하지 않았다. 문재인이 출마선언문에서 '노무현'이라는 표현을 사용한 것은 남북관계에 대한 내용 중 '노무현 대통령의 10.4 선언'이라는 부분밖에 없다.

문재인은 2012대선의 시대정신으로 '양극화 해소'를 제일로 꼽았다. 특히 과거 참여정부에서 실패를 경험해봤기 때문에 훨씬 더 잘할 수 있을 것이라며 차기 정권에서 최우선적으로 해결하겠다는 의지를 내비쳐 왔다.[14]

---

14 "지금 우리 사회의 가장 큰 화두는 지나친 격차사회다. 양극화로 표현할 수 있고 1%와 99%의 사회로 표현할 수 있다. 우리나라 전체에 부가 부족하다거나 나라 전체의 경제가 엉망이거나 그런 상황은 아니다. 우리나라 전체는 부가 충분히 넘치고 있고 경제도 해마다 3~4%씩 성장하고 있지만 성장의 혜택이 아주 소수계층에게 편중되고 있다. 대다수 서민들의 삶은 팍팍해져가는 것이 현실이다. 이 문제를 근본적으로 해결해야 한다. 국민의 정부와 참여정부에서 제대로 못했기 때문에 그 점을 반성하고 성찰하는 토대 위에서 더 잘할 수 있다. 참여정부도 세계적인 신자유주의 조류 속에 있었는데 점점 더 심각해지는 양극화에 대해 하나의 정책과제로 삼긴 했지만 접근이 막연했고 정책의 우선순위라는 면에서도 많은 노력을 기울이지 못한 면이 있다. 시장에서 벌어져 있는 소득격차를 사후 재정작용인 복지로 완화하고 해결하는 것은 반드시 필요하지만 한계가 있을 수밖에 없다. 복지에 투입할 수 있는 재원도 한계가 있다. 애시당초 시장에서 격차 자체가 벌어지지 않도록 하는 일종의 경제민주화가 절실히 필요하다. 새누리당의 속성상 거기까지 가는 것은 불가능하다."(2012년 1월 5일 CBS라디오 '시사자키 정관용입니다')

신(新)참여정부 구상으로 부를 수 있는 문재인 승부수의 기본적인 원칙과 틀은 참여정부의 성과를 계승하겠다는 것이다. 다만 참여정부의 과오에 대해서는 냉철한 반성과 함께 이를 뛰어넘겠다는 의지로 가득하다. 문재인이 참여정부의 성적표를 뛰어넘을 수 있는 정책적 비전이나 가능성을 보여준다면 그의 대권행보는 보다 탄력을 받을 것으로 보인다. 친노라는 프레임에서 벗어나 지지층의 외연을 확대하고 보다 안정적인 대권 행보를 가져갈 수 있는 발판을 마련하게 된다.

문재인의 이러한 구상은 8월말 출간된 정책비전서 《사람이 먼저다(부제 문재인의 힘)》에서 명확하게 드러났다. 현장 발언과 평소 메모, 전문가 토론, 온라인 소통 기록을 대담형식으로 재구성한 이 책에서는 국민의정부와 참여정부로 이어지는 민주정부 10년의 국정운영을 성찰하고 정권교체 이후 국가운영 전략과 정책우선 과제에 대한 비전을 담고 있다.

성장도 진보의 담론이다

문재인은 변양균 전 청와대 정책실장이 펴낸 노무현의 따뜻한 경제학 추천사에서 "노무현 대통령이 생전에 가장 억울한 일을 꼽으라면 저는 주저 없이 '노무현이 경제를 망쳤다'는 공격이었다고 말할 것"이라고 적었다.

실제 노무현 대통령도 청와대에서 물러난 2008년 2월 25일 경남 김해 봉하마을에서 열린 환영식에서 "(경제성장률) 6%는 못 했지만 정권을 넘겨줄 때 오르막 경제를 넘겨준 최초의 대통령"이라며 강한 자신감을 표출했다.

이 때문에 문재인이 출마선언문에서 제시한 4대 성장전략은 매우 주목할만하다. 선(先)성장 후(後)분배를 골자로 하는 낙수효과는 사회적 양극화와 성장잠재력 저하로 이어졌다며 성장과 분배, 환경과 평화가 역동적 선순환[15]을 이루는 4대 성장전략 추진 구상을 밝혔다.

문재인이 제시한 4대 성장전략은 (1) 포용적 성장 (2) 창조적 성장 (3) 생태적 성장 (4) 협력적 성장이다.

우선 포용적 성장은 분배와 재분배를 강화해 중산층과 서민들의 유효수요와 구매력을 확대해 소비와 투자를 촉진하겠다는 것이다. 이를 위해 최저임금에 생활임금 개념을 도입하는 등 복지투자 확대도 서민경제 활성화로 이어진다는 것이다. 또 재벌과 거대기업의 과도한 경제력 집중을 억제하고[16], 고용의 대부분을 감당하는 중소기업이 성장의 중심

---

[15] 문재인은 정책비전서 《사람이 먼저다》에서 성장에 대한 새로운 시각을 제시했다. 성장과 분배를 대립이 아닌 통합적으로 사고하고 환경까지 고려해야 한다는 게 골자다. "성장과 분배, 그리고 환경까지 세 가지 축이 함께 발전되어 나갈 수 있는 경제체제를 구축해야 합니다. 예전에는 성장을 하면 고용도 자연스럽게 늘어난다고 생각했지만 이제는 고용 없는 성장이 더 이상 낯선 말이 아닙니다. 지구온난화와 기후변화도 전 세계의 중요한 문제로 떠오르고 있습니다. 예전에는 성장과 개발을 위해서 환경을 파괴하던 시대였다면 이제는 환경이 곧 경제가 되는 시대입니다. 세 가지 문제를 따로 떨어뜨려 놓고, 어느 하나를 키우려면 다른 것을 억제해야 한다는 사고방식으로는 저성장, 일자리 부족, 분배 불평등, 환경 악화와 같이 복잡하게 얽혀 있는 문제를 절대로 풀 수 없습니다. 성장과 분배, 환경이 함께 해결되게 만드는 사고의 전환이 필요합니다."
[16] 문재인은 정책비전서 《사람이 먼저다》에서 경제민주화에 대한 구상을 상세히 밝혔다. "지금 우리가 살고 있는 사회가 1% 대 99%로 벌어지고 있다고 말합니다. 앞으로는 0.1% 대 99.9%로 더욱 양극화될 수도 있습니다. 이제는 바로잡아야 합니다. 엄밀히 보자면 복지는 격차를 보완하려는 사후 처방입니다. 그 격차 자체를 예방하기 위해서 경제민주화가 반드시 필요합니다. 비대해진 경제 권력은 이제 정치 권력까지 좌지우지하는 상황에 이르렀습니다. 참여정부에서 그러한 경제 권력의 무서움을 뼈저리게 느꼈습니다. 이를 바로잡지 않으면 우리나라는 정치, 경제, 사회, 언론을 비롯한 모든 면에서 1% 소수의 기득권을 위해 존재하는 나라가 되겠구나 하는 절박한 위기감을 느꼈습니다."

에 서도록 지원한다는 방침이다. 아울러 사회적 기업과 협동조합을 육성하는 등 사회적 경제를 확대하는 거시구조적 개혁도 추진하겠다는 입장을 밝혔다.

창조적 성장은 사람 중심의 경제성장론이다. 인적 자본에 대한 투자를 강화하자는 것이 골자다. 구체적으로 교육혁신을 통해 학생들과 학부모의 고통을 줄이고 문화혁신을 통해 모든 국민의 창조성을 높이고 이를 통해 기술혁신과 신산업 형성의 역동적 파동을 일으키자는 것. 현 정부가 4대강 사업에 22조 원의 국가예산을 투입한 점을 반성하고 보다 창조적인 분야에 투자해야 한다는 논리다.

생태적 성장은 석유시대의 종말에 대비하자는 것. 이를 위해 신재생에너지의 비중을 대폭 확대하고, 녹색 에너지기술, 건축, 전기자동차 제조 등 여러 영역에서 신산업을 육성하자는 것이 골자다. 구체적으로 추가 원전 건설을 중단하고 수명이 다된 원전의 가동 중지를 약속했다. 문재인은 이와 관련, "단순히 에너지 종류를 바꾸거나 아끼는 정도가 아니라, 산업과 소비생활 전반의 구조를 바꾸는 제3차 산업혁명이라 할 수 있는 변화"라며 "토건개발사업이 늘 우위에 있었던 정부구조와 재정지출 구조도 혁신하고 산업-환경-농림-국토 등 여러 부처를 지속 가능성의 가치 아래 재편해나가겠다"고 밝혔다.

문재인은 6월 7일 일본 방문에서 손정의 소프프뱅크 회장과 만나 "한국에서 원전이 차지하는 비율이 약 40%다. 현 정부가 원전 비율을 확대해 나가는 것은 바람직하지 않다"며 "설계 수명이 다한 원전의 가동은 중단해야 하며 원전의 추가 건설에 반대한다. 신재생에너지와 대체에너지를 확대하기 위한 국가에너지 정책의 전면 재검토가 필요하다"고 주장한 바 있다.

협력적 성장은 인터넷과 SNS 등 전 세계적 소통네트워크를 기반으로 국경과 경쟁을 넘어 집단협업, 개방형 혁신, 협동생태계를 활용하자는 것. 남북한이 자원, 기술, 인력 등 많은 점에서 탁월한 보완관계에 있는 만큼 한반도 평화와 남북협력을 강력한 성장동력으로 활용하는 것이다.

복지는 낭비가 아니라 강력한 성장동력

문재인은 복지구상과 관련, "위에서 손해를 보고 아래가 이득이 되게 하라(損上益下). 그것이 국가가 할 일"이라는 조선시대 정조대왕의 말을 빌어 담대하고 강력한 복지국가 비전을 내걸었다. 이른바 스웨덴과 노르웨이 등 북유럽 사민주의 모델을 지향한 것. 특히 복지국가 비전은 사람에 대한 투자, 일자리 창출, 자영업 고통 경감, 삶의 질 향상 등 1석 4조의 효과를 낼 수 있는 방법이라고 밝혔다.

이는 2011년 10월 서울시장 보궐선거를 촉발시킨 무상급식 논쟁과 관련, 복지 포퓰리즘을 거부하고 복지에 대한 새로운 시각과 비전을 제시한 것. 문재인은 특히 '복지가 포퓰리즘'이라는 프레임과 관련, 새누리당의 중상모략이라며 "부자감세, 4대강 사업 같은 시대착오적 과오를 청산하고, 하루빨리 복지국가로 가야 한다"고 절박하게 호소했다. 복지는 낭비가 아니고 사람에 대한 투자이며, 동시에 강력한 성장전략이라고 강조했다.

복지가 성장전략이라는 점은 복지 확대를 통해 보육, 교육, 의료, 요양 등 사회서비스 부문에서 수많은 일자리를 창출하는 것은 물론 과잉 자영업자를 흡수할 수 있는 효과적 방법이라는 것. 아울러 서민들의 대표적인 애로사항인 주거문제와 관련, 공공임대주택과 같은 주거복지를 늘리는 것이 가장 좋은 전월세 대책이라고 강조했다.

집권 시 대통령직속 '국가일자리위원회' 구성

고용 없는 경제성장은 한국경제의 최대 부담으로 떠올랐다. '이십대 태반이 백수'라는 이태백과 88만원 세대라는 표현에서 청년실업의 심각성이 드러난다. 또 비정규직 850만 명이라는 상상할 수 없는 통계자료에서는 고용의 불안정성이 나타났다. 아울러 자녀교육과 부모부양, 노후준비로 돈이 가장 많이 들어가는 시기에 퇴직해야 하는 명예퇴직 등으로 노년층의 일자리 부족도 심각하다. 누가 대통령이 되든 일자리 문제는 최우선적 과제다.

문재인은 대통령이 되면 가장 먼저 대통령직속 '국가일자리위원회' 설치를 공약했다. 매달 '일자리 점검 범정부회의'를 개최해 일자리 마련 상황을 점검, 독려해서 일자리 혁명을 일으킨 대통령으로 평가받겠다는 것이다.

문재인은 노동시간을 단축, 근로기준법대로 '주40시간-연장근로 12시간'으로만 유도해도 무려 70만 개의 일자리를 창출할 수 있다고 주장했다. 특히 일자리와 관련, 취업자 수 증가와 같은 숫자놀음이 아니라 모든 일자리들이 최저임금, 사회보험, 근로기준이라는 3대 최소기준을 만족할 수 있도록 바꿔나가고 동일가치노동 동일임금 원칙을 제도적으로 보장하겠다는 다짐이다.

구체적으로 (1) 비정규직의 정규직 전환 촉진 (2) 비정규직에 대한 차별철폐 (3) 근로시간 단축을 통한 신규고용 확대 (4) 고용영향평가제도의 채택 (5) 고용증진과 기업지원의 연계 등의 수단을 채택하겠다는 입장도 밝혔다. 또 정보통신 산업, 바이오산업, 나노 산업, 신재생에너지 산업, 문화산업과 콘텐츠산업 등 신산업 육성은 물론 보육, 교육, 의료, 복지 등 사회서비스 부문의 일자리 창출을 강조했다.

이 밖에 지역균형발전은 곧 일자리 균형이라며 세종시와 혁신도시를 지방 일자리 창출의 거점으로 만들기 위해 공기업과 공무원의 지역우대 채용, 각종 정부 지원의 지방채용 연동제 확대 방침을 밝혔다.

사회적 약자 아이들, 여성, 노인이 활짝 웃는 나라

문재인은 아이들, 여성, 노인 등 사회적 약자를 위한 정책마련에도 심혈을 기울였다.

우선 교육과 관련, 행복한 교육, 즐거운 학교가 교육혁신의 기본방향이라며 유아, 초등단계의 과도한 학습 부담 및 사교육의 최대한 축소를 강조했다. 교육분야의 고질적인 보혁구도 탈피를 위해 진보도 보수도 아닌 아이들을 위해 존재해야 한다고 천명했다. 이를 위해 학생, 교사,

학교의 자율성, 창의성을 보장하고 좋은 일자리와 산업혁신을 위한 평생학습체제의 뒷받침도 강조했다.

노년층 복지와 관련, 참여정부가 도입했던 기초노령연금, 장기요양보험의 대폭 강화와 건강지원 방법의 개선을 약속했다. 아울러 여성의 사회적 참여 활성화 및 육아부담 해소를 위해 가족 돌봄의 공적서비스를 확대하는 것은 물론 취업과 승진기회의 제한 등 사회적 차별 해소를 위한 대책 마련을 약속했다

6.15 및 10.4 선언의 책임있는 이행

MB정부는 국민의정부와 참여정부의 대북유화책인 햇볕정책에 대한 비판적 시각을 유지해왔다. 특히 금강산관광객 총격 사망 사건, 천안함 폭침 및 연평도 포격도발 등 남북간 메가톤급 악재가 잇따라 터진 것은 물론 북한의 핵실험과 장거리로켓 발사 등이 이어지면서 팽팽한 긴장을 유지해왔다.

문재인은 '전쟁의 불안에서 한반도 해방'이라는 슬로건으로 김대중 대통령의 6.15 공동선언과 노무현 대통령의 10.4 남북정상선언의 남북 양측의 책임있는 이행을 강조했다.[17] 또 휴전선과 서해북방한계선(NLL)

---

17 "이명박 정부에서는 민주정부 10년의 대북 포용 정책과 그 성과를 비난하면서 '비핵개방 3000'을 대북정책의 기조로 내세웠습니다. 하지만 지금까지 비핵도 개방도 이루어내지 못했고 오히려 상호 신뢰가 실종되면서 포탄이 오가는 위기 상황만 초래했습니다. 지금까지 전향적이고 포용적인 대북정책은 언제나 '색깔론'의 빌미가 되어 왔습니다. 그러나 대결이 아닌 평화적인 남북관계를 통해서 소모적인 대결 비용을 줄이고 대외적인 불안감을 해소함으로써 우리의 경제와 복지에 많은 혜택을 줄 수 있는, 선순환적인 구조를 만들어 간다면 평화 공존 정책이야말로 국익에 가장 보탬이 되는 실용적인 방안입니다."(정책비전서 《사람이 먼저다》中)

일대를 평화경제지대로 구축하는 것은 물론 개성공단 확대, 금강산관광 재개를 통한 금강산·설악산·평창을 연결하는 국제관광특구 육성도 다짐했다.

북핵문제와 관련, 북핵불용의 확고한 원칙을 견지하면서 대화와 협상을 통한 북한의 핵 포기를 강조했다. 이를 위해 대한민국 주도의 6자회담 재개와 남북관계 복원, 평화체제 구축작업의 병행추진을 약속했다.

외교분야와 관련, 한미관계는 '더욱 건강하고 바람직한 관계로의 발전'을 약속했다. 바람직한이라는 표현에 방점을 찍는다면 집권 시 한미관계의 상당한 변화가 예상된다. 아울러 한반도 주변 강국인 중국, 일본, 러시아 등과는 호혜협력 관계를 강화하겠다는 원론적 표현을 사용했다.

병역문제와 관련, 특권층 자녀의 병역기피에 대한 철저한 방지, 병역부담 축소, 사병복지 향상 등을 약속했다.

5장

문재인과 현실정치 성적표

총선 성적표
낙동강전투 승리 VS 패배

4.11 총선 당시 이른바 PK로 불리는 부산·울산·경남의 성적표는 민주통합당의 입장에서 매우 중요했다. 새누리당 지지세가 철옹성과도 같은 영남 지역에 교두보를 확보하지 않고서는 12월 대선에서 정권교체가 어렵기 때문이다. 반면 수성에 나선 새누리당으로서는 결사적이었다. 결코 양보할 수 없는 지역이었다. PK지역은 4.11 총선 최대 관심지역으로 급부상했다. 특히 문재인의 출마는 정치 1번지로 불리는 서울 종로구를 제치고 부산 사상을 전국 최대 격전지로 떠오르게 했다.

이른바 낙동강전투로 불린 야권의 PK지역 공략을 진두지휘한 인물은 문재인이다. 문재인은 총선 기간 내내 본인의 지역구인 부산 사상은 물론 인근 지역으로 지원유세에 나섰다. 결과는 아쉬웠다.[1] 부산 전체 18석의 의석 중 최대 과반에서 해당하는 9석, 적어도 3분의 1에 해당하는

6석 안팎을 노렸지만 실패했다. 부산에서는 문재인(사상), 조경태(사하을) 등 2명의 당선자를 내는 데 그쳤다. 경남에서의 성적표도 기대 이하였다. 민홍철(경남 김해갑)뿐이었다. 문재인이 주도했던 낙동강전투는 과연 승리였을까? 패배했을까?

문재인 대망론 타격… 김두관 대안론, 부상 안철수 출마에 영향

표면적으로 본다면 낙동강전투는 패배다. 이는 의석수에서 확인할 수 있다. 19대 총선 직전만 하더라도 부산에서 5~9석 내심 두자릿수인 10석까지 바라봤다. 실제 PK지역은 이번 총선에서 최대 이변을 예고했다.

PK민심이 대구경북(TK) 지역에 대해 갖는 상대적 소외감, 동남권 신공항 불발, 저축은행 피해 집중, 부산지역의 오랜 경기침체, 야권 성향의 김두관 경남지사의 존재 등이 과거와는 다른 정치적 환경과 조건들이 형성됐기 때문이다. 결과는 참담했다.

우선 부산을 보자. 문재인은 부산 전체 18석 중 절반인 9석을 목표로

---

1 조경태 민주당 의원은 이에 대해 가장 비판적이다. 특히 자질 부족, 경쟁력 문제, 기회주의, 패권주의, 노무현 전 대통령 서거에 대한 책임 등을 이유로 문재인 5대 불가론을 제기했다. "문재인 의원은 노무현 대통령이 부산시장 선거에 나와달라고 부탁할 때는 거절하더니 노 대통령이 돌아가시고 주변 여건이 좋아지자 가장 편하다는 사상 지역구에 출마했다. 문재인은 여건이 좋지 않을 때 피하다가 괜찮아지니 과실을 탐내려 한다. (문 의원의 행동은) 노무현 대통령이 가장 경멸했던 기회주의다. 문 의원이 민정수석과 청와대 비서실장을 하면서 노무현 대통령의 친인척 관리를 제대로 했는가. 문 의원의 자질과 능력에 대한 근본적인 문제가 결국 노 대통령이 돌아가시게 한 이유가 되었다. 이번 총선에서 부산지역 공천은 친노(親盧)들이 모두 했다. 저도 부산 친노가 아니라는 이유로 공천을 쉽게 받지 못했다. '박근혜 VS 문재인'이라 불린 이번 부산 총선에서 문 의원은 패배했다. 모든 언론에서 집중 조명을 받았음에도 공천이나 전략 등 모든 면에서 졌다."(조경태 민주통합당 대선경선 후보, 6월 28일 국회 기자회견)

삼았다. 지난 18대 총선에서는 전체 18석 중 조경태 민주당 의원만이 당선됐다는 점에서 다소 무리한 목표였다. 다만 광범위한 반(反)MB정서를 감안하면 불가능한 목표도 아니었다. 민주당의 전략은 2010년 부산시장선거에서 나타난 득표율이었다. 문재인은 김정길 전 장관이 민주당 후보로 나섰는데 45% 가까운 득표를 했다는 점을 강조했다. 특히 45% 득표율이 편차는 있지만 어느 지역이나 골고루 득표했다는 점에서 이변의 가능성은 상당했다. 어느 지역에서든 5% 안팎으로 득표율을 더 얻으면 새누리당의 철옹성을 넘을 수 있다는 계산이다.

문재인은 구체적으로 본인이 출마한 부산 사상, 북강서 을(문성근), 진구갑(김정길) 등의 당선 등 이른바 문성길 트리오의 동반 당선을 원했다. 결과적으로 2석에 머물렀다. 문재인, 조경태 의원을 배출했을 뿐이다. 심리적 마지노선인 최소 5~6석을 기대했던 것에도 훨씬 못미치는 수치였다. 낙동강벨트에 친노 후보들이 나섰지만 문재인만이 적지에서 살아나 여의도에 입성했다. 경남 울산도 선전을 다짐했지만 예상에 못 미쳤다. 특히 창원, 울산, 거제 등 노동자세력이 강한 지역은 물론 노무현이 잠들어있는 봉하마을이 위치한 김해을 등 내심 서너곳의 승리를 예상했다. 특히 통합진보당과의 후보단일화를 감안할 때 현실성 없는 목표는 아니었다. 결과는 부산 성적표보다 더 참담했다.

부산·울산·경남 이른바 PK로 불리는 지역에서 민주당 의석은 단 3석이었다. 18대 총선 당시 조경태(부산 사하갑) 최철국(김해을)에 비해 문재인의 1석만이 늘었을 뿐이다.

이는 박근혜 전 새누리당 비상대책위원장의 PK 올인 전략의 여파도 적지 않다. PK의 균열은 곧 박근혜의 대선가도에도 적잖은 영향을 미친다. 박근혜는 문재인의 정치적 부상을 막기 위해 20대 여성 정치인인 손수조 후보를 지원할 목적으로 총선을 전후로 부산 사상만 5번을 찾았다.

4.11 총선 이후 야권의 차기 지형도 큰 폭의 변화를 겪었다. 총선 이전만 하더라도 문재인이 절대 강자였다. 문재인은 여야 유력주자들이 포함된 차기 대선 다자구도 조사에서 20%를 넘어선 유일한 야권후보였다. 특히 낙동강전투에서 예상했던 성적표가 나올 경우 문재인은 야권 차기주자로서의 확고한 지위를 굳히며 정권탈환의 기수로 올라설 수 있었다. 다만 박근혜와의 정면대결에서 2% 부족한 성적표를 받아들면서 대망론은 적잖은 상처를 입었다.[2]

문재인의 아쉬운 성적표는 이른바 문재인 대안론을 꿈꾸는 후보들을 설레게 했다. 우선 손학규 상임고문과 김두관 경남지사다. 이들은 민주당 공천잡음의 영향권에서 상대적으로 벗어나 있다.

손학규는 경기지사를 지낸 경력 탓에 수도권을 대표하는 정치인이지만 2007년 대선 경선과정에서 보여준 호남의 지지와 민주당 대표로서 다져놓은 호남 기반이 강점이다. 김두관은 경남을 지역기반으로 한다는

---

2 "부산 경남의 후보 문재인, 김두관 후보로는 지금 박근혜 후보를 넘을 수가 없다는 결론을 가지게 됐다. 친노 프레임으로는 대선에 이길 수 없다. 우리 당은 이번에 국민들에게 지지를 받기 위해서는 친노, 반노의 그런 계파정치라고 할까요, 당내 균열을 없애야 한다. 친노를 가지고 친박을 넘을 수 없다는 것은 지난 총선에서 우리가 그것을 봤다고 생각한다. 국민들은 노무현 대통령께서 비운으로 가시고, 또 노무현 대통령에 대해서 많은 연민을 가지고 계시지만, 친노가 펼쳐왔던 열린우리당과 참여정부에 대해서는 흔쾌하게 지금 받아들이지는 못하는 상황에 있기 때문이다."(김영환 민주당 대선경선후보, 6월 4일 CBS라디오 '시사자키 정관용입니다')

점에서 문재인의 대안으로 떠오를 수 있는 기회를 가지게 됐다. 특히 친노와 영남이라는 비슷한 정치성향과 지역기반을 갖춘 탓에 문재인 보완재가 아니라 대체제를 내세우며 대선에 뛰어든 계기가 됐다.

조만간 대선출마를 공식 선언할 것으로 예상되는 안철수 서울대 교수도 마찬가지다. 안철수는 7월말 발간된 저서 《안철수의 생각》에서 대선출마에 대한 명확한 입장을 밝히지 않았다. 다만 총선에서 야권이 승리하면 야권 대선후보로 제자리를 잡으면서 본인 역시 원래의 자리로 돌아가는 수순이 될 가능성이 크다고 생각했다고 밝혔다. 지난 총선에서 야권이 승리하고 문재인 주도의 낙동강전투가 의미있는 성적을 거뒀다면 대선후보로 나서지 않을 것이라는 말이다.

달라진 부산 민심, 정당득표율로 보면 가능성 커져

의석수가 아닌 정당득표율을 고려하면 상황은 달라진다. 특히 총선에서는 한 표라도 적으면 의석을 빼앗긴다. 대선에서는 사표가 되지 않고 오롯이 지지표로 되살아난다.

2002년 대선에서 노무현 대통령의 부산 득표율은 30%에도 못 미치는 29%였다. 10년이 흐른 4.11 총선에서 야권의 부산 득표율은 40%를 넘어섰다. 10% 이상의 수직상승이다. 야권을 지지한 표가 대선에서도 그대로 이어질 것이라는 장담할 수 없지만 분명히 고무적인 상황인 것은 분명하다. 문재인 역시 이에 대한 희망적인 전망을 내놓았다.

문재인은 4.11 총선 직후 MBC라디오 '손석희의 시선집중'과의 인터뷰에서 "부산지역의 벽이 여전히 두텁고 우리가 부족하다는 걸 절감했다" 면서도 "의석수는 욕심만큼 안 됐지만 부산의 민심이 많이 변했고 부산의 정치가 바뀌고 있다는 큰 희망을 봤다"고 평가했다.[3]

문재인은 특히 과거와 달리 높아진 득표율에 주목했다. "(4.11 총선에서) 야권 정당들이 부산지역에서 얻은 정당 득표율이 41.2%로 새누리당보다 10% 정도 뒤졌을 뿐이다. 야권연대 후보자들이 얻은 득표율은 42.5%로 새누리당 후보들보다 7% 정도밖에 뒤지지 않는다"며 굉장한 선전이라는 점을 강조했다.

실제 새누리당과 야권의 지지층이 모두 다 결집했던 2002년 대선 당시 노무현 후보는 부산 사람인데도 불구하고 득표율이 29.6%밖에 되지 않았다. 부산지역 총선에서 야권의 득표율을 감안할 때 대선승리의 희망이 보인다는 것. 다시 말해 부산지역 4.11 총선에서 야권연대 후보자들이 얻은 득표율 42.5%이 연말 대선에서 그대로 유지만 되도 대선에서 상당한 도움이 된다는 계산이다. 차기 대선은 2002년과 마찬가지로 여야간 일대일 구도로 치러질 가능성이 높다.

이러한 계산법은 전국적인 정당 득표율과 비슷하다. 새누리당은

---

3 "지난 총선은 민주당 입장에서는 국민의 기대에 미치지 못해서 아주 아쉽다. 특히 우리 부산 경남 지역에서도 우리가 늘 한탄해왔던 그런 지역주의 구도를 깨는 확실한 계기가 됐으면 좋았을텐데 그러지 못해서 여러모로 아쉽다. 그러나 부산 경남지역의 야권득표율을 크게 높이는 데는 성공했다. 실제 부산 야권득표률이 40%가 넘었다. 독일처럼 정당득표율로 배분되는 선거제도였다면 부산지역 18개 중 8석은 야권에 배분되는 결과였을 것이다. 그 정도면 부산시민들은 더 이상 지역적이라 비난받을 이유가 없다. 우리 선거제도에 문제가 있는 것이다. 이 40%가 넘는 득표율이란 것은 앞으로 우리에게 닥쳐올 대선에서 큰 힘이 될 것이다. 대선에서 부산 경남 지역이 야권후보에게 보다 든든한 지지기반이 될 수 있을 것이라는 확신을 갖게 한다고 생각한다."(문재인, 6월 27일 관훈클럽 초청토론회)

42.8%의 득표율로 민주당 36.45%, 통합진보당 10.3%를 앞섰다. 진보신당의 득표율도 1.13%였다. 다만 민주당과 진보당이 야권연대를 지향했다는 점에서 보수 대 진보로 보면 패배다. 이는 보수정당인 자유선진당 3.23%, 국민생각 0.73%를 합쳐도 못 미치는 수치다.

정당득표율 이외에 서울의 투표율 상승도 주목할만하다. 서울은 18대 총선 45.8%에 비해 투표율이 10% 포인트 가량 상승한 55.2%를 기록했다. 이는 54.3%의 전국 투표율보다 1% 정도 높은 것이다. 서울에서는 그만큼 MB 심판론의 위력이 거셌다는 것이다. 아울러 야권연대는 상대적으로 수도권에서 위력을 발휘했다.

특히 부산지역 총선은 박근혜가 전력을 다한 선거였다. 이른바 문풍 차단을 위해 박근혜는 5번이나 부산을 방문했다. 의석수는 뒤졌지만 득표력에서 6 대 4의 비율이 유지되면서 대선에서 해볼 만한 게임이 됐다는 것.

문재인 VS 손수조

문재인은 4.11 총선 참여를 통해 현실정치에 발을 담궜다. 야권의 유력 대선후보였던 만큼 총선을 거치지 않고 대선으로 나서야 한다는 주장 또한 없지 않았다. 특정지역에 얽매이는 것은 바람직하지 못하는 것. 아울러 실패할 경우 대권주자로서의 이미지에도 적잖은 상처를 입는 만큼 신중한 전략을 취해야 한다는 것.

전국적 지명도를 갖춘 정치인이 총선을 지원하는 방법은 여러 가지다. 비례대표를 맡아 선대위원장으로 전국을 누비며 지원유세에 나서는 것이다. 이는 박근혜 전 새누리당 비상대책위원장, 한명숙 전 민주통합당 대표의 총선 지원방식이었다.

문재인은 고민 끝에 총선 출마를 선택했다. 비례대표, 선대위원장, 지역구 출마 등 여러 이야기가 나왔지만 그는 지역구 출마를 결정했다.

문재인이 출마한 부산 사상구는 4.11 총선 최대 격전지 중 한 곳이었다. 야권의 유력 차기 주자인 문재인 민주당 고문이 나섰기 때문이다. 새누리당은 문재인 대항마로 20대의 정치신인 손수조 후보를 내세웠다. 부산 사상구는 대한민국 국회를 출입하는 거의 모든 매체에서 현장에 격전지 취재를 보낸 곳이었다. 부산 사상 선거에서 60대의 문재인이 20~30대의 젊은후보들과 20대의 손수조가 50~60대의 중장년층과 선거운동을 한 것은 의미심장한 대목이었다.

야권의 유력 차기주자와 20대 새내기 여성 정치인의 대결구도는 문재인의 승리로 막을 내렸다. 손수조 5만 1936표(43.75) 문재인 6만 5336표(55.04)로 나타났다. 여론조사에서 60% 이상의 지지를 얻었던 점을 감안하면 10% 포인트 차이밖에 나지 않았다. 이 때문에 총선 이후 새누리당 안팎에서는 손수조가 아니라 거물급 남성후보를 내세웠으면 문재인을 꺾을 수 있었다는 분석까지 나왔다.

문재인의 사상 출마는 단순히 문재인 VS 손수조의 대결로 볼 수 없다. 문재인의 부산 출마와 관련, 새누리당의 위기감은 노이로제 수준이었다. 특히 박근혜 전 새누리당 비상대책위원장이 총선을 전후로 5번이나 손수조 후보 지원유세에 나서면서 선거 열기는 상상 이상이었다. 일부에서는 문재인 VS 손수조의 맞대결이 아니라 문재인 VS 박근혜의 미리 보는 차기 대선전이라는 섣부른 관측까지 나올 정도였다.

---

4 "만약 대선 행보로 선택했다면 이번 총선 출마를 선택하지 않았을 것 같다. 대선과 별개로 총선 특히 부산지역이 너무 중요하다고 생각하기 때문에 저의 전부를 던질 생각이다. 그 다음 문제는 이제 그 다음에 생각하자는 입장이다."(문재인, 2012년 1월 5일 CBS라디오 '시사자키 정관용입니다')

이는 97년과 2002년 대선 패배의 경험 때문이었다. 97년 대선 당시 DJP연대와 IMF 외환위기라는 악재가 있었지만 이인제 후보가 신한국당을 탈당, 국민신당 후보로 대선에 완주하지 않았다면 정권재창출은 따 놓은 당상이었다. 2002년 대선 역시 마찬가지였다. 울산에서만 4선을 했던 정몽준 의원이 한일 월드컵 4강 진출이라는 국민적 열기에 대선후보로 급부상했다. 노무현 후보 자체가 부산 경남을 지역 기반으로 둔 데다가 울산을 기반으로 했던 정몽준 후보가 결합하면서 텃밭에 균열이 일었던 것.

문재인의 사상 승리뿐만 아니라 이른바 낙동강전투에서 무너진다면 지난 97년과 2002년 대선의 악몽이 재현될 수 있었기 때문. 이는 2007년 대선 당시 정동영이라는 호남 기반의 후보가 나서 영남에서 저조한 득표력을 보인 것과 비교해 보면 분명하게 드러난다.

새누리당의 부산 사상 후보 공천은 사실상 문재인 견제였다. 당시 언론에서는 거물급 차출설이 줄을 이었다. 총선 불출마를 선언했던 홍준표 전 대표 차출설은 물론 경남지사 출신의 김태호 의원 차출설도 나왔다. 이 밖에 권철현 전 주일대사, 안준태 전 부산시 행정부시장, 설동근 전 교육과학기술부 차관 등의 전략공천설도 흘러나왔다. 고심하던 새누리당에서는 쇄신파로 최연소 국회의원이었던 김세연 비대위원의 차출설까지 흘러나왔다. 그만큼 문재인이 위력적이기 때문에 총선 이후 정치적으로 더 성장하기 전에 싹을 잘라야 한다는 논리였다.

문재인은 4.11 총선 기간 동안 활발한 지원유세에 나섰다. 문재인이 출마했던 부산 사상의 경우 당선 자체가 사실상 확정된 것이나 마찬가지였기 때문이다. 문재인은 부산 사상을 중심축으로 인근 낙동강벨트에 출마한 후보들에 대한 지원유세에 나섰다. 아무리 당선이 어느 정도 예상된다 하더라도 총선 기간 중 본인의 지역구를 벗어나서 인근 지역구에 지원유세를 간다는 것은 상당히 이례적인 일이다.

선거 과정에서 보여준 문재인의 화법도 화제였다. 문재인의 화법은 고 노무현 전 대통령의 달변과 달랐다. 조미료가 들어가지 않는 담백한 어법이었다. 정치인의 용어는 보통 화려하다. 선동적인 표현이나 상투적 표현이 매번 등장하다. 수식어가 많고 화려한 것은 물론 문장이 길다. 문재인은 눌변이다. 꼭 필요한 말만 했다. 현란한 말의 기교는 없었다. 담담하게 본인의 이야기를 했다. 진정성 있는 화법에 사람들이 감동했다. 문재인의 유세장 주변에는 언제나 박수소리가 끊이지 않았다. 웃음도 넘쳐났다. 무엇보다 특징적인 점은 동원보다는 자발적인 청중들이 많았다는 점이다.

총선 성적표
민주 역대 PK 득표율

역대 총선과 대선을 돌이켜보면 민주당의 입장에서 PK지역은 불모지였다. 새누리당의 철옹성이라는 표현이 전혀 어색하지 않을 정도로 여권 지지세가 강했다. 3당합당 이전까지 대표적인 야도였던 부산은 이후 20여 년간 새누리당과 그 전신 정당을 일방적으로 지지해왔다. 16대 총선까지는 민주당의 도전을 거의 허락하지 않았다. 다만 17대 총선에서 탄핵 역풍으로 민주당의 전신인 열린우리당이 교두보 마련에 성공했다. 2007년 대선 참패 이후, 치러진 18대 총선과 정권교체의 서곡을 다짐한 19대 총선에서는 의석수에서는 의미 있는 진전을 이뤄내지 못했다.[5]

문재인이 연말 대선 본선에 진출한다면 주요 포인트 중 하나는 이른바 PK지역의 득표력이다. 총선 의석수와 대선 득표는 다르다. 문재인이 대통령의 자리에 오른다면 또 한 번 노무현 신화가 재현되는 것.

물론 10년의 세월이 흐른 데다 정치적 지형변화가 워낙 크다 보니 2002년의 기적이 되풀이될 수 있을까라는 점에는 늘 의문이 뒤따른다. 영남 후보 문재인이 호남 기반을 갖춘 민주당의 대선후보로 선출된다면 PK 민심은 요동칠 수 있다.

PK 영원한 새누리당의 텃밭… 의석수로는 연전연패

97년 대선을 1년 6개월 앞둔 96년 15대 총선에서 민주당은 PK지역에 발을 붙이지 못했다. 전체 44석 중 신한국당이 38석을 가져갔다. 우선 부산 전체 21석은 신한국당이 싹쓸이했고 새정치국민회의와 이른바 꼬마민주당이 합당한 통합민주당은 한 석도 얻지 못했다. 경남 역시 마찬가지였다. 전체 23석 중 신한국당이 17석을 차지했고 통합민주당 2석, 무

5 1996년 15대 총선 PK 지역 의석수
부산 21 신한국당 21 / 새정치국민회의 0 / 통합민주당 0
경남 23 신한국당 17 / 새정치국민회의 0 / 통합민주당 2 / 무소속 4
2000년 16대 총선 PK 지역 의석수
부산 17 한나라당 17 / 새천년민주당 0
울산 5 한나라당 4 / 새천년민주당 0 / 무소속 1
경남 16 한나라당 16
2004년 17대 총선 PK 지역구의석수
부산 18 한나라당 17 / 새천년민주당 0 / 열린우리당 1
울산 6 한나라당 3 / 새천년민주당 0 / 열린우리당 1 / 국민통합21 / 민주노동당 1(조승수)
경남 17 한나라당 14 / 새천년민주당 0 / 열린우리당 2 / 민주노동당 1(권영길)
2008년 18대 총선 PK 지역 의석수
부산 18 통합민주당 1 / 한나라당 11 / 친박연대 1 / 무소속 5
울산 6 통합민주당 0 한나라당 5 / 무소속 1
경남 17 통합민주당 1 / 한나라당 13 / 민주노동당 2 / 무소속 5
2012년 19대 총선 PK 지역 의석수
부산 18 새누리당 16 / 통합민주당 2 / 자유선진당 0 / 통합진보당 0
울산 6 새누리당 6 / 통합민주당 0 / 자유선진당 0 / 통합진보당 0
경남 16 새누리당 14 / 통합민주당 1 / 자유선진당 0 / 통합진보당 0 / 무소속 1

소속 4석이었다. 통합민주당은 울산시 남구을에서 11대 국회의원을 지낸 이규정 후보, 울산시 울주구에서 민추협 간부를 지낸 권기술 후보가 각각 당선됐다.

2000년 16대 총선에서도 상황은 개선되지 않았다. 민주당은 수평적 정권교체를 이룩하며 정권을 잡았지만 당시 새천년민주당은 PK지역에서 전멸했다. 전체 38석을 한나라당이 휩쓸었다. 부산(17석) 경남(16석)을 모두 석권하며 전승을 거뒀다. 울산 5석 역시 무소속에 1석을 내주며 4석을 차지했다. 무소속 당선자는 울산 동구에 출마한 정몽준이었다.

4년이 흐른 뒤 2004년 17대 총선은 상황이 달라졌다. 이른바 노무현 대통령 탄핵역풍의 여파였다. 야권은 열린우리당, 새천년민주당, 민주노동당으로 분열된 가운데 의미있는 의석수를 얻었다. 특히 4년 전인 16대 총선에서 한 석도 건지지 못했던 부산과 경남에서 각각 교두보를 마련했다.

부산 전체 18석 중 한나라당이 17석을 얻은 가운데 열린우리당은 조경태 의원이 당선되면서 영패를 면했다. 경남 17석도 한나라당이 14석, 열린우리당 2석, 민주노동당 1석을 얻었다. 열린우리당은 김해갑에서 김맹곤, 김해을에서 최철국 후보가 각각 당선됐다. 노무현 대통령의 고향이라는 점이 감안될 결과였다. 진보정당인 민주노동당에서는 권영길 후보가 당선되는 영광을 누렸다. 울산 역시 전체 6석 중 한나라당은 3석만을 가져갔다. 열린우리당은 울주군에서 강길부 후보, 민주노동당은 북구에서 조승수 후보, 국민통합 21는 동구에서 정몽준 후보가 각각 당선됐다.

2008년 18대 총선은 대선 참패를 감안할 때 나름 의미있는 성적을 거뒀다. 부산은 전체 18석 중 한나라당 11석, 친박연대 1석, 무소속 5석이었다. 통합민주당 1석이었는데 조경태 의원이 재선에 성공한 것. 경남 전체 17석 중 한나라당 13석, 민주당 1석, 민주노동당 2석, 무소속 5석으로 나타났다. 울산에서는 한나라당이 6석 중 5석을 가져갔고 강길부 의원이 울주군에서 무소속으로 당선됐다.

민주당 입장에서 기대를 모았던 PK지역의 19대 총선은 의석수로는 볼 게 없었다. 부산은 문재인, 조경태 두 당선자를 내는 데 그쳤다. 이름을 바꾼 새누리당은 부산 18석 중 16석을 휩쓸었고, 울산 6석을 석권했다. 또 경남 16석 중 14개 지역에서 승리했다. 민주당 당선자는 김해시갑의 민홍철 후보였다. 거제시에서는 무소속 김한표 후보가 당선됐다.

의석수 아닌 득표율로 보면 상황 판이

의석수와 달리 비례대표 국회의원 선거를 보면 상황은 달라진다. 비례대표 국회의원 선거를 실시한 17대 총선 이후 정당별 득표율을 살펴보면 희망의 싹이 보인다.

17대의 경우 탄핵역풍으로 최고치를 기록했지만 18대는 대선참패와 박근혜 바람으로 10% 포인트 이상 내려앉았다. 특히 2006년 지방선거, 2007년 대선, 2008년 총선까지 득표율은 암울 그 자체였다. 반전이 일어난 것은 현 정부 중반 이후부터였다. 지난 2006년 6.2 지방선거에서 부활을 모색하더니 19대 총선에서는 상당 부분 회복했다.

참여정부 임기 후반에 치러진 2006년 5.31 지방선거에서 PK지역에서 한나라당의 우위는 확고했다. 한나라당 후보들은 부산(허남식, 65.54%), 경남(김태호, 63.12%), 울산 (박맹우, 63.23%) 등에서 60% 이상의 압도적 득표력을 선보였다. 반면 열린우리당 후보들의 득표율은 참담했다. 부산시장 오거돈 후보 24.12%, 경남지사 김두관 후보 25.41%, 울산시장 심규명 후보 11.51%였다. 민주노동당 후보들이 후보들의 득표력을 합쳐도 야권의 득표력은 40%를 넘어서지 못했다. 부산시장 김석준 후보 10.32%, 경남지사 문성현 후보 10.05%, 울산시장 노옥희 후보 25.25%였다.

2007년 대선에 상황은 더욱 악화됐다. 대통합민주신당의 정동영 후보는 전국 득표율 26.14%를 기록했는데 PK성적표는 참담하다. 부산 13.45%, 울산 13.64%, 경남 12.35%에 그쳤다. 창조한국당 문국현 후보와의 단일화 실패라는 악재가 있지만 문국현의 부산 5.35%, 울산 5.51%, 경남 4.81%의 득표율을 합해도 20%에 못 미친다. 이명박 대통령의 경우 PK에서 40%대 후반에서 55%의 득표율을 기록했는데, 무소속으로 출마한 보수성향의 이회창 후보와의 득표율은 합하면 60%대 이상의 득표율이었다.

2008년 18대 총선 비례대표 국회의원 선거에서는 더 떨어졌다. 통합민주당의 전국 득표율은 25.17%였지만 부산 12.73%, 울산 9.33%, 경남 10.51%에 그쳤다. 한나라당은 부산 43.53%, 울산 42.86%, 경남 45.03%였다. 더구나 한나라당 공천에 반발했던 결성된 친박연대의 득표율을 더하면 사실상 한나라당의 득표율은 60% 이상이었다.

반면 이명박정부 임기 중반에 치러진 2010년 6.2 지방선거에서 야권의 득표력은 비약적으로 상승했다. 부산시장 선거에서는 한나라당 허남식 55.42% VS 민주당 김정길 44.57%로 나타난 여야의 득표력 격차는 10%에 불과했다. 경남지사 선거는 아예 결과가 뒤집어지는 이변이 일어났다. 야권성향의 무소속 김두관 후보가 53.50%를 얻었고, 한나라당 이달곤 후보는 46.49%에 그쳤다. 울산시장 선거는 예외였다. 한나라당 박맹우 후보가 61.26%를 얻은 반면 민주노동당 김창현 29.25%, 진보신당 노옥희 9.48%에 그쳤다.

2012년 19대 총선 비례대표 국회의원 선거에서 민주당의 득표력은 더욱 상승했다. 우선 전국 36.45%를 기록, 새누리당의 42.80%에 뒤졌지만 야권연대 파트너인 통합진보당의 10.30%를 합치면 46.75%로 새누리당을 앞섰다.

PK지역에서도 이런 경향은 그대로 드러났다. 민주당은 2007년 대선과 18대 총선 비례대표 정당 득표율에서 10%대에 그쳤지만 20~30%대로 수직상승했다. 부산 31.78%, 울산 25.22%, 경남 25.61%로 뛰어올랐다. 통합진보당의 부산 8.42%, 울산 16.30%, 경남 10.53%의 득표율을 합치면 새누리당과의 격차는 10% 안팎으로 줄어들었다.

이러한 경향과 흐름은 연말 대선의 희망을 밝게 만든다. 민주당을 기반으로 한 영남후보가 나선다면 대선 득표율이 상당 부분 올라간다.

우선 민주당 기반의 호남후보가 대선에 나섰던 PK득표율은 10%대

초반이었다. 지난 2007년 17대 대선에서 정동영 대통합민주신당 후보는
전국 득표율 26% 수준이었고 PK득표율은 절반 수준이었다. 보수진영이
이명박(한나라당), 이회창(무소속)으로 분열된 것도 크게 도움이 되지
못했다.[6]

　　DJP연대의 힘을 바탕으로 수평적 정권교체에 성공했던 김대중 대통
령도 마찬가지였다. 97년 15대 대선에서 김대중은 전국 득표율 40.27%
를 기록했다. PK지역에서는 역시 10%대에 그쳤지만 대선에서 승리했
다.[7] 핵심 이유는 영남표 분열이었다. 97년 대선에서는 500만 표의 사나
이로 불린 이인제 국민신당 후보가 PK지역에서 30% 안팎의 지지율을
기록했다. 이인제의 독자출마가 없었다면 거의 대부분이 이회창 후보에
게로 갈 수 있는 표였다.

　　김대중의 97년 승리는 92년 14대 대선과 비교해보면 보다 명확해진
다.[8] 호남포위 전략으로 치러진 92년 대선에서 김영삼은 부산과 경남에

---

6 2007년 17대 대선 – 이명박 당선 : 전국 및 PK득표율
전국 대통합민주신당 정동영 26.14% / 한나라당 이명박 48.67% / 민주노동당 권영길 3.01%
　　　민주당 이인제 0.68% / 창조한국당 문국현 5.82% / 무소속 이회창 15.07%
부산 대통합민주신당 정동영 13.45% / 한나라당 이명박 59.90% / 민주노동당 권영길 2.77%
　　　민주당 이인제 0.26% / 창조한국당 문국현 5.35% / 무소속 이회창 19.68%
울산 대통합민주신당 정동영 13.64% / 한나라당 이명박 53.97% / 민주노동당 권영길 8.40%
　　　민주당 이인제 0.36% / 창조한국당 문국현 5.51% / 무소속 이회창 17.52%
경남 대통합민주신당 정동영 12.35% / 한나라당 이명박 55.02% / 민주노동당 권영길 5.38%
　　　민주당 이인제 0.32% / 창조한국당 문국현 4.81% / 무소속 이회창 21.48%
7 1997년 15대 대선 – 김대중 당선 : 전국 및 PK 득표율
전국 한나라당 이회창 38.74% / 새정치국민회의 김대중 40.27% / 국민신당 이인제 19.20%
부산 한나라당 이회창 53.33% / 새치국민회의 김대중 15.28% / 국민신당 이인제 29.78
울산 한나라당 이회창 51.35% / 새정치국민회의 김대중 15.41% / 국민신당 이인제 26.69%
경남 한나라당 이회창 55.14% / 새정치국민회의 김대중 11.04% / 국민신당 이인제 31.30%

서 각각 70% 이상의 높은 득표율을 기록했다. 보수진영에서 정주영 통일국민당 후보가 나섰지만 이인제만큼 여권표는 분열되지 못했다.

아울러 2002년 노무현의 당선은 정몽준의 등장으로 이른바 3자구도로 치러질 수 있었지만 후보단일화로 사실상 일대일 구도로 치러졌다. 노무현은 전국 득표율 48.91%를 기록했고 PK지역에서도 20%대 후반에서 30%대 중반의 득표율을 얻었다. 이는 97년 대선에서 이인제가 얻은 PK득표율과 유사하다.[9] 97년 대선은 이인제가 당시 여권 성향의 표를 분열시켜 DJP연대로 대선에서 나선 김대중이 승리를 거둘 수 있었다.

문재인 대선 후보
안철수 경남지사 후보

책을 구상할 당시 문재인에게서는 풋풋한 초보 정치인의 느낌이 났다. 요즘 그의 행보를 보면 프로정치인 뺨치는 모습이 엿보인다. 명동 한복판에서 춤을 추기도 하고 문재인답지 않은 거친 표현도 등장한다. 여전히 어색해 보이기도 하지만 문재인은 그동안 참 많이 달라졌다.

문재인은 민주당 대선후보로 선출될까. 경선 1위는 무난히 보인다. 관건은 2차 결선투표다. 1차 투표에서 과반을 얻으면 당 대선후보로 확정된다. 과반 이하면 결선투표가 불가피하다. 비문(非文)연대가 성사돼서 2위 주자에게 3, 4위 주자들이 표를 몰아준다면 문재인 대선후보 선출은 어렵다. 71년 40대 기수론이 거셌던 신민당 전당대회의 선례도 없지 않다. 드라마틱한 대역전극이 벌어지는 것이다.

문재인의 가장 강력한 라이벌은 손학규다. 경선 초기만 해도 김두관을 꼽는 분석이 적지 않았지만 김두관은 경선 과정에서 왜 차차기가 아닌 차기 도전인지에 대한 대중적 설득에 실패했다. 지지율은 쉽게 오르지 않았고 과도한 네거티브는 경쟁력을 갉아먹었다.

문재인 1위, 손학규 2위를 가정할 때 3, 4위 주자들이 결선투표에서 표를 몰아줄까. 단일화 가능성이 점쳐졌던 정세균의 지지층 상당수는 문재인을 선택할 것으로 보인다. 또 김두관이 손학규와 연대한다 해도 김두관의 지지층 대다수가 친노에 뿌리를 두고 있다는 점에서 문재인 지지로 유턴할 가능성이 높다. 다시 말해 결선투표로 가더라도 문재인 대선후보 선출이 유력하다.

문재인이 대선후보로 선출되면 안철수와의 단일화가 남아있다. 통합진보당 대선주자들 역시 단일화의 대상이지만 부정경선 파문 이후 진보당은 정치적 사망선고를 받았다. 특히 신구 당권파의 끝없는 다툼과 갈등을 볼 때 대선후보 배출은 불가능에 가깝다.

문재인과 안철수의 단일화는 길고 긴 샅바싸움 끝에 이뤄질 것으로 예상된다. 두 사람은 단일화 전선에서 유리한 고지를 차지하기 위해 우선 지지층 결집과 외연확대 등을 통해 지지율 제고를 위해 온힘을 쏟을 것으로 예상된다.

문제는 지지율이다. 두 사람의 지지율이 엇비슷해지면 단일후보 선출 방법론을 놓고 진통이 불가피하다. 안철수가 유리한 여론조사와 문재인이 유리한 선거인단의 반영 비율을 놓고 갈등이 불거질 수 있다. 5(여론조사 지지율) 대 5(선거인단 투표), 6 대 4, 7 대 3까지 논의가 이어질 수 있을까.

대선이라는 타임스케줄을 감안하면 단일화의 시너지 효과를 극대화하기 위해 적절한 시점 선택이 중요하다. 늦어도 대선후보 등록 신청기간인 11월말(11월 25~26일)까지는 단일화가 이뤄져야 효과가 극대화된다.

문재인이 단일 대선후보가 된다면 안철수가 경남지사 보선에 나서는 상황도 가정해볼 수 있다. 경남지사 보선 후보 등록이 대선후보 등록기간과 같다는 점에서 11월 26일까지 단일화가 이뤄지면 가능한 시나리오다. 물론 서울시장을 포기했던 안철수가 경남지사를 선택할 가능성은 높지 않다. 그러나 정치는 생물이다. 현실화되면 상황은 매우 흥미로워진다. 두 사람의 연고가 부산 경남(PK)이라는 점에서 박근혜의 영남 장악에 상당한 폭의 균열을 낼 수도 있다. 문재인·안철수 연합군이 박근혜와 맞붙는다면 정권교체는 현실이 될 수 있다. 야권의 입장에서는 대선후보 문재인 경남지사 후보 안철수라는 조합은 박근혜에게 승리할 수 있는 최상의 카드가 될 수 있다. 반면, 단일화가 실패해 연말 대선이 문재인·안철수·박근혜 3자 구도로 흐른다면 패배는 불 보듯 뻔하다. 박근혜가 한국 최초의 여성 대통령이 되는 것이다.

문재인 대선출마 선언문

참고문헌

정권교체 하겠습니다!

정치교체 하겠습니다!

시대교체 하겠습니다!

'불비불명(不飛不鳴)'이라는 고사가 있습니다. 남쪽 언덕 나뭇가지에 앉아, 3년 동안 날지도 울지도 않는 새. 그러나 그 새는 한번 날면 하늘 끝까지 날고, 한번 울면 천지를 뒤흔듭니다.

그 동안 정치와 거리를 둬 왔습니다. 그러나 암울한 시대가 저를 정치로 불러냈습니다. 더 이상 남쪽 나뭇가지에 머무를 수 없었습니다. 이제 저는 국민과 함께 높이 날고 크게 울겠습니다.

오늘 저는 제18대 대통령선거 출마를 국민 앞에 엄숙히 선언합니다.

'우리나라 대통령'이 되겠습니다.

존경하는 국민 여러분!

저는 대통령이 되겠습니다. 우리나라 대통령이 되겠습니다.

소수 특권층의 나라가 아니라 보통사람들이 주인인 '우리나라', 네 편 내 편 편가르지 않고 함께 가는 우리나라, '우리'라는 말이 조금도 부끄럽지 않은, 진정한 '우리나라'의 대통령이 되겠습니다.

지금까지 우리 보통사람들은 날지도 울지도 못하는 새였습니다. 나라의 주인으로 행세하지 못했고, 주인으로 대접받지 못했습니다. 나서서 말도 하지 못했습니다. 이제 몸을 일으켜 날아야 합니다. 당당하게 말하고 정치에 참여해야 합니다.

제가 추구하는 '우리나라'는 정치인에게 맡겨놓는 나라가 아니라 시민이 직접 정치와 정책과정에 참여하는 나라입니다. 저는 시민과 동행하는 정치를 하고 싶습니다.

제가 추구하는 '우리나라'는 특권과 불평등의 나라가 아니라, 보통사람들이 함께 기회를 가지는 공평하고 정의로운 나라입니다.

이제 권력과 돈을 가진 집단이 나라를 그들 마음대로 움직이던 시대는 끝났습니다. 힘없는 사람들에게 끝없이 희생을 강요하던 낡은 경제, 낡은 정치, 낡은 권력도 모두 끝났습니다. 오늘 저 문재인은 우리나라를 우리 모두의 나라로 선언합니다.

국민이 모두 아픕니다.

제가 높이 날고 크게 울겠다고 결심한 이유는 보통사람들의 삶이 너무 고달프고, 우리가 처한 현실이 너무도 엄중하기 때문입니다. 근본적인 혁신, 거대한 전환 없이는 나라가 무너지겠구나 하는 절박함 때문입니다.

지금 우리의 삶은 어떻습니까? 우리 사회는 더 이상 경제성장의 과실을 나눠 갖지 않습니다. 소수의 부유층과 대기업의 창고는 황금으로 가득 차지만, 대부분 보통사람들은 취업불안, 주거불안, 고용불안, 건강불안, 노후불안 등 불안을 이불처럼 덮고 매일 잠자리에 들어야 합니다.

국민 한 사람 한 사람이 모두 아픕니다. 빚 갚기 힘들어서, 아이 키우기 힘들어서, 일자리가 보이지 않아서 아픕니다. 입시 부담과 성적스트레스 그리고 학교폭력에 상처받은 어린 영혼들은 그 아픔을 견디지 못하고 하나 둘 우리 곁을 떠나고 있습니다. 어르신들도 삶이 힘겨워서 스스로 세상을 버리는 분이 많습니다.

왜 이렇게 아픈 일들이 계속 일어날까요? 약자의 고통에 관심 없는 정부, 부자와 강자의 기득권 지켜주기에 급급한 정치가 사람들에게서 희망을 앗아가 버렸기 때문입니다. 지금 길거리는 표정 없는 사람들로 넘쳐납니다. 국민들에게 희망을 주는 정치가 절실하게 필요합니다.

국민의 뜻이 대통령의 길입니다.

저는 대선출마를 결심하고 국민 여러분께 출마선언문을 함께 쓰자고 제안 드렸습니다. 많은 분들이 글을 주셨습니다. 소중한 의견과 제안을 보내 주셨습니다. 고단하고 힘겨운 삶이 거기에 있었습니다. 시민의 한숨과 눈물을 닦아주지 못하는 정치가 있었고, 오히려 국민의 걱정거리가 된 초라한 정부의 모습도 있었습니다.

상식이 통하는 사회, 권한과 책임이 비례하는 사회, 다름을 인정하는 세상, 개천에서 용이 날 수 있는 사회, 철학이 있는 나라, 약자의 얘기에 귀를 기울이고, 어려운 사람에게 진심어린 위로를 건네는 세상, 세금이 제대로 쓰이는 나라, 힘없는 사람에게 관대하고 힘 있는 사람에게 엄격한 잣대가 적용되는 사회, 국민들이 기대고 의지할 수 있도록 어깨를 내어주는 대통령, 국민에게 부끄럽지 않은 정부를 만들어 달라는 것이 국민의 요구였습니다.

미안했습니다. 가슴 아팠습니다. 지극히 평범하고 상식적인 요구였지만, 이 소박한 요구를 정치가 외면해 왔던 것입니다.

국가비전, 많이 공부하고 많이 고민했습니다. 그러나 거창하게만 들리는 이 국가비전 역시 국민의 마음속에 있었습니다. 더욱 낮아지고 겸손해져서 국민의 마음속으로 들어가라. 길이 보일 것이다. 그것이 대통령의 길이다. 국민들이 제게 준 가르침입니다. 국민의 뜻에서 대통령의 길을 찾겠습니다. 대한민국의 길을 찾겠습니다.

새로운 대한민국을 만들겠습니다.

지금 우리는 '거대한 전환'의 시기를 맞고 있습니다. 기존의 사고, 과거의 낡은 방식으로는 해결할 수 없는 근본적인 문제들이 우리 앞에 놓여 있습니다. 지금까지 우리 사회를 지배해왔던 '경쟁', '승자독식', '강자지배'의 원리로는 빈부격차의 확대, 중산층과 서민들의 삶의 기반 붕괴, 중소기업과 자영업자들의 고통, 지역경제의 낙후, 경제성장의 잠재력 약화라는 악순환에서 빠져나올 길이 없습니다.

더구나 지금 유럽, 미국, 중국, 인도 등 세계 곳곳에서 경제위기가 고조되고 있습니다. 무분별한 시장만능주의가 빚어낸 결과입니다. 일부에서는 기존 자본주의 모델의 수명이 다했다는 진단을 내놓기도 합니다. 이런 흐름은 과도한 대외의존형 경제와 취약한 사회안전망을 지닌 대한민국에게 더 큰 위기가 되고 있습니다.

무엇보다도 우리는 개발독재 모델의 유산을 청산해야 합니다. 시장만능주의로 대표되는 시장독재 모델도 극복해야 합니다. 개방, 공유, 협동, 공생의 새로운 원리를 채택해 인간이 인간답게 살 수 있는 민주적이고 공정한 시장경제 모델을 만들어야 합니다.

운 좋게 부자 집안에서 태어났다고 평생을 앞서가고, 가난한 집 자녀들은 출발선부터 한참 뒤처진다면 참으로 불공평한 경쟁입니다. 그것이 교육이든, 비정규직이든, 중소기업이든, 지방 산업이든 공정하게 경쟁하고 노력한 만큼 정당한 보상을 받는 세상이 돼야 합니다. 지방대학을 나와도, 고등학교만 나와도 실력대로 대접받을 수 있어야 합니다. 누구나 공정하게 경쟁하고 그 결과에 승복해야 하며, 패자에게는 따뜻한 위로와 패자부활의 기회가 주어져야 합니다.

지나친 경쟁과 소외, 양극화의 살벌한 세상 대신 사람들이 서로 믿고 협력하여 함께 더 큰 성장을 이루는 나라, 그리고 그 결과를 공유하여 지속가능한 삶의 토대를 만드는 나라가 제가 꿈꾸는 나라입니다. 북한과도 신뢰와 협력의 토대 위에 평화와 공동번영을 이루는 나라가 제가 꿈꾸는 나라입니다. 저는 이 두 가지의 비전을 합쳐 '상생과 평화의 새로운 대한민국'이라 부르고자 합니다.

상생과 평화의 대한민국은 공평과 정의에 바탕을 두고, 성장의 과실을 함께 누리는 나라, 복지가 강한 나라, 일자리를 최우선에 두는 나라, 아이들 여성·노인이 행복한 나라, 안전하고 평화로운 나라가 될 것입니다.

1. 공평과 정의를 나라의 근간으로 삼겠습니다.

승자독식과 강자지배의 낡은 질서를 폐기하고 대한민국에 상생과 평화의 새 질서를 수립하기 위해, 저는 먼저 공평과 정의의 원칙을 분명히 세우겠습니다. 이명박 정권은 입으로는 공정사회를 부르짖었지만 실제로는 측근세력들이 국가권력을 사유화하고 공공성을 파괴했고, 토건세력과 재벌집단, 그리고 최상위 계층에게 이익을 과도하게 몰아줌으로써 공정이라는 말 자체를 냉소거리로 만들고 말았습니다. 이래서는 신뢰와 상생의 사회가 불가능합니다.

저는 모든 시민들에게 균등한 기회를 제공하는 '공평'과, 반칙과 특권, 부정부패를 척결하는 '정의', 이 2가지 가치를 근간으로 새로운 대한민국을 만들어나가겠습니다.

정의의 원칙은 특히 경제 분야에서 더 강조되어야 합니다. 조세정의를 실현하여 소득 있는 곳에 세금 있다는 원칙이 흔들리지 않아야 합니다. 세금 없는 불로소득이 있어서는 안 됩니다. 정치민주화와 더불어 경제민주화가 절실히 필요합니다. 재벌의 지배구조를 개선하고 공정거래

질서를 확립해야 합니다. 대기업과 중소기업 간의 힘의 불균형을 바로잡아 약자가 억울하게 당하는 것을 막아야 합니다.

노사는 한 배를 탄 공동운명체입니다. 노동자들이 부당하게 해고되고 권익이 부당하게 침해당하는 일은 없어야 합니다. 노동자들의 목소리가 적극적으로 경영에 반영될 때 기업 성과는 더욱 개선됩니다.

그리하여 소수의 강자가 다수 위에 군림하지 않고, 약자와 강자가 공존 상생하는 경제 질서를 만드는 것이 경제민주화의 주요 내용이 돼야 합니다.

2. 4대 성장전략으로 획기적 국가발전을 이루겠습니다.

선성장-후분배, 낙수효과 같은 낡은 생각이 사회적 양극화와 성장잠재력 저하라는 아픈 결과를 낳았습니다. 이를 극복하기 위해 성장과 분배, 환경과 평화가 역동적 선순환을 이루는 4대 성장전략을 추진하겠습니다.

첫째, 분배와 재분배를 강화하여 중산층과 서민들의 유효수요와 구매력을 확대함으로써, 소비와 투자를 촉진하는 '포용적 성장'을 추진하겠습니다.

이를 위해 최저임금을 높이고 생활임금 개념을 정책에 반영하겠습니다. 복지투자 확대도 서민경제 활성화로 이어질 것입니다. 또한 재벌과 거대기업의 과도한 경제력 집중을 억제하고, 고용의 대부분을 감당하는 중소기업이 성장의 중심에 서도록 지원하겠습니다. 사회적 기업과 협동조합을 육성하는 등 사회적 경제를 확대하여 포용적 성장을 이루기 위한 거시구조적 개혁도 추진해 나가겠습니다.

둘째, 인적 자본에 대한 투자를 강화하여 사람 중심의 경제성장을 실현하겠습니다. 교육혁신을 통해 학생들과 학부모의 고통을 줄이고 입시를 위한 과잉 학습 대신 평생학습체제가 자리 잡도록 일대 교육혁신을 해내겠습니다. 문화혁신을 통해 모든 국민의 창조성을 높이고 이를 통해 기술혁신과 신산업 형성의 역동적 파동을 일으키는 '창조적 성장'을 추진하겠습니다.

셋째, 석유시대의 종말에 대비하여 신재생 에너지의 비중을 대폭 확대하고, 녹색 에너지기술, 건축, 전기자동차 제조 등 여러 영역에서 신산업을 육성하는 '생태적 성장'을 추진하겠습니다.

추가 원전 건설을 중단하고 수명이 다된 원전은 가동을 중지시키겠습니다. 그리고 신재생 에너지의 비중이 확대되는 만큼 원전의 비중을 줄여나가겠습니다. 이는 단순히 에너지 종류를 바꾸거나 아끼는 정도가 아니라, 산업과 소비생활 전반의 구조를 바꾸는 제3차 산업혁명이라 할 수 있는 변화입니다. 이를 위해 토건사업, 개발사업이 늘 우위에 있었던 정부구조와 재정지출 구조도 혁신하겠습니다. 산업—환경—농림—국토 등 여러 부처를 지속가능성의 가치 아래 재편해 나가겠습니다.

넷째, 인터넷과 SNS를 통해 전 세계로 확산되고 있는 소통 네트워크를 기반으로 국경과 경쟁을 넘어 집단협업, 개방형 혁신, 협동생태계를 활용하는 '협력적 성장'을 추진하겠습니다.

이런 새로운 인식 아래, 한반도평화와 남북협력을 강력한 성장동력으로 활용하겠습니다. 남북한은 자원, 기술, 인력 등 많은 점에서 탁월한 보완관계입니다. 평화를 바탕으로 서로의 강점을 엮어 동북아시아로, 또 세계로 함께 진출해야 합니다.

3. '강한 복지국가'를 향해 담대하게 나아가겠습니다.

정조대왕은 "위에서 손해를 보고 아래가 이득이 되게 하라(損上益下). 그것이 국가가 할 일이다"라고 말했습니다. 200년 전 이와 같은 소득재분배, 복지국가의 사상을 가진 위정자가 지구상 어디에 또 있었겠습니까? 이제 우리는 복지국가를 향해 담대하게 나아갈 때입니다. 늦었기 때문에 더욱 발걸음을 재촉해야 합니다.

'복지가 포퓰리즘'이라는 새누리당의 중상모략을 거부합니다. 부자감세, 4대강 사업 같은 시대착오적 과오를 청산하고, 하루빨리 복지국가로 가야 합니다. 우리는 지금 복지국가로 가느냐, 양극화의 분열된 국가로 가느냐 하는 절박한 싸움을 벌이고 있습니다. 나라의 운명이 달린 이 건곤일척의 싸움은 복지에 진정성을 가진 진보세력만이 이길 수 있습니다.

복지는 낭비가 아니고 투자입니다. 사람에 대한 투자이며, 동시에 강력한 성장전략이기도 합니다. 강한 복지국가일수록 국가 경쟁력도 더 높습니다. 복지의 확대를 통해 보육, 교육, 의료, 요양 등 사회서비스 부문에 수많은 일자리가 생기고, 자영업에 몰려 있는 과잉인력을 흡수할 수 있습니다. 공공임대주택과 같은 주거복지를 늘리는 것은 가장 좋은 전월세 대책입니다.

결국 복지국가로 가는 길은 사람에 대한 투자, 일자리 창출, 자영업 고통 경감, 삶의 질 향상 등 1석 4조의 효과를 만나는 길입니다. 우리는 과감히 강한 보편적 복지국가로 가야 합니다. 이렇게 하면 국민의 살림이 서서히 나아질 것이며 5년 뒤에는 큰 성과가 나타날 것입니다.

4. '일자리 정부'로 '일자리 혁명'을 이루겠습니다.

복지의 확대와 함께 저는 강력한 '일자리 혁명'을 이루고자 합니다. 지금 너무나 많은 젊은이들과 실업자, 비정규직 종사자, 근로능력이 있는 고령자들이 일할 수 있는 기회와 더 좋은 일자리를 요구하고 있습니다.

좋은 일자리 창출을 위해 비정규직의 정규직 전환 촉진, 비정규직에 대한 차별철폐, 근로시간 단축을 통한 신규고용 확대, 고용영향평가제도의 채택, 고용증진과 기업지원의 연계 등을 중요한 정책수단으로 채택하겠습니다.

또한 정보통신 산업, 바이오산업, 나노 산업, 신재생에너지 산업, 문화산업과 콘텐츠산업 등 신산업을 크게 일으켜 일자리를 대대적으로 만들겠습니다. 그리고 앞에서 말한 보육, 교육, 의료, 복지 등 사회서비스 부문은 무궁무진한 잠재적 일자리의 보고입니다.

일자리 없는 곳에서 희망을 찾을 수 없습니다. 지방 일자리에 대해 특별한 노력을 기울이겠습니다. 지역균형발전은 곧 산업 균형, 일자리 균형이 목표입니다. 이명박 정부의 방해에도 불구하고 끝내 국민이 지켜준 세종시, 혁신도시를 지방 일자리 창출의 거점으로 만들겠습니다. 공기업과 공무원의 지역우대 채용, 각종 정부 지원의 지방채용 연동제를 확대하겠습니다.

이 모든 정책의 실효성을 담보하기 위해 대통령이 되면 저는 가장 먼저 대통령 직속으로 '국가일자리위원회'를 설치하고 매달 '일자리점검 범정부회의'를 개최하여 일자리 마련 상황을 점검, 독려하겠습니다. 저는 먼 훗날 '일자리 혁명을 일으킨 대통령'으로 평가받기를 희망합니다.

5. 아이들과 여성, 그리고 노인들이 활짝 웃는 나라를 만들겠습니다.

아이들이 행복한 나라를 만들어야 합니다. 행복한 교육, 즐거운 학교를 만드는 것이 교육혁신의 기본방향이어야 합니다. 이를 위해 유아, 초등단계의 과도한 학습 부담을 없애고 특기적성 이외의 사교육을 최대한 줄여 나가겠습니다.

교육이 이념의 전장이 되어서는 곤란합니다. 교육은 진보도 보수도 아닌 아이들을 위해 존재해야 합니다. 학생, 교사, 학교의 자율성, 창의성을 보장하고 마을이 아이를 함께 키울 수 있도록 지원하겠습니다. 또한 좋은 일자리와 산업혁신을 위해서는 평생학습체제가 뒷받침되어야 합니다. 평생학습 참가율을 선진국 수준으로 끌어올리겠습니다.

지금 우리가 누리는 풍요는 모두 어르신들의 희생 덕분입니다. 그러나 어르신들은 노후대비를 할 겨를도 없이, 급격한 가족구조 변화와 노동시장 변화로 극심한 어려움을 겪고 있습니다. 이제 사회가 효도하겠습니다. 참여정부가 도입했던 기초노령연금, 장기요양보험을 대폭 강화하고, 건강지원 방법을 새로운 차원으로 개선하겠습니다. 노인 일자리를 늘리고, 특히 그 연륜과 경험을 지역사회에 활용할 수 있는 방안도 마련하겠습니다.

남녀의 실질적 평등을 위해서도 아직 남은 숙제가 많습니다. 가사와 육아, 노인을 돌보는 책임은 여전히 여성들에게만 맡겨져 있습니다. OECD 수준에 훨씬 못 미치는 여성 경제활동 참가율이나 세계 최저의 출산율은 대한민국의 여성들이 얼마나 힘들게 살고 있는지 잘 말해줍니다.

가족 돌봄의 공적서비스를 확대해서 여성의 부담을 줄이겠습니다. 취업과 승진기회의 제한 등 사회적 차별을 해소할 수 있는 적극적 대책도 만들겠습니다. 남녀가 함께 일하고, 함께 돌보는 사회로 전진하겠습니다.

6. 대한민국은 강하게, 한반도는 평화롭게 만들겠습니다.

국가의 존립과 국토방위는 헌법상 대통령에게 주어진 가장 막중한 의무입니다. 모든 대외정책의 출발은 튼튼한 국방력입니다. 대한민국 군을 강하고 유능한 군대로 만들겠습니다. 미국과의 관계를 더욱 건강하고 바람직한 관계로 발전시키겠습니다. 중국과 일본, 러시아 등 주변국들과도 호혜협력 관계를 더욱 강화해 나가겠습니다.

전쟁의 불안에서 한반도를 해방시키겠습니다. 이명박 정부가 파탄에 빠뜨린 안보를 바로 세우겠습니다. 새누리당 정권 아래서 분쟁과 대결로 얼룩졌던 휴전선과 NLL 일대를 평화경제 지대로 만들겠습니다. 김대중 대통령의 6.15 공동선언과 노무현 대통령의 10.4 남북정상선언을 남북 양측이 책임 있게 지키고 이행하도록 하겠습니다. 개성공단을 확장하고 금강산 관광을 재개하여 금강산과 설악산, 평창을 연결하는 국제관광특구를 만들어 적극 키우겠습니다. 남북 군사대결지대를 공동이익을 창출하는 경제지대로 전환하여 부모들이 안심하고 자식을 군대 보내는 안보환경을 만들겠습니다. 특권층의 군대 안 가기를 철저하게 막는 한편 젊은이들의 병역 부담을 줄여나가겠습니다. 사병의 복지도 크게 향상시키겠습니다.

북핵문제를 평화적으로 해결하고 한반도 평화체제를 구축하겠습니다. 저는 북한의 핵을 용인할 수 없다는 확고한 입장을 가지고 있습니다. 대화와 협상을 통해 반드시 핵을 포기하도록 만들겠습니다. 실종된 6자회담을 재개하고 대한민국의 주도적 역할을 복원하겠습니다. 6자회담과 남북관계 복원, 평화체제 구축작업을 병행 추진하여 한반도에 평화와 공동번영의 선순환 구조를 만들어 나가겠습니다. 그리고 그 속에서 새로운 성장동력을 찾겠습니다.

순국선열과 민주영령 앞에서 약속드립니다.

존경하는 국민 여러분! 이 자리는 애국, 민주, 헌신이라는 3가지 가치가 살아 숨 쉬는 역사의 현장입니다. 저는 역사가 보는 앞에서 대통령 출마선언을 함으로써 역사 앞에 제 자신을 바치겠다는 결연한 의지를 밝힙니다. 역사를 가슴에 새기고 미래를 향해 뚜벅뚜벅 걸어가겠다는 의지를 밝힙니다.

저것은 넘을 수 없는 벽이라고 고개를 떨구고 있을 때
담쟁이 잎 하나는 담쟁이 잎 수천 개를 이끌고
결국 그 벽을 넘는다.

도종환 시인의 '담쟁이'라는 시의 일부입니다. 우리 모두 담쟁이처럼 서로 두 손 꽉 잡고 벽을 넘읍시다. 특권의 벽, 차별의 벽, 분단과 분열의 벽, 패배주의의 벽을 넘읍시다. 저 문재인과 함께 새로운 세상의 문을 엽시다.

저 문재인은 겸손한 권력, 따뜻한 나라를 만들겠습니다. 국민의 마음에서 길을 찾는 우리나라 대통령이 되겠습니다. 우리 모두가 주인인 진정한 우리나라 대통령이 되겠습니다.

대단히 고맙습니다.

참고문헌

도서

포토에세이 문재인이 드립니다 문재인 지음 | 리더스북

사람이 먼저다(문재인의 힘) 문재인 저 | 너울북

제17대 대통령선거 투표형태 한국갤럽

무엇을 어떻게 할 것인가 이철희 | 너울북

강한 것이 옳은 것을 이긴다 박성민 | 웅진지식하우스

노무현, "한국정치 이의있습니다" 참여정부대통령비서실 지음 | 역사비평사

문재인의 운명 문재인 | 가교출판

노무현의 따뜻한 경제학 변양균 | 바다출판사

노무현의 사람들 이명박의 사람들 양정철 | 책보세

2012 대선전망 고성국의 정치 in 고성국 | 미지애드컴

조국현상을 말하다 김용민 | 미래를 소유한 사람들

뿔난 국민이 뽑는 차기 대통령 웅산 지음 | 씽크파워

자전에세이 김정길의 희망 김정길 | 행복한 책읽기

노무현 정부의 실험 미완의 개혁

서울대학교 사회과학연구원 | 강원택, 장덕진 엮음 | 한울 아카데미

우파 재집권 전략 대한민국을 부탁해 나성린, 최홍재 지음 | 나남

광장에서 길을 묻다, 기획 재단법인 광장 이해찬 외 지음 | 동녘

대선 2012 어떤 리더십이 선택될 것인가 임현백 지음 | 인뗄리겐찌야

MBC 라디오 손석희의 시선집중　문재인 인터뷰

2010년 4월 23일, 2010년 11월 16일, 2011년 4월 20일, 2011년 12월 28일, 2012년 4월 18일

불교방송 고성국의 아침저널 대선특집 – 특별대담

▶박근혜편(2012년 4월 30일) ▶안철수편(5월 3일) ▶문재인편(5월 10일) ▶김두관편(5월 24일) ▶갈무리편(6월 6일)

CBS라디오 김현정의 뉴스쇼 – 인터뷰

문재인 노무현재단 이사장 2011년 5월 8일, 2011년 8월 22일, 안희정 충남지사 2011년 7월 27일, 김두관 경남지사 2012년 3월 15일, 이준석 새누리당 비대위원 2012년 5월 1일

CBS라디오 시사자키 정관용입니다　문재인 인터뷰

2012년 1월 5일/ 고성국 인터뷰 2011년 7월 23일, 2011년 11월 12일, 2012년 2월 24일

CBS라디오 시사자키 양병삼입니다.　문재인 인터뷰 2009년 10월 15일

CBS라디오 시사자키 신율입니다.　김두관 인터뷰 2011년 7월 11일

불교방송 고성국의 아침저널 대선특집 특별대담　2012년 5월 17일

불교방송 고성국의 아침저널 대선후보 특별인터뷰　2012년 5월 25일

평화방송 열린세상 오늘　손학규 인터뷰 2012년 6월 21일

SBS '힐링캠프' 기쁘지 아니한가   2012년 1월 9일 문재인 방송분

SBS '힐링캠프' 기쁘지 아니한가   2012년 7월 23일 안철수 방송분

MBN, JTBC, 채널A, 뉴스Y, TV조선 등 종편 개국 인터뷰, KNN 등 9개 민방 초청 합동토론회   박근혜 편

경희대 방문 광장토크 발언록   문재인, 2012년 6월 8일

민주당 정치개혁모임 대선주자 초청간담회   문재인 발언론 2012년 6월 12일

문재인 공식 홈페이지   문재인을 말한다. 내가 만난 문재인

문재인 궁금타파   문재인 팬클럽 젠틀재인

문재인, 문성근, 김정길, 총선 부산출마 3인 공동선언문   2011년 12월 26일

문재인, 2012년 4월 1일 민간인 불법사찰 관련 긴급 기자회견

문재인, 2012년 6월 15일 민주당 출입기자 오찬간담회

문재인, 2012년 6월 16일 부산 사상구민에게 보낸 편지

문재인, 2012년 6월 17일 대선출마 선언문 및 문재인 의원실 보도참고 자료

한국미래연구원 전 현직 대통령 관련 조사결과   2012년 5월 22일 보도자료

이병완 노무현 대통령 3주기 추모글 이제 당신을 놓아드리렵니다

안철수, 2012년 5월 30일 부산대 특강 발언록

안철수 부친 안영모 옹 국제신문 인터뷰   2012년 4월 30일

이준석 전 새누리당 비대위원 인터뷰   인터넷매체 데일리안 2012년 4월 29일

미디어오늘 2012 대선전망 여론조사

정치부 기자가 뽑는 대통령 1위 문재인 2012년 1월 4일

4.11 총선 국민승리를 위한 범야권 공동정책합의문